AS REGRAS OCULTAS DO TRABALHO

AS REGRAS OCULTAS DO TRABALHO

SEGREDOS PARA COMEÇAR SUA CARREIRA COM O PÉ DIREITO E MANTER UMA TRAJETÓRIA DE SUCESSO

GORICK NG

SEXTANTE

Título original: *The Unspoken Rules*
Copyright © 2021 por Gorick Ng
Copyright da tradução © 2022 por GMT Editores Ltda.

Publicado mediante acordo com Harvard Business Review Press

Todos os direitos reservados. Nenhuma parte deste livro pode ser utilizada ou reproduzida sob quaisquer meios existentes sem autorização por escrito dos editores.

tradução: Fernanda Abreu
preparo de originais: Priscila Cerqueira
revisão: Luis Américo Costa e Mariana Bard
diagramação: Ana Paula Daudt Brandão
adaptação de capa: Gustavo Cardozo
capa: Stephani Finks
impressão e acabamento: Associação Religiosa Imprensa da Fé

CIP-BRASIL. CATALOGAÇÃO NA PUBLICAÇÃO
SINDICATO NACIONAL DOS EDITORES DE LIVROS, RJ

N479a

Ng, Gorick
    As regras ocultas do trabalho / Gorick Ng ; tradução Fernanda Abreu. - 1. ed. - Rio de Janeiro : Sextante, 2022.
    288 p. ; 23 cm.

    Tradução de: The unspoken rules
    ISBN 978-65-5564-478-4

    1. Profissões - Desenvolvimento. 2. Orientação profissional. 3. Sucesso nos negócios. I. Abreu, Fernanda. II. Título.

22-79562   CDD: 650.1
     CDU: 005.336

Meri Gleice Rodrigues de Souza - Bibliotecária - CRB-7/6439

Todos os direitos reservados, no Brasil, por
GMT Editores Ltda.
Rua Voluntários da Pátria, 45 – Gr. 1.404 – Botafogo
22270-000 – Rio de Janeiro – RJ
Tel.: (21) 2538-4100 – Fax: (21) 2286-9244
E-mail: atendimento@sextante.com.br
www.sextante.com.br

*Para os que sonham.
E para mamãe, que me ensinou a regra oculta
de retribuir a ajuda recebida.*

Sumário

Prefácio   9
Introdução: As regras ocultas   15

  1. Os Três Cs   23
    Competência, comprometimento e compatibilidade

Segredos para começar   33
  2. Pense: "Vamos tentar!"   35
  3. Tenha uma postura de alto desempenho   45
  4. Mostre proatividade   57

Segredos para moldar a percepção dos outros   69
  5. Saiba contar sua história   71
  6. Cuide da sua aparência   89
  7. Envie os sinais certos   99

Segredos para dar conta do recado   117
  8. Assuma o comando   119
  9. Administre sua carga de trabalho   145

Segredos para se dar bem com todo mundo   167
  10. Leia nas entrelinhas   169
  11. Construa relações   179

Segredos para progredir na carreira   199
  12. Vire um ás das reuniões   201
  13. Administre seu feedback   219
  14. Solucione conflitos   235
  15. Mostre seu potencial   255

Posfácio   275
Agradecimentos   277
Notas   286

Prefácio

Eram 2h30 da madrugada e eu ainda estava no escritório, enlouquecido, tentando ajeitar uma planilha de Excel que apresentaríamos para um cliente dali a seis horas. Seria aquele o significado de "ambiente dinâmico e ágil" na descrição do cargo?

E bem nessa hora, plim! Uma notificação pipocou na tela do notebook. Era o meu gerente pedindo para apressar o trabalho.

Plim! Outra mensagem.

Plim!

Mandei a planilha atualizada para o meu gerente. Dez minutos depois, ele ainda não tinha respondido.

– Gorick – disse uma voz atrás de mim. Pulei da cadeira e me virei. Era o meu gerente. – Vamos ver isso juntos.

Passamos mais duas horas sentados lado a lado. Ele usando meu notebook, eu encarando a tela e tentando desesperadamente não cair no sono.

Meu gerente apontou para uma célula.

– Por que estamos dividindo estes números?

Cheguei mais perto da tela e forcei a vista para enxergar melhor.

– Não sei bem.

Ele deu um suspiro. A noite teria sido mais fácil se eu tivesse passado por uma cirurgia sem anestesia. Com a cabeça latejando, perguntei a mim mesmo: "Como é que vim parar nesta situação?"

A resposta veio numa avaliação de desempenho quando completei dez meses no cargo: *Gorick precisa tomar o trabalho integralmente para si, inclu-*

sive ao herdar um meticuloso projeto de Excel de outra pessoa. Fiquei intrigado quando li a frase "tomar o trabalho integralmente para si". Meu gerente de fato tinha me dito para tocar o projeto de Excel, mas eu havia entendido que minha responsabilidade era com o arquivo-mestre (a versão principal e mais atualizada). O que significava tomar o trabalho para si? Segundo meu gerente, no fim das contas eu tinha feito um bom trabalho. *Eu também* achava que tinha feito um bom trabalho. Então que parte daquilo eu não estava entendendo?

O que me faltava era o conhecimento das regras ocultas: determinadas iniciativas que os gestores esperam de você (sem avisar) e que profissionais de alto desempenho realizam (sem perceber). Saber usar essas regras ocultas é fundamental para o sucesso de uma carreira. O problema é que ninguém as ensina na faculdade. Elas são passadas, isso sim, de pais para filhos e de mentores para discípulos, tornando o jogo desigual entre quem as conhece e quem não as conhece.

Sei disso porque eu mesmo não as conhecia.

Minha mãe costumava dizer que para progredir na carreira bastava trabalhar duro. Minha mãe estava errada: não basta abaixar a cabeça, ficar em silêncio e deixar seus esforços falarem por si. Trabalhar duro é só o preço do ingresso para o jogo da construção de uma carreira. Para sobreviver e prosperar nesse jogo é preciso algo mais. É preciso conhecer suas regras.

Quando eu tinha 14 anos, minha mãe (que era mãe solo) foi demitida do seu emprego numa fábrica de máquinas de costura. Ela nunca na vida tinha feito um currículo nem uma carta de apresentação. Eu também não, mas, por ser filho único e a única pessoa da casa a saber usar um computador, assumi a tarefa por ela. Passei almoços inteiros aprendendo a elaborar currículos, tardes na biblioteca pública procurando vagas de faxineira e atendente de lavanderia e noites inscrevendo minha mãe em centenas de empregos. Nos fins de semana, eu a ajudava a limpar banheiros de desconhecidos para fechar as contas.

Meses se passaram. Nenhuma das nossas inscrições obteve resposta. Tínhamos passado horas aprimorando cada carta de apresentação, então essa falta de retorno foi devastadora. Parecia que não havíamos saído do lugar.

Num último esforço, minha mãe se inscreveu num programa do governo e voltou a estudar, pela primeira vez em quase quarenta anos, buscando uma certificação para cuidar de crianças pequenas. Depois de formada, ela conseguiu vários empregos de babá, profissão que manteve até se aposentar. Sobrevivemos, mas foi por pouco.

Desde então não parei de pensar: como é que uma pessoa tão batalhadora quanto minha mãe pôde ter tanta dificuldade para se reinserir no mercado? E como é que eu, apesar de todas as pesquisas que fiz no Google, não tinha conseguido ajudá-la? A resposta veio anos depois, quando eu estava no ensino médio. Num evento de trabalho voluntário, conheci Sandy, que estudava em outra escola e estava no meio de um processo seletivo para as melhores universidades dos Estados Unidos. Nunca me passara pela cabeça que poderia me inscrever nessas instituições – nem sequer ouvira falar em muitas delas. Graças a Sandy, fiquei sabendo que o processo de admissão não era só aquilo que constava nas instruções dos sites das universidades. Aprendi que não bastava pedir uma carta de recomendação aos meus professores: eu tinha também que listar as conquistas que gostaria que eles destacassem. Fiquei sabendo que a minha média e as notas que eu tirava nas provas só me levavam até a metade do caminho: minhas atividades extracurriculares e minha história pessoal fariam o restante do trabalho. Essas estratégias deram certo. Eu me tornei a primeira pessoa da minha família a ingressar no ensino superior... em Harvard.

Na época, pensei que as regras ocultas tivessem ficado no passado. Mal sabia eu que esse era apenas o começo.

Certa noite, no meu segundo ano de faculdade, estava voltando para o alojamento quando vários colegas de turma passaram apressados por mim. Eu estava de calça jeans e moletom de capuz. Eles todos vestiam terno. No dia seguinte, na aula, entreouvi cochichos sobre um evento só para convidados organizado por uma empresa que havia participado de um feirão de carreiras pouco antes. Eu tinha passado no estande dessa empresa, mas sem falar com ninguém. Afinal, achava que as empresas não contratassem alunos do segundo ano. Aqueles meus colegas não só tinham se oferecido aos recrutadores, como também haviam pedido recomendações a amigos de amigos. Eu saí do feirão de carreiras levando um folheto e uma garrafinha do evento de brinde. Já eles saíram com entrevistas de emprego.

Semanas depois, enquanto eu assistia às aulas, esses outros alunos viajavam para "conhecer a empresa" – quando universitários eram convidados para visitar as sedes e ser paparicados depois de receber suas ofertas. De repente entendi por que minha mãe e eu tivéramos dificuldades. Havíamos nos inscrito em vagas de empregos pela internet, às cegas, sem saber que as pessoas bem-sucedidas tinham construído relações nos bastidores.

Então acordei e comecei a agir. Fui me enturmando com alunos mais velhos e comecei a fazer a mesma coisa que eles. As regras ocultas funcionaram. Consegui o tipo de emprego que aqueles que conheciam as regras tinham conseguido: um estágio de verão no banco de investimento Credit Suisse e um emprego em tempo integral na empresa de consultoria em gestão Boston Consulting Group (BCG). Como minha avaliação de desempenho me ensinou mais tarde, porém, entrar era uma coisa; sobreviver era outra.

Dessa vez eu já sabia o que fazer. Comecei a conversar com colegas de trabalho e amigos sobre seus empregos, suas frustrações e suas avaliações de desempenho. O que começou como desabafos esporádicos rapidamente se transformou em conversas diárias fora do ambiente de trabalho. Para minha surpresa, pouco importava se a pessoa trabalhasse numa startup, num escritório de advocacia, num hospital ou numa escola. Todos estávamos enfrentando as mesmas questões.

Não demorou muito para que eu expandisse minha pesquisa. Comecei a mandar e-mails para gerentes pedindo que compartilhassem comigo suas queixas. Logo estava fazendo videochamadas com desconhecidos do outro lado do mundo e ouvindo líderes de empresas reclamarem a portas fechadas. Nossas conversas giravam em torno de três perguntas-chave:

- Quais são os erros mais comuns que as pessoas cometem no trabalho?
- O que você faria diferente se pudesse reviver os primeiros anos de sua carreira?
- O que distingue os funcionários de alto desempenho dos funcionários medianos?

Quase cinco anos se passaram e já fiz essas perguntas a mais de quinhentas pessoas: CEOs, gerentes e profissionais em início de carreira de vários países, áreas e tipos de trabalho. Essas pessoas me ajudaram a ver o que eu poderia ter feito melhor na minha carreira. E graças ao seu conhecimento e à sua gentileza minha vida progrediu. Isso levou mais seis meses, mas deixei de ser a pessoa que quase chorava na mesa de trabalho e me tornei aquele que conduzia as reuniões. Parei de me sentir excessivamente gerenciado e comecei a gerenciar meu próprio gerente.

Desde então tentei retribuir a ajuda que recebi compartilhando com outras pessoas o que gostaria que alguém tivesse compartilhado comigo. Virei consultor de carreira em Harvard e na Universidade de Massachusetts, em Boston, e já aconselhei centenas de universitários e profissionais em início de carreira de norte a sul dos Estados Unidos e no Canadá. Encontrei muitas pessoas que queriam ser bem-sucedidas, mas não sabiam como chegar lá; para cada uma delas, porém, existem incontáveis outras que eu nunca vou conhecer. Por isso escrevi este guia: para enfim revelar os segredos dos profissionais de alto desempenho, aqueles que uma pessoa demora anos para entender por conta própria.

Neste livro vamos percorrer, uma por uma, as regras ocultas que fundamentam as carreiras de sucesso. Essas regras não são relevantes apenas para o seu primeiro emprego, estágio ou vaga de aprendiz: elas são cruciais para qualquer cargo em qualquer área, esteja você há muito tempo no emprego ou em busca de um novo. Este guia não trata apenas de como *começar* sua trajetória profissional, mas também de como *administrá-la...* e *ter sucesso*.

Uma observação antes de começarmos: não se preocupe em ler este livro de cabo a rabo. São muitas estratégias, táticas e temas para absorver. Espero que você volte a consultar determinados capítulos e seções enquanto avança em sua carreira ou quando deparar com obstáculos. Sua carreira é uma jornada, e dominar os segredos para seguir em frente é parte fundamental desse percurso.

As regras ocultas estão agora nas suas mãos. Aprenda-as para que trabalhem a seu favor.

GORICK NG
www.gorick.com

INTRODUÇÃO

As regras ocultas

A seguir apresento as regras ocultas para você começar sua carreira do jeito certo. Mas esses princípios não estão completos sem os segredos que ajudarão você a *viver* de acordo com eles. No restante do livro vamos falar sobre como ajustar seu comportamento para poder ter sucesso e causar um impacto positivo. Tenha as regras em mente ao ler este livro. Trate-as como se fossem as lentes que você usa para enxergar o mundo e lidar com ele.

Rejeite, adote ou adapte as regras

Estude quais regras fazem ou não sentido, se vale a pena questioná-las e quais comprometem seus valores. Então decida se é melhor rejeitar, adotar ou adaptar essas regras – e saiba quando fazer isso. Reconheça a diferença entre o que é certo e o que apenas está alinhado com as preferências da gestão. Aprenda a distinguir quando um feedback é produtivo e deve ser aceito de quando não é e deve ser discretamente ignorado. Busque aliados.

Visualize o contexto geral

Ao entrar numa nova equipe, pesquise o que esse grupo faz, quais são suas metas, a quem se reporta, o que tem feito recentemente, quem são seus concorrentes, quais são os membros mais importantes e como a sua função vai ajudar a equipe e a organização a alcançar suas metas. Quando se encarregar de um projeto novo, entenda o objetivo a longo prazo, qual seria o resultado bem-sucedido e como o seu trabalho se encaixa no contexto geral. Atualize-se sempre sobre o que está acontecendo na sua equipe, na sua empresa e na sua área.

Faça o seu dever de casa – e mostre que fez

Quando tiver uma pergunta, evite chamar alguém imediatamente. Primeiro cheque seus e-mails e arquivos e pesquise na internet. Se não conseguir encontrar uma resposta, agrupe suas dúvidas e vá subindo a hierarquia: peça ajuda a um colega do mesmo nível que o seu, depois à pessoa um cargo acima, e assim sucessivamente. Explique de onde surgiu sua dúvida e compartilhe o que você já fez tentando destrinchar as coisas por conta própria. Compartilhe o que sabe antes de perguntar sobre o que não sabe.

Imagine que é você quem manda

Faça de conta que o projeto inteiro é seu e que você não tem ninguém a quem recorrer. O que faria para resolver o problema? Imagine que você é responsável pela sua empresa. Como a ajudaria a alcançar suas metas? Mostre proatividade: ninguém está dizendo oi? Diga oi. Ninguém está compartilhando informações? Peça informações. Ninguém está lhe dando trabalho? Peça trabalho. Faça com que os outros reajam. Apresente soluções, não problemas. Assuma o controle da sua carreira.

Mostre que você quer aprender e ajudar

Assim que você entra numa equipe ou num projeto, as pessoas esperam que você faça perguntas (modo de aprendizado). Com o tempo, elas esperam que você esteja a par dos acontecimentos e faça contribuições úteis (modo de liderança). Saiba reconhecer se você está no modo de aprendizado ou de liderança e aja conforme o caso. Trate a frase "Alguma pergunta?" não como uma questão a ser respondida com "Sim" ou "Não", mas sempre com "Sim". Tenha sempre uma pergunta ou um ponto de vista próprio. Na dúvida, pergunte: "Em que posso ajudar?"

Conheça suas narrativas interna e externa

Saiba por que você faz o que faz. Quando for se apresentar, fale sobre seu passado, seu presente e seu futuro: compartilhe o que já fez, em que está trabalhando e, se for o caso, o que está tentando conquistar. Cogite apresentar sua história pessoal como uma jornada do herói (ou da heroína): o que despertou seu interesse, o que você já fez, o que o trouxe até aqui e o que espera alcançar. Quando fizer uma atualização de status, diga o que já fez e, em seguida, o que ainda falta realizar.

Conheça seu contexto e seu público

Você tem uma personalidade mais extrovertida ou introvertida? Tem muita ou pouca experiência? Faz parte da maioria ou de alguma minoria? Perceba – e saiba administrar – os preconceitos que os outros possam ter em relação a você. E conheça seu público: com que ideias ele está ou não familiarizado? Como ele gosta de receber novas informações? O que ele quer ouvir? Quando estiver falando ou escrevendo, personalize sua mensagem para quem estiver ouvindo ou lendo. Encontre a pessoa mais adequada no momento mais adequado.

Espelhe os outros

Num ambiente desconhecido, compare o seu modo de se apresentar com o dos outros. Encontre pessoas que você respeite e com as quais se identifique, observe como elas se comportam, como se vestem, escrevem e falam, e adote elementos que sejam autenticamente seus. Espelhe a urgência e a seriedade das pessoas com quem estiver trabalhando. E demonstre ainda mais urgência e seriedade ao interagir com alguém acima de você na hierarquia. Na dúvida, deixe os outros agirem primeiro.

Administre sua intenção e seu impacto

Quando estiver interagindo com outras pessoas, entenda que a sua intenção (a imagem que pretende passar) pode não ser igual ao seu impacto (a imagem que de fato passa). Esclareça o que as pessoas possam interpretar de modo equivocado a seu respeito: explique qualquer ação ou comportamento que possa ser visto negativamente para evitar que os outros pressuponham o pior. Se a sua intenção puder ser interpretada de muitas formas, não confie em e-mails ou mensagens instantâneas: prefira uma conversa ao vivo.

Envie os sinais certos

Preste atenção no que os outros podem ver, ouvir, cheirar e sentir da sua pessoa. Tome cuidado com normas culturais relacionadas a contato visual, sorrisos, resposta imediata e concentração em uma só tarefa. Tome notas na frente de quem lhe der instruções ou conselhos. Faça o que disse que faria (ou então se explique previamente). Cuidado com quando e como você chega, pede a palavra, manda e-mails e solicita ajuda. Na dúvida, chegue cedo.

Pense vários passos à frente

Antecipe o que a gestão pode lhe pedir e tenha isso pronto. Saiba quais questões ela pode ter que enfrentar e proponha uma solução. Antes de entregar seu trabalho ou entrar numa reunião, reflita sobre o que podem lhe perguntar e traga a resposta na ponta da língua. Quando tomar decisões, leve em conta todas as consequências que conseguir imaginar. Quando outras pessoas lhe disserem para fazer algo, pense vários passos à frente: as instruções que elas estão dando fazem sentido? Será que essa ideia poderia causar problemas a terceiros?

Faça o caminho reverso a partir do objetivo final

Entenda o que está tentando conquistar e, em seguida, faça o caminho reverso, mapeando todos os passos e prazos de entrega que separam você do objetivo final. Identifique claramente o que precisa ser feito, de que modo e em que prazo. Pergunte a colegas e superiores: "Quando faria sentido entregar esse projeto?" Repita em voz alta o que escutou antes de se afastar. Depois disso, avalie constantemente se com esse método você está se aproximando do objetivo final.

Poupe tempo e estresse aos outros

Antes de pedir ajuda a alguém, faça uma lista o mais enxuta possível com os passos que essa pessoa precisará dar. Quando marcar reuniões, informe sua disponibilidade no fuso horário da outra pessoa. Tenha precisão e clareza na linha de assunto dos seus e-mails, nos pontos-chave de uma apresentação e nas dinâmicas que propõe. Não deixe nada parecer ambíguo. Tente explicar sua ideia em no máximo três tópicos. Antes de iniciar uma conversa, contextualize o assunto para que todos saibam o que está acontecendo.

Reconheça padrões

Evite cometer os mesmos erros. Evite que os outros tenham que lhe dizer a mesma coisa mais de uma vez. E evite fazer as mesmas perguntas; se for preciso, admita que está se repetindo ou então tente perguntar primeiro a outra pessoa. Procure padrões: se a gestão sempre pede X, tenha X pronto com antecedência da próxima vez. Encontre formas de trabalhar que aumentem sua produtividade. Solucione problemas na raiz. Cuide para que o seu padrão de comportamento esteja alinhado com a imagem que deseja passar aos outros.

Priorize o que for urgente e importante

Priorize aquilo que tiver o prazo mais apertado, envolver o maior número de pessoas, causar mais ansiedade, ficar mais difícil com o passar do tempo, for central para a sua função ou tiver mais importância para quem for importante. Saiba que aquilo que é relevante para você pode não ter tanta relevância para os outros e vice-versa. Entenda o que as pessoas estão buscando (e o que não estão) considerando o tempo de que você dispõe. Foque naquilo em que as pessoas vão prestar atenção. Divida as tarefas entre as que precisam ser feitas e as que seria legal fazer, e comece pelas do primeiro grupo.

Leia nas entrelinhas

Preste atenção nas cadeias de comando invisíveis, nos espaços de atuação (quem faz qual tarefa e quando), nas zonas de conforto e nas lealdades. Saiba quem se reporta a quem, de quem é cada responsabilidade e quem tem influência (poder) sobre quem. Identifique quem são os influenciadores. Reconheça os comportamentos considerados aceitáveis ou inaceitáveis. Consulte as pessoas e as mantenha informadas. Permita que os outros passem uma boa impressão e se sintam bem. Saiba quando tomar a iniciativa e qual é a hora de parar.

Conecte-se, pergunte, reforce

Busque oportunidades de se conectar com os outros e com o que eles têm a dizer: escute, absorva, pense. Então comente alguma coisa ou faça uma pergunta aberta. Deixe que as pessoas terminem de falar. Equilibre seus tempos de fala. Depois de interagir com alguém, cumprimente essa pessoa quando cruzar com ela. Mande e-mails de agradecimento. Pergunte como estão as coisas. Ofereça ajuda. Compartilhe notícias relevantes. Apresente pessoas umas às outras. Procure e destaque pontos em comum entre você e os outros.

Assuma

Se não tiver certeza de como está se saindo, questione. Tente perguntar: "O que eu deveria começar a fazer, parar de fazer ou continuar fazendo?" Ou então: "Estou no caminho certo?" Perceba quando deve pedir desculpa e reconhecer o próprio erro e quando deve se defender. Caso cometa um deslize, saiba se desculpar, explique o que aconteceu, proponha um plano para mitigar o impacto ou solucionar o problema e esclareça como evitará que esse equívoco se repita.

Imponha-se com gentileza

Quando precisar de ajuda, peça, não ordene. Dê aos outros a chance de dizer não. Quando discordar de alguém, use expressões como "Será que...",

"E se...", "Por outro lado..." para apresentar o que vai dizer como uma opinião construtiva, e não como uma crítica. Antes de propor uma ideia, tente entender se algo semelhante já foi proposto e, se for o caso, por que não deu certo. Se tiver chegado recentemente à equipe e tiver pouca influência, formule ideias como perguntas do tipo "Será que já pensamos em...?".

Mostre desempenho e potencial

Saiba que você passará por avaliações de desempenho (quão eficiente você é na sua função atual) e de potencial (quão eficiente você pode ser na sua próxima função). Para mostrar seu potencial, ocupe um espaço de atuação que estiver desocupado: faça o que não foi feito, corrija o que não foi corrigido, una as pontas soltas, saiba o que os outros não sabem e compartilhe o que ainda não foi compartilhado. Não deixe seu potencial passar despercebido. Peça o que você quer – e o que você merece.

Observe as pessoas à sua volta no trabalho. Repare como as que mais avançam dominaram todas ou quase todas essas regras ocultas – e como as que têm dificuldades tropeçam repetidamente em pelo menos uma delas.

Como aplicar essas regras ocultas à sua carreira? É o que vamos abordar daqui para a frente.

Os Três Cs

Competência, comprometimento e compatibilidade

Antes de entrarmos no assunto, falemos sobre uma estrutura que nos acompanhará ao longo de todo o livro: os Três Cs – competência, comprometimento e compatibilidade. Assim que você assume uma nova função, seus gestores, colegas e clientes fazem três perguntas a si mesmos:

"Você consegue fazer bem o seu trabalho?" (Você tem competência?)
"Você demonstra querer estar aqui?" (Você tem comprometimento?)
"Você se dá bem conosco?" (Você tem compatibilidade?)

Cabe a você convencer seus gestores, colegas e clientes a responder "Sim!" a essas três perguntas. Prove que é competente, e vão querer lhe dar maiores responsabilidades. Prove que tem comprometimento, e vão querer investir em você. Prove que é compatível, e vão querer trabalhar ao seu lado. Se você demonstrar todos os Três Cs, maximizará suas chances de construir confiança, criar oportunidades e chegar mais perto de alcançar seus objetivos de carreira (Figura 1-1).

FIGURA 1-1

Os Três Cs: competência, comprometimento e compatibilidade

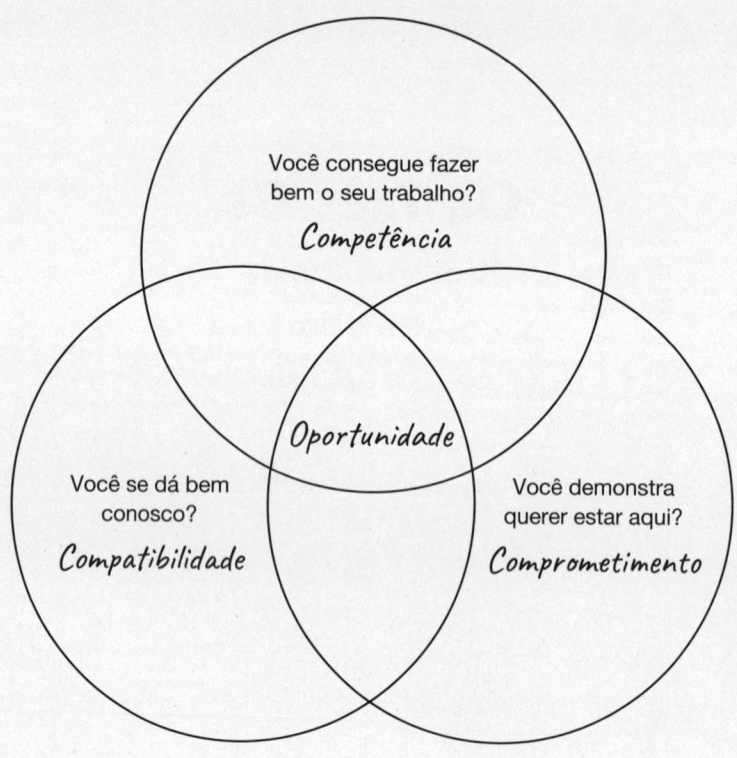

Não basta demonstrar apenas um ou dois dos Três Cs. Você precisa de todos. Caso contrário, as pessoas não lhe confiarão tarefas importantes, não sentirão que você vale seu tempo e seu investimento ou não vão querer conviver com você (Figura 1-2).

Comecemos definindo cada um dos Cs e vendo por que pode ser tão desafiador – e ainda assim tão importante – saber lidar com eles.

FIGURA 1-2

O que os outros pensam sobre os seus Três Cs

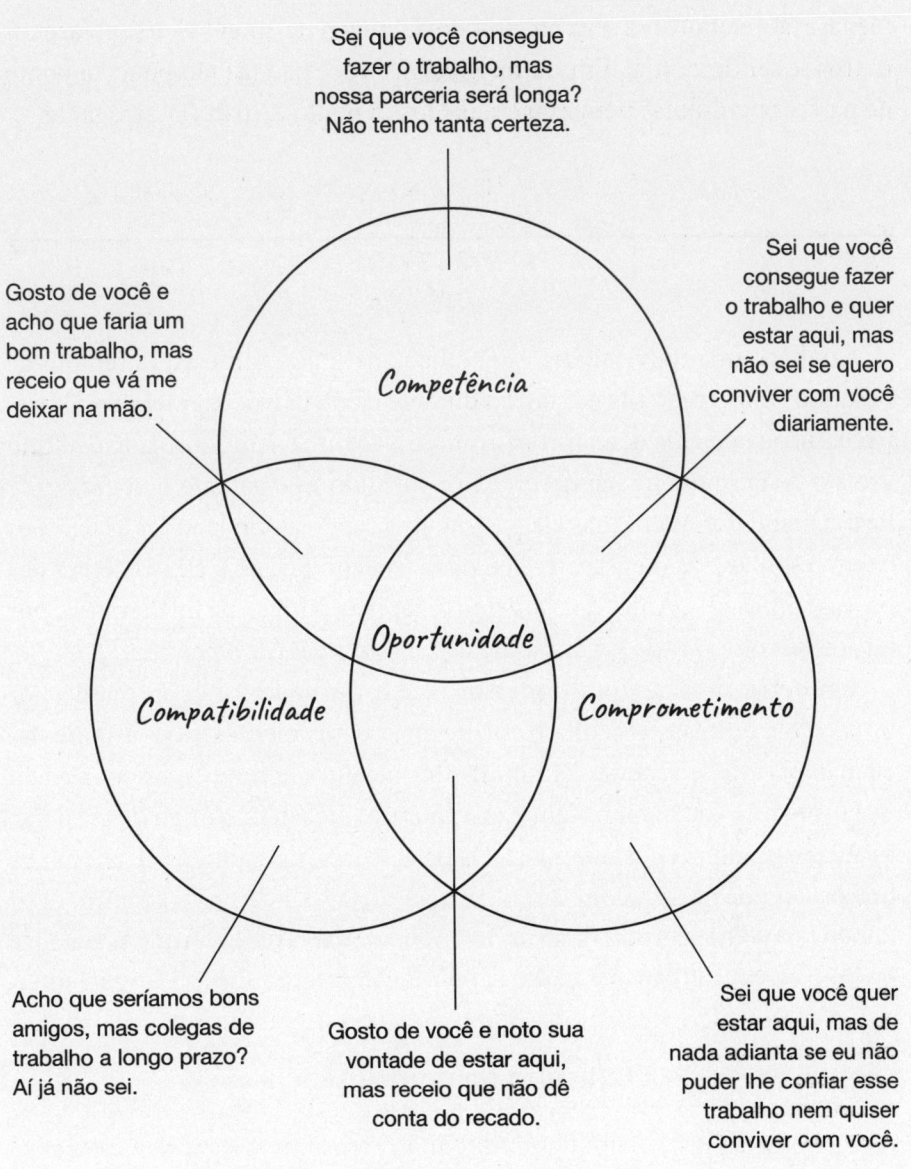

25

Competência

Competência significa que você é capaz de executar seu trabalho de forma plena, exata e oportuna sem precisar de microgerenciamento – e sem fazer os outros se sentirem mal. Em outras palavras: você não faz tão pouco a ponto de parecer perdido(a) nem exagera na dose a ponto de parecer arrogante.

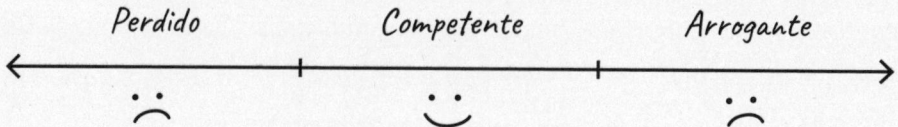

Conheci uma universitária que tinha conseguido um estágio remoto de pesquisa de mercado numa startup durante o ano letivo. No meio do semestre, ela ficou ocupada demais com as aulas. Não tinha nem começado o último projeto de pesquisa que já deveria ter concluído. Seu gerente não parava de ligar e mandar e-mails, mas ela passou uma semana sem atender às ligações e sem responder às mensagens. Seu plano era compensar o atraso depois das provas trimestrais. Antes de conseguir fazer isso, porém, ela foi demitida, por não ter se comunicado e, consequentemente, ter parecido perdida.

Em outra situação, um professor recém-formado fora contratado por uma escola de ensino médio. Nas conversas com colegas de departamento, ele não parava de repetir: "Na minha licenciatura aprendi sobre o modelo de ensino 5E. Vocês conhecem? É melhor do que o jeito antigo de preparar as aulas e os alunos gostam mais." Os professores mais antigos cruzavam os braços e o encaravam com um olhar que dizia "Sai de perto de mim". Em pouco tempo ele ganhou fama de ser metido a sabe-tudo porque as pessoas o viram como alguém arrogante.

O desafio da competência

A competência genuína pode ser difícil de mensurar. É fácil se você trabalha com confeitaria ou programação: basta os outros provarem seus doces ou testarem seus programas. No entanto, em muitos empregos nos quais a maior parte do dia é gasta interagindo com os outros, mensurar a competência não é nada simples.

Na ausência de parâmetros externos claros, os gestores muitas vezes se baseiam em parâmetros internos, como, por exemplo, quanto você parece estar avançando em determinado projeto, quanta segurança demonstra ao falar durante as reuniões e quão bem você se promove. Portanto, não é de espantar que as pessoas que são promovidas ou recebem as incumbências mais prestigiosas nem sempre sejam as mais competentes, mesmo nas organizações que se autodenominam meritocratas. A competência em si continua sendo importante, mas, como veremos mais adiante, a percepção que os outros têm da sua competência pode ter o mesmo peso.

Comprometimento

Comprometimento significa que você está plenamente presente e não vê a hora de ajudar sua equipe a alcançar seus objetivos – mas não a ponto de colocar os outros na defensiva. Em outras palavras: você não faz tão pouco a ponto de demonstrar apatia nem exagera na dose a ponto de parecer uma ameaça.

Apesar de trabalhar duro e assumir tarefas extras, um monitor de colônia de férias foi acusado de preguiçoso pela diretora do local. Um de seus colegas o chamou para uma conversa e o ajudou a ver que o problema não era sua falta de esforço, e sim sua falta de entusiasmo. Ele parecia tristonho e muitas vezes ficava olhando o celular. Seus colegas, por sua vez, se comportavam como se estivessem num musical sobre monitores de colônia saltitantes. Nas semanas seguintes, esse monitor passou a sorrir, a andar mais depressa e a demonstrar mais animação. Para sua surpresa, a diretora começou a levá-lo a sério, simplesmente porque ele já não parecia apático.

Em outra situação, um universitário tinha conseguido um estágio num banco de investimento. Sempre que terminava seu trabalho antes do prazo, ele começava a fazer o trabalho dos colegas sem que lhe pedissem. Às vezes chegava a corrigir seu gerente na frente de superiores. No fim, ele foi um dos dois estagiários que não receberam uma proposta definitiva de emprego, porque pareceu ameaçador.

O desafio do comprometimento

Como acontece com a competência, o comprometimento também esbarra na seguinte dificuldade: percepção e realidade nem sempre estão alinhadas. O simples fato de você *ter* comprometimento não quer dizer que as pessoas *vejam* isso. Às vezes, pequenos atos como chegar tarde, desviar os olhos numa videochamada, não se oferecer para realizar tarefas, não dar sua opinião com frequência ou não responder a e-mails com tanta rapidez quanto seus colegas podem bastar para pôr em dúvida o seu comprometimento.

É difícil distinguir aquilo que é real daquilo que é percebido. Mais difícil ainda se você estiver trabalhando num sistema que confunde percepção com realidade e no qual as pessoas priorizam o estilo em detrimento da consistência. Isso não quer dizer que você deva querer ficar no seu emprego para sempre. Seu primeiro emprego provavelmente não será o último – as pessoas entendem isso. Seus interesses e objetivos podem mudar – as pessoas entendem isso também. Só que elas esperam um grau de comprometimento mais explícito, que examinaremos mais a fundo neste livro.

Compatibilidade

Há compatibilidade quando as pessoas se sentem à vontade na sua companhia e querem estar perto de você sem que isso pareça fingido ou forçado. Em outras palavras: você não faz tão pouco a ponto de mostrar indiferença nem exagera na dose a ponto de forçar a barra.

Certa vez, uma caixa de cinema ouviu do seu gerente que ela precisava trabalhar mais "em equipe". Ela não entendeu. Sempre chegava ao trabalho na hora e tratava os clientes com educação. Mas isso não era suficiente, porque ela mal sorria e não ficava jogando conversa fora com o gerente como faziam os colegas. Ela foi dispensada após o período de experiência, porque pareceu indiferente e retraída.

Em outra situação, logo após concluir seu MBA nos Estados Unidos, um jovem profissional entrou para a equipe de estratégia corporativa numa empresa de energia na Ásia. Certo dia, foi assistir à apresentação de um fornecedor com alguns colegas de cargos mais elevados. Terminada a apresentação, o vendedor perguntou: "Alguma dúvida?" Silêncio no recinto. Sem entender que os colegas estavam respeitando uma norma cultural de esperar o profissional mais graduado se manifestar primeiro, ele foi logo dizendo: "Bom, se nenhum de vocês tiver nenhuma dúvida, *eu* tenho." Todos os colegas reviraram os olhos – ele estava sendo inadequado.

O desafio da compatibilidade

O mais desafiador em relação à compatibilidade é que ela depende de com quem você está e de tendências e preconceitos que essas pessoas nem sempre percebem que têm. Em geral, as pessoas apreciam seus semelhantes, portanto tendem a contratar, preferir e promover quem se assemelhe a elas na aparência, no modo de falar, na história de vida e nos interesses.[1] Como esses preconceitos podem ser inconscientes, mesmo pessoas bem-intencionadas podem facilmente tratar os outros de forma injusta sem se dar conta. Elas podem alegar que alguém "não se encaixa culturalmente", quando na verdade estão julgando as roupas, o sotaque, os maneirismos, o peso, os hobbies ou qualquer outro elemento da identidade do outro.[2]

Se você entrar para uma equipe na qual todos se pareçam com você, falem como você, comportem-se como você e tenham experiências e visões de mundo semelhantes às suas, talvez nunca chegue a questionar a própria identidade. Por outro lado, se entrar para uma equipe na qual as pessoas sejam diferentes de você em matéria de raça, etnia, origem socioeconômica, gênero, sexo, orientação sexual, necessidades especiais, religião, idade, grau de introversão ou extroversão ou outras características, nesse caso sua identidade pode influenciar não apenas a maneira como os outros avaliam seus Três Cs, mas também sua autoavaliação.

Quando entrei no mercado de trabalho, comecei a me questionar quase de imediato. Embora seja de origem asiática, aquela crença de que os asiáticos são tímidos e bons em matemática não se aplicava muito a mim – eu nem conseguia dar conta da enorme quantidade de projetos da área que meus colegas não asiáticos me passavam. Como nunca tinha aprendido a enviar e-mails profissionais, eu não acompanhava o ritmo das mensagens rápidas dos meus colegas, pois passava muito tempo editando e reeditando o que escrevia. E, por pertencer à primeira geração da minha família com curso superior e ser de baixa renda, eu me sentia excluído dos papos dos meus colegas sobre a infância, porque quando eu era criança minha mãe não tinha dinheiro para comprar o mesmo material esportivo, pagar as mesmas aulas de música ou as mesmas férias que eles tiveram.

Na linguagem dos Três Cs, tive dificuldades com minha *competência*, porque cometi erros que as pessoas não esperavam que eu cometesse. Tive dificuldades com meu *comprometimento*, porque não respondia aos e-mails com a mesma rapidez dos meus colegas. E tive dificuldades com minha *compatibilidade*, porque não conseguia me entrosar nas conversas. O fato de ter estudado numa instituição de elite também não me ajudou. A expectativa era que eu fosse rico e soubesse o que estava fazendo. Temendo que me reconhecessem como um impostor, eu preferia seguir calado.

O mercado de trabalho não é um ambiente de oportunidades iguais. De alguns se espera competência; de outros, incompetência. Para alguns o comprometimento é um pressuposto; para outros, é questionado. Para alguns a compatibilidade vem sem esforço; para outros, ela é cansativa. Pessoas diferentes começarão em diferentes pontos da figura dos Três Cs e terão que percorrer distâncias distintas para chegar ao centro.

Uma engenheira negra me contou sobre a pressão que enfrentara por precisar esconder seu cabelo afro natural em ambientes de trabalho que consideravam cabelo liso o único padrão adequado. Um profissional transgênero da área de finanças me contou sobre sua experiência de não ser convidado para as festas dos colegas depois do expediente e sobre a relutância de seus gestores em colocá-lo face a face com clientes. Uma latino-americana do ramo da política me contou como era acusada de ser ao mesmo tempo burra e mandona sempre que dizia alguma coisa em reuniões nas quais todos os outros participantes eram homens mais velhos.

Uma muçulmana do setor de energia me falou sobre o dilema constante de lidar com almoços de trabalho e jantares com clientes quando estava jejuando durante o mês sagrado do Ramadã. Um homem negro numa equipe composta inteiramente por mulheres brancas na seção de cosméticos de uma loja de departamentos me disse ter sido informado de que não "se encaixava culturalmente" por não participar dos encontros das colegas num bar depois do expediente. Uma mulher branca que trabalhava com contabilidade em Nova York me falou sobre seus temores de ser rotulada de marombeira burra por ser ex-atleta universitária, ou de racista ou mal-educada por vir de uma pequena comunidade de trabalhadores rurais.

Homens siques, mulheres muçulmanas e homens judeus que trabalhavam no mundo corporativo e no terceiro setor falaram sobre a pressão velada que precisavam enfrentar para se adequar ao código de vestimenta dos colegas, que não estavam acostumados a ver turbantes, hijabs ou quipás. Um homem negro da área de finanças me contou sobre sua dificuldade com as "sextas casuais", quando se sentia pressionado a se vestir de modo suficientemente informal para os colegas, mas profissional o bastante para ser levado a sério pelos clientes e não ser vítima de abuso policial no caminho de volta para casa. Um executivo de startup portador de deficiência me falou sobre sua luta para superar a percepção de que era menos competente que seus pares. E mulheres de todo lugar me relataram quantas vezes tinham dado uma ideia e, depois, visto um homem sugerir exatamente a mesma coisa e acabar ficando com todo o crédito.

Essas histórias são mais do que experiências individuais. São exemplos de padrões que foram formalmente estudados e verificados cientificamente. É decepcionante escutar isso, mas as afirmações a seguir são verdadeiras. Mulheres precisam com frequência se equilibrar entre ser atraentes (não muito "masculinas") e competentes (não muito "femininas"). Pessoas negras tendem a ser monitoradas mais de perto no trabalho do que as brancas. E pessoas com nomes fáceis de pronunciar tendem a ser avaliadas mais positivamente do que pessoas com nomes considerados difíceis.[3]

Isso é justo? Não. Precisamos de um sistema melhor? Sim. Pode ser que já tenhamos um sistema melhor quando você começar no seu emprego? Quem nos dera.

Às vezes apenas palavras como "racismo", "sexismo", "classicismo", "capacitismo", "etarismo", "heterossexismo", "lookismo" e todos os outros "ismos" podem explicar por que algumas pessoas não conseguem atingir seu pleno potencial no ambiente de trabalho. Mas, até alcançarmos justiça e igualdade para todos, quero que você aprenda com aqueles que passaram pelo sistema da forma mais difícil.

Por mais complicado que possa ser lidar com as diferenças, a jornada vale a pena. Afinal de contas, sem as diferenças você não seria ímpar. Você não seria *você*. Sua singularidade não é uma desvantagem. É um trunfo. Na verdade, ela é um superpoder esperando ser liberado.

A engenheira negra que entrevistei acabou contratando mais mulheres negras para a área de engenharia. O profissional de finanças transgênero ajudou sua empresa a estabelecer políticas mais inclusivas. A muçulmana criou uma comunidade de profissionais muçulmanos na sua cidade. Essas pessoas não se contentaram em encontrar seus superpoderes: elas usaram esses superpoderes para ajudar os outros. Você pode fazer a mesma coisa.

Faremos essa jornada juntos, guiados pelos Três Cs. Ao final deste livro, você terá não somente o vocabulário para diagnosticar o que está acontecendo à sua volta, mas também as ferramentas para explorar todo o seu potencial.

Vamos começar!

LEMBRE-SE

- Seu desafio ao entrar numa equipe é convencer seus gestores, colegas e clientes a responderem "Sim!" a três perguntas a seu respeito: Você consegue fazer bem o seu trabalho? Você demonstra querer estar aqui? Você se dá bem conosco?
- Você convence seus gestores e colegas a responder "Sim!" ao demonstrar os Três Cs: competência, comprometimento e compatibilidade.
- Demonstrar competência é provar que você consegue realizar o trabalho de modo pleno, preciso e oportuno sem precisar de microgerenciamento.
- Demonstrar comprometimento é estar plenamente presente, ajudando a equipe a alcançar suas metas.
- Demonstrar compatibilidade é fazer com que as pessoas se sintam à vontade na sua companhia e queiram estar perto de você.

COMEÇAR

Pense: "Vamos tentar!"

O primeiro passo ao se apresentar num novo emprego é ter o mindset correto. Um emprego novo (ou qualquer emprego) oferece incontáveis oportunidades: de conhecer gente nova, de assumir responsabilidades maiores, de se superar. Essas oportunidades se apresentarão como placas de sinalização que passam zunindo enquanto você dirige por uma autoestrada.

SAIBA

- As oportunidades aparecerão no seu caminho o tempo todo.
- O sucesso na carreira depende da sua capacidade de identificar e aproveitar as oportunidades certas.
- O ingrediente secreto? Aderir à máxima do "Vamos tentar".

No entanto, essas oportunidades nada mais são do que isso: oportunidades. Elas não têm valor intrínseco. Só terão valor se você aproveitá-las. Quem decide se uma placa de sinalização vai se tornar algo mais do que uma mera chapa de metal pregada numa estaca é você, motorista. É preciso ser um tipo especial de motorista para reconhecer – e agarrar – uma oportunidade. O que diferencia o motorista que age ao ver a placa de todos os outros que deixam a oportunidade passar? A adoção de um mindset do tipo "Quem sabe? Vamos tentar!".

Aprendi essa lição com Annie (por questão de privacidade, todos os nomes e alguns detalhes das histórias foram modificados), recém-graduada e contratada por uma companhia de petróleo e gás. Ela entrou num programa que, em seus primeiros três anos na empresa, a levava a fazer um rodízio numa equipe diferente por ano. Uma semana antes de seu primeiro dia de trabalho, Annie recebeu um e-mail do RH com a lista de todas as equipes com vagas disponíveis, junto com uma pesquisa que lhe permitia classificar as opções. Ela foi incluída na terceira equipe de sua escolha. Embora no começo tenha gostado desse primeiro rodízio, ao cabo de seis meses começou a ficar ansiosa. Como não gostava do trabalho nem conseguia se identificar com nenhum dos superiores, ficou difícil para ela imaginar um futuro naquele departamento. Ela tampouco ficou muito animada com seu cargo seguinte. A maioria das outras equipes não lhe interessava e a única que interessava não fazia sequer parte da lista de opções na pesquisa de preferências do RH.

Durante uma reunião de acompanhamento mensal com o tutor que a empresa tinha designado para ela, Annie ficou se perguntando o que fazer.

– Por que você não fala com a líder da equipe que mais lhe agrada? – sugeriu o tutor.

– Eu posso fazer isso? – perguntou Annie. – Não fica estranho?

– Por que ficaria? Não é a pesquisa que toma as decisões, são as pessoas. Se a líder da equipe quiser você lá, por que não conseguiria o posto? Além do mais, o que acha que as outras pessoas todas estão fazendo? Esperando sentadas? Elas provavelmente estão fazendo a mesma coisa.

Imediatamente depois dessa reunião, Annie escreveu o rascunho de um e-mail, que revisou com seu tutor e enviou para a vice-presidente sênior (VPS) da equipe na qual queria entrar:

Assunto: Entrar na sua equipe no próximo rodízio

Oi, Chiderah.

Meu nome é Annie. Sou analista de marketing e estou atualmente em rodízio na equipe de gás natural liquefeito. Espero que esteja tudo bem com você.

Queria saber se haveria alguma possibilidade de eu entrar na sua equipe de parcerias estratégicas no meu próximo rodízio, que vai começar em julho. Fiquei inspirada com o vídeo promocional do seu departamento ao qual assisti faz pouco tempo e adoraria ajudá-los a ampliar suas parcerias com universidades. (Na universidade eu ajudava um dos meus professores com suas propostas para pedir financiamento, então tenho experiência em lidar com o lado acadêmico do processo.)

Será que você teria quinze minutos para conversar mais um pouco? Estou disponível nos seguintes horários (fuso central):

Terça, 4/2: antes das 11h.
Quarta, 5/2: antes das 13h e depois das 15h.
Quinta, 6/2: depois das 10h.
Sexta, 7/2: qualquer horário.

Espero ter notícias suas em breve.
Annie

Depois de clicar em Enviar, Annie não parou de atualizar sua caixa de entrada, torcendo para receber uma resposta. Após duas semanas de silêncio, ela mandou outro e-mail:

> Oi, Chiderah.
>
> Queria fazer um follow-up do meu e-mail anterior, em relação ao meu interesse de entrar na sua equipe. Será que você teria alguns minutos para conversar? Minha disponibilidade atualizada é a seguinte (fuso central):
>
> Terça, 18/2: qualquer horário.
> Quarta, 19/2: depois das 11h.
> Quinta, 20/2: qualquer horário.
> Sexta, 21/2: antes das 13h e depois das 14h.
>
> Um abraço,
> Annie

Annie aguardou mais uma semana. Mesmo assim, nenhuma resposta chegou.

Então pensou: *Por que ela não está me respondendo? Será que está ocupada? Será que não tem nenhuma vaga disponível? Será que acha que não sou adequada ao posto? Ou será que simplesmente se esqueceu de responder?*

Annie procurou a VPS na intranet da empresa. O status dela estava verde. Ela estava on-line. Annie pensou: *Será que eu poderia simplesmente mandar uma mensagem por aqui? Não, é demais.*

Ela se recostou na cadeira e viu uma citação que havia pregado na parede, acima do seu monitor: "Faça aquilo que mais teme e o medo com certeza morrerá." *Quer saber? Vamos tentar. Qual é a pior coisa que poderia acontecer? Ela dizer "Não"?* Annie digitou a mensagem num arquivo à parte para não correr o risco de clicar por acidente em Enviar:

> Oi, Chiderah. Desculpe a mensagem assim do nada, mas tenho interesse em entrar para a sua equipe e estava pensando se você teria tempo para uma conversa. Mandei alguns e-mails e não tive resposta, então imaginei que talvez não me adequasse, mas queria ter certeza.

Annie colou a mensagem na janela do seu chat, releu-a várias vezes, prendeu a respiração... e clicou em Enviar. Minutos depois seu telefone tocou. Era Chiderah, a VPS.

– Oi, Annie, é a Chiderah. Achei mais fácil ligar. Desculpe, eu não tenho nenhuma vaga.

Annie se sentiu murchar na cadeira, mas tentou manter um tom de voz animado. Chiderah começou a falar sobre ser uma das poucas executivas mulheres na empresa e sobre ajudar jovens como Annie a batalhar pelo que queriam. No final da ligação, ela perguntou se Annie se interessaria em entrar para um clube do livro, só para mulheres, que ela estava criando na empresa. Apesar de estar decepcionada com a falta de vaga, Annie aceitou. Ela pensou: *Quem sabe? Pode ser que eu aprenda alguma coisa.*

Uma semana mais tarde, Annie recebeu um e-mail de Chiderah sobre o clube do livro. Reparou que seis outras mulheres da empresa estavam copiadas e fez uma pesquisa sobre elas na intranet e no LinkedIn. Eram todas executivas. Annie era a pessoa mais jovem a ter recebido aquele e-mail; tinha no mínimo quinze anos a menos que as outras. Chiderah terminava seu texto com uma pergunta:

> O que vocês acham?

Uma semana se passou sem que ninguém respondesse.

Annie pensou: *Talvez eu possa ajudar.* Como o e-mail de Chiderah não continha nenhum detalhe sobre como o clube do livro funcionaria, ela respondeu com um plano:

> Chiderah, é um prazer ajudar. Mando aqui um plano básico que esbocei. O que você acha?

Chiderah demorou só uns poucos minutos para responder:

> Amei. Vamos nessa.

Um mês depois, Annie e Chiderah lançaram oficialmente o primeiro clube do livro para mulheres da empresa. Annie passou instantaneamente de não conhecer nenhuma das líderes mais importantes da organização a conhecer uma dúzia. Depois do segundo encontro do clube do livro, Chiderah lhe mandou um e-mail:

> Eu não esqueci seu rodízio. É só fazer uma anotação na sua pesquisa de preferências dizendo que gostaria de entrar para a minha equipe. Eu falo com o RH.

Resumo da história: Annie se tornou a primeira pessoa a entrar para a equipe de Chiderah no rodízio.

Se as oportunidades são como placas de sinalização numa estrada, Annie não apenas as viu, como também correu incansavelmente atrás delas. Se não tivesse olhado para além da lista de opções de rodízio disponíveis, pedido conselho ao seu tutor, entrado em contato com a VPS, mandado um segundo e-mail, abraçado a oportunidade que a VPS lhe deu e tomado a iniciativa quando ninguém mais tomou – o tempo todo com um sorriso no rosto –, provavelmente Annie teria ficado de novo com sua terceira escolha no rodízio.

Quando ouvi a história de Annie, fiquei assombrado com sua persistência e sua tenacidade para ir atrás do que queria. Quis saber como ela fazia aquilo. E, tão importante quanto, como arrumava autoconfiança para agir assim.

Annie: "Ah, na verdade eu estava superinsegura o tempo todo. Eu era a única naquele grupo a ter vindo da minha universidade. Era também a única mulher. Precisava ficar me lembrando o tempo todo que era digna de estar ali."

Gorick: "Como você fez isso?"

Annie: "Eu parabenizei a mim mesma por tudo que tinha feito para chegar até ali: escolhi uma disciplina difícil no ciclo básico da universidade; assumi papéis de liderança no campus; trabalhei em meio expediente para pagar meus estudos. Fui a única aluna da minha faculdade a ser contratada por essa empresa. Certamente essas experiências têm alguma influência nisso, não?"

Gorick: "Têm, sim! Mas a maioria de nós não acorda um belo dia e simplesmente declara: 'Hoje vou ativar minha autoconfiança!' De onde veio essa autoconfiança toda?"

Annie: "No meu primeiro trabalho da faculdade, eu tirei C. Fiquei arrasada. Mas sabia que não podia deixar as coisas continuarem assim, não tão no começo do curso. Então levei esse primeiro trabalho para o meu professor e falei: 'Me diga tudo que estou fazendo de errado.' Levou um tempo para as coisas melhorarem, mas no fim do semestre eu já estava tirando a melhor nota da turma. Aprendi que é possível crescer muito crescendo um pouquinho por vez; o mais importante é simplesmente começar a tentar. Levei esse mindset comigo para o trabalho."

Gorick: "Mas se arriscar assim não dá medo?"

Annie: "Ah, dá, sim! Por isso preguei esta citação na minha parede: 'Faça aquilo que mais teme e o medo com certeza morrerá.' Preciso ficar me lembrando disso o tempo todo: quanto mais assustadora uma coisa parece, melhor ela provavelmente será para mim. Mas, se você não se arrisca, não cresce. É simples assim."

Minha conversa com Annie me ensinou três lições:

- Seu ponto de partida não precisa determinar seu ponto de chegada. Seja no caso do C que tirou no trabalho ou da sensação de estar deslocada no emprego, Annie só olhou para trás para parabenizar a si mesma por tudo que conseguira conquistar até então. Tirando isso, ela olhou apenas para a frente. E foi exatamente para a frente que ela andou.
- Se você fizer o mínimo necessário, vai obter o mínimo necessário. O cargo que Annie queria não existia na pesquisa de preferências, mas isso não queria dizer que *não poderia* existir. Nas palavras dela: "Você não pode esperar sentada os outros decidirem seu futuro. Precisa criar oportunidades para si mesma." Se você não pedir, não vai conseguir.
- A pior coisa que poderia acontecer provavelmente não é tão ruim. Se o pior cenário possível é a outra pessoa dizer "Não", o seu medo na verdade é um medo do julgamento, não do perigo. Deixe o "não" para os outros dizerem. Não se limite antes mesmo de ter se dado uma chance.

Não deixe de se oferecer para um projeto só porque você tem menos experiência que os outros. Não deixe de se apresentar só porque alguém não faz ideia de quem você seja. Não deixe de tentar só porque esse não é o "processo normal". Assim que você chega a uma empresa, tem a vantagem de ser a pessoa recém-contratada cheia de gás e que ainda está aprendendo. As expectativas em relação a você nunca serão menores do que nesse momento, então aproveite e estabeleça as expectativas segundo os seus padrões. Conheça as regras. Depois as adapte.

Um alerta, porém: uma coisa é ter interesse e outra diferente é achar que tem direito. Pedir algo de modo genuíno sem esperar obtê-lo é permitido sempre. Mas esperar algo, ou exigir algo, ou demonstrar profunda decepção se a resposta for negativa pode ser perigoso para sua compatibilidade. Se a sua reação ao "Não" puder ser "Tudo bem, só achei que devia perguntar", e não "Como assim?! Que absurdo!", então tente. Como se diz por aí, cada um de nós é o herói ou a heroína da própria jornada e todos os demais não passam de coadjuvantes. As pessoas estão ocupadas demais pensando em si mesmas para ficarem pensando em você. Imagine que é você quem manda. Se não cuidar da própria carreira, ninguém mais vai fazer isso.

O contexto também tem importância. Se você for uma mulher num ambiente de trabalho dominado por homens, talvez seu trabalho duro não receba o devido crédito. Se estiver desempenhando um trabalho que não se encaixe nos estereótipos de raça, gênero, etc. em relação a você (por exemplo, se você for de origem asiática e trabalhar numa função de orientação mais interpessoal e menos técnica), as pessoas podem supor que não é competente. Se você for um entre muitos "personagens coadjuvantes" que também estão tentando se destacar, talvez precise *se desdobrar* para enfim atrair os holofotes. E, se estiver entre colegas que conhecem pessoas mais graduadas na organização, pode ser que esteja mirando num conjunto limitado de oportunidades. Certa vez, um profissional em início de carreira me contou que, no seu primeiro dia numa empresa de investimentos, o CEO abordou um dos estagiários e disse: "Ah, é você o filho do John? Vamos almoçar!" Muitas das pessoas que trabalhavam na empresa havia anos nunca tiveram uma chance assim. Se você por acaso estiver numa situação dessas, parabéns! Aproveite a oportunidade. Mas e se não estiver?

Um reitor universitário certa vez me disse: "Tem gente que precisa se achar *menos* no direito. E tem gente que precisa se achar *mais* no direito." Quando aquele estagiário da empresa de investimentos voltar do almoço com o CEO, talvez seja bom ele se esforçar para não agir como se tivesse direito a alguma coisa e tentar com mais afinco ainda mostrar que quer aprender, ajudar e fazer o que lhe mandam. Afinal, ele acabou de ter uma oportunidade que o seu gerente pode não ter tido. Se pedir mais, corre o risco de errar a mão nos seus Três Cs.

Já para outras pessoas talvez valha a pena se sentir mais no direito: se você quiser alguma coisa, lute por ela. Se não tiver certeza de que consegue obtê-la, peça.

Tudo se resume a demonstrar comprometimento sem prejudicar sua compatibilidade. Você quer comunicar disposição para aprender e ajudar; disposição e entusiasmo para chegar mais longe. Quanto mais as pessoas notarem que você quer se aprimorar, mais vão querer ajudar nesse processo. Quanto mais mostrar que deseja ir além da sua condição atual, mais ajuda receberá.

Resumindo, o segredo é ter o mindset de "Vamos tentar". Você tem alguma ideia maluca que provavelmente não vai dar certo... Mas poderia dar? Vamos tentar. Alguma tarefa que provavelmente não vai conseguir fazer... Mas talvez consiga? Vamos tentar. Alguma experiência que você provavelmente não vai curtir... Mas talvez curta? Vamos tentar.

Relembre a última vez que você aproveitou uma oportunidade que acabou levando a algo melhor ainda. Conseguiu seu emprego atual conversando com alguém com quem em geral não conversa? Conheceu seu par num evento ao qual quase deixou de ir? Ou, como eu e Sandy (que abriu meus olhos para as regras ocultas), aprendeu algo fazendo uma pergunta que quase deixou de fazer? Nesses casos, você já experimentou o poder do "Vamos tentar". Agora está na hora de usar esse mesmo mindset no seu novo emprego – e de mantê-lo pelo restante da sua carreira.

EXPERIMENTE

- **Diga em voz alta:** seu ponto de partida não precisa determinar seu ponto de chegada.
- **Diga em voz alta:** se você quiser mais do que o mínimo necessário, terá que fazer mais do que o mínimo necessário.
- **Diga em voz alta:** se o pior que pode acontecer é a outra pessoa dizer "Não", o risco de fracasso provavelmente não é tão ruim quanto você pensa.

Tenha uma postura de alto desempenho

Pouco depois de receber sua proposta de emprego do RH, os e-mails começaram a chegar para Sana, gerente de operações de uma startup de transporte particular. O primeiro foi de sua futura gestora. Depois outras pessoas da empresa lhe escreveram. No total, Sana recebeu cinco e-mails, e todos diziam a mesma coisa: "Se tiver alguma pergunta, é só falar!" Sana pensou consigo mesma: *Vocês estão de brincadeira, não é? Eu acabei de passar por sete entrevistas. Já perguntei tudo!*

Foi então que algo lhe ocorreu. *E se fazer mais perguntas fosse não uma obrigação, e sim uma oportunidade para construir relações?* Sana abriu seu notebook e marcou uma chamada com cada pessoa.

Antes de cada ligação, ela pesquisava a pessoa na internet, olhava seu perfil no LinkedIn e lia as postagens do seu blog. Então elaborava uma lista de perguntas. Sana transformou aqueles cinco e-mails em cinco conversas... que, por sua vez, lhe revelaram cinco aliados. Assim, seu primeiro dia de trabalho não pareceu nem um pouco um primeiro dia. Ela já sabia o que a empresa andava fazendo. Já conhecia gente de várias equipes, que agora podia abordar para tirar dúvidas. Chegou até a se envolver na campanha de lançamento de um produto capitaneada por uma das pessoas que conhecera por telefone.

SAIBA

- É possível causar boa impressão antes mesmo do seu primeiro dia.
- No seu primeiro dia, já chegue sabendo o que a sua organização faz, quem são seus concorrentes, quem são as pessoas mais importantes e como suas funções se encaixam no contexto geral.
- Tenha sempre uma pergunta – e faça de tudo para que seja boa.

O primeiro dia de Sana não poderia ter sido mais diferente do primeiro dia de George, estagiário num banco. George estava no elevador com um colega quando a porta abriu... e a CEO do banco entrou. Como George não fazia ideia de quem era a CEO, continuou olhando o número do andar no display do elevador. A CEO reparou que George ainda estava usando seu crachá de treinamento e se virou para cumprimentá-lo.

– Oi, acho que não nos conhecemos ainda – disse ela. – Eu sou a Kathy.

– Oi, eu sou o George.

– Prazer em conhecê-lo, George. Bem-vindo – disse a CEO. – Em que equipe você está?

– Gestão de ativos. E você?

Kathy deu uma risadinha.

– Ah, eu sou a CEO.

George arregalou os olhos, o rosto em chamas.

Mais tarde, um colega dele fez piada sobre o incidente com o restante da equipe. Em poucas horas, todo mundo no departamento já conhecia a história. George ficou conhecido a partir de então como "o estagiário que não sabia quem era a CEO".

Quando ouvi a história de George, minha reação imediata foi: *Nossa, que maldade! As pessoas realmente julgam tanto assim?* A resposta é não e sim ao mesmo tempo.

Comecemos com o não. Não, sair-se mal logo de cara não significa que você esteja condenado e precise procurar outro emprego. A própria CEO certamente já causou má impressão em algum momento da carreira. O mais importante é a forma como você reage. Você murcha como se fosse uma flor seca? Ou faz graça dizendo algo como: "Uau, virei lenda! Acho que preciso fazer meu dever de casa! Mas pelo menos vão se lembrar de mim, não é mesmo?" Uma das reações faz as pessoas questionarem sua autoconfiança. A outra sugere que você tem autoconhecimento suficiente para reconhecer o próprio erro e bastante maturidade para seguir adiante.

Agora passemos ao sim. Como a experiência de George demonstrou, sim, as pessoas julgam. E muitas vezes fazem isso sem perceber.

Sana ficou parecendo uma profissional. George ficou parecendo o estagiário típico: um menino de terno. Sana exercitou seus Três Cs. George perdeu uma oportunidade de fazer isso. De que modo você pode se parecer mais com Sana e menos com George? Pense um passo à frente... e visualize o contexto geral. A seguir estão listadas quinze estratégias úteis nesse processo. Não se preocupe, a maioria delas é rápida. Sugiro transformar as dez primeiras em hábitos toda vez que estiver se preparando para uma nova função, uma ligação de trabalho, uma reunião profissional ou uma entrevista de emprego.

Tarefas de prioridade mais alta. Tempo total: 45 minutos.

- ☐ Consulte na Wikipédia a página da organização na qual a pessoa com quem você vai falar trabalha. Isso ajudará a entender o trabalho e o histórico da empresa.
- ☐ Acesse o site da organização e passe os olhos pelas seções "Quem somos", "O que fazemos" e "Notícias". Isso ajudará a entender como a empresa descreve a si mesma.
- ☐ Pesquise a organização no Google e passe os olhos por todas as notícias dos últimos meses. Isso ajudará a entender o que a empresa tem feito ultimamente.
- ☐ Passe os olhos pelos cargos, rostos e biografias das pessoas listadas na página "Equipe" do site da organização. Memorize pelo menos o nome e o rosto do chefe da organização, do chefe do seu departamento e do líder da sua equipe. Isso ajudará a identificar as pessoas mais importantes caso cruze com elas.
- ☐ Pesquise todos os e-mails que você recebeu da organização e tome nota das pessoas mencionadas ou copiadas. Depois pesquise na internet o nome de cada pessoa + a organização + "LinkedIn" (por

exemplo: John Smith [nome da organização] LinkedIn). Isso ajudará você a identificar possíveis tópicos de conversa com seus futuros colegas de trabalho.

☐ Observe como os funcionários da organização se vestem nas imagens compartilhadas nas redes sociais da organização e em vídeos no YouTube. Confirme com seu contato no RH se o que você pretende vestir está adequado. (Se estiver trabalhando em home office, provavelmente só precisa se preocupar com isso da cintura para cima.) Isso ajudará você a se encaixar visualmente.

☐ Se for comparecer presencialmente, releia seus e-mails para garantir que entendeu direitinho aonde tem que ir, a que horas tem que chegar e o que tem que levar no seu primeiro dia (documento de identidade com foto, visto de trabalho, etc.). Em seguida, pesquise o endereço do local de trabalho e calcule a que horas precisa sair para chegar com pelo menos quinze minutos de antecedência. Isso ajudará a evitar correria (ou, pior ainda, um atraso).

☐ Crie um alerta do Google para sua organização em www.google.com/alerts. Isso ajudará a ficar sempre a par das últimas notícias.

☐ Se a sua organização tiver um blog ou uma newsletter, assine. Isso ajudará você a acompanhar o que está acontecendo.

☐ Se alguém entrar em contato e propuser uma conversa, aceite. Isso ajudará a construir relações logo de cara, e também a entender melhor o que esperar. (Vai levar algum tempo, mas não jogue fora essa oportunidade!)

Tarefas de prioridade mais baixa. Estas podem levar algumas horas, a depender da sua disponibilidade e do seu grau de ambição.

☐ Pesquise na internet sua organização + "concorrência" para descobrir quem são seus rivais. Visite seus sites oficiais e tente entender as diferenças entre as empresas. Cogite criar também um alerta no Google para cada concorrente em www.google.com/alerts. Isso ajudará a entender como sua organização se encaixa no contexto geral.

☐ Se encontrar alguém na sua organização que tenha muitas afinidades com você e tenha também um contato em comum no LinkedIn, peça

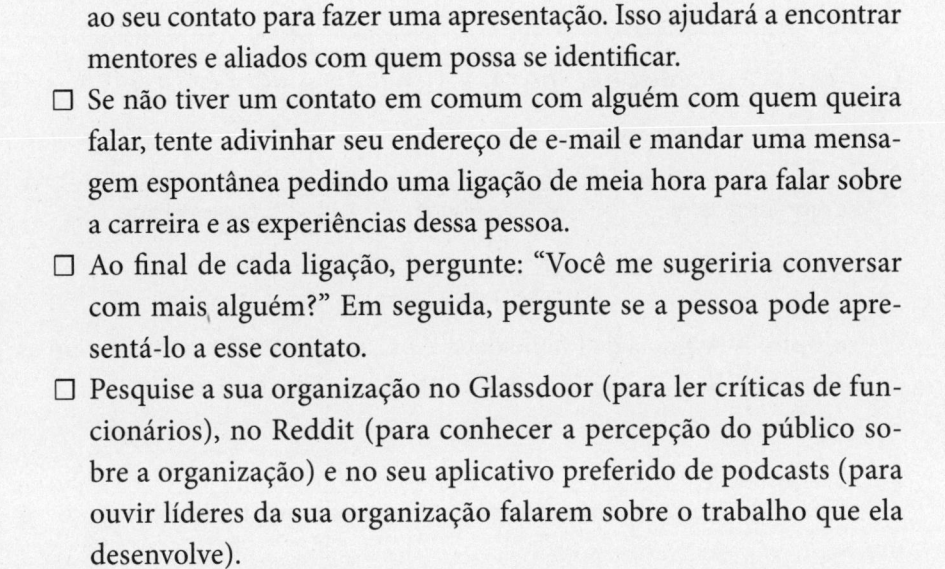

ao seu contato para fazer uma apresentação. Isso ajudará a encontrar mentores e aliados com quem possa se identificar.
☐ Se não tiver um contato em comum com alguém com quem queira falar, tente adivinhar seu endereço de e-mail e mandar uma mensagem espontânea pedindo uma ligação de meia hora para falar sobre a carreira e as experiências dessa pessoa.
☐ Ao final de cada ligação, pergunte: "Você me sugeriria conversar com mais alguém?" Em seguida, pergunte se a pessoa pode apresentá-lo a esse contato.
☐ Pesquise a sua organização no Glassdoor (para ler críticas de funcionários), no Reddit (para conhecer a percepção do público sobre a organização) e no seu aplicativo preferido de podcasts (para ouvir líderes da sua organização falarem sobre o trabalho que ela desenvolve).

A ideia por trás desse exercício não é desencavar todos os detalhes sobre a sua equipe. É apenas reunir informação suficiente para preencher as oito linhas da Figura 3-1, de modo a visualizar com mais clareza o contexto geral. É isso que os funcionários mais graduados da sua organização fazem diariamente. Quanto antes você adotar esse modo de pensar, mais forte será o sinal enviado de competência e comprometimento, e mais as pessoas o verão como alguém que está ali para trocar ideias, e não apenas para bater ponto.

FIGURA 3-1

Lacunas a preencher para visualizar o contexto geral

- _____ ajuda _____ a _____ a
  Meu empregador/cliente   tais pessoas   fazerem tal coisa

  partir de _____.
                         tais métodos.

  Exemplo: A Agência de Publicidade ABC ajuda ONGs a aumentarem as doações recebidas a partir de campanhas em redes sociais.

- Ultimamente, _____ tem _____ para
              meu empregador/cliente   desenvolvido tais iniciativas

  _____.
           alcançar tais metas.

  Exemplo: Ultimamente, a Agência de Publicidade ABC tem se expandido na Ásia para se tornar um nome global.

- _____ compete com _____ por
  Meu empregador/cliente   tais concorrentes

  _____.
              tais motivos.

  Exemplo: A Agência de Publicidade ABC compete com a XYZ Corp. porque ambas focam em campanhas de conscientização.

- _____ lidera a empresa. _____ lidera o meu
   Tal pessoa   Tal pessoa

  departamento. _____ lidera a minha equipe.
                  Tal pessoa

  Exemplo: Ken R. (CEO) lidera a empresa. Jerren C. (VPS de marketing) lidera o meu departamento. Angel A. lidera a minha equipe.

- _____ *se parece comigo por* _____.
  Tal pessoatais motivos

  Exemplo: Nisha, a designer da minha equipe, se parece comigo porque também foi criada em Toronto.

- *Nas minhas pesquisas, descobri* _____, *o que me fez*
  tal coisa

  querer saber _____ *por* _____.
  tais coisastais motivos

  Exemplo: Nas minhas pesquisas, descobri que a ABC acabou de lançar um podcast, o que me fez querer saber se a equipe precisa de ajuda na produção, porque trabalhei na rádio da minha faculdade.

- *No cargo* _____, *eu ajudo* _____.
  tala equipe/a empresa a alcançar tais metas

  Exemplo: No cargo de assistente executivo, eu ajudo os líderes seniores a se manterem organizados e cumprirem as tarefas.

- *No meu primeiro dia, vou levar* _____, *usar* _____
  tais coisastal roupa

  e chegar a _____ *a* _____.
  tal lugartal hora

  Exemplo: No meu primeiro dia, vou levar minha identidade, usar roupas em estilo profissional casual e chegar ao número 26 da Plymouth Street às 8h30 da manhã.

Como fazer boas perguntas

É claro que não basta fazer todas essas pesquisas e guardar as informações na sua cabeça. As pessoas não têm como ler sua mente, então não podem lhe dar o devido crédito pelo seu trabalho duro a não ser que você compartilhe o que sabe. Isso tampouco quer dizer que você deva sair por aí dizendo aos outros como trabalhar direito feito um(a) novato(a) arrogante, porque isso seria (adivinhe só) arrogante.

O ideal é fazer perguntas. Esta é uma regra oculta: "Alguma pergunta?" não é uma questão a ser respondida com "Sim" ou "Não". É uma questão a ser respondida sempre com "Sim". Você sempre deve perguntar algo. Mas não se trata apenas de fazer perguntas. Trata-se de fazer *boas* perguntas.

É fundamental saber a diferença entre perguntas boas e ruins. Por mais que as pessoas gostem de dizer "Não existem perguntas idiotas", existem, sim. Eis como um gerente de operações de produto de uma empresa de tecnologia me descreveu a questão: "Uma pergunta idiota é aquela cuja resposta é óbvia, iminente ou fácil de obter. *Óbvia* é a resposta que já foi dada. *Iminente* é a resposta a perguntas do tipo 'Já chegamos?' ou 'Vai chover hoje?', que serão respondidas em pouco tempo. *Fácil de obter* é a resposta facilmente encontrada num mecanismo de busca ou por outros meios de pesquisa."

Imagine um pequeno círculo, como na Figura 3-2. O espaço dentro do círculo representa o que você já sabe. Agora visualize um círculo maior em volta dele. Esse círculo maior representa o que você ainda não sabe, mas consegue descobrir por conta própria. Qualquer pergunta que estiver dentro desse círculo é uma pergunta ruim, como alertou o gerente de operações de produto que entrevistei. São perguntas que fazem as pessoas pensarem: *Ah, fala sério... Eu descobri essa resposta em dez segundos na internet (ou pesquisando meus e-mails, nos quais você estava em cópia). Se você não é capaz de descobrir isso, o que mais vou precisar fazer no seu lugar?*

Por fim, visualize um terceiro círculo em volta dos outros dois. Esse círculo representa o que você ainda não sabe nem pode descobrir por conta própria e, portanto, só pode descobrir perguntando. Qualquer pergunta que você faça e esteja dentro desse círculo, mas fora do anterior, será uma boa pergunta. São essas as perguntas que fazem as pessoas pensarem: *Eu*

FIGURA 3-2

Como diferenciar as boas perguntas das ruins

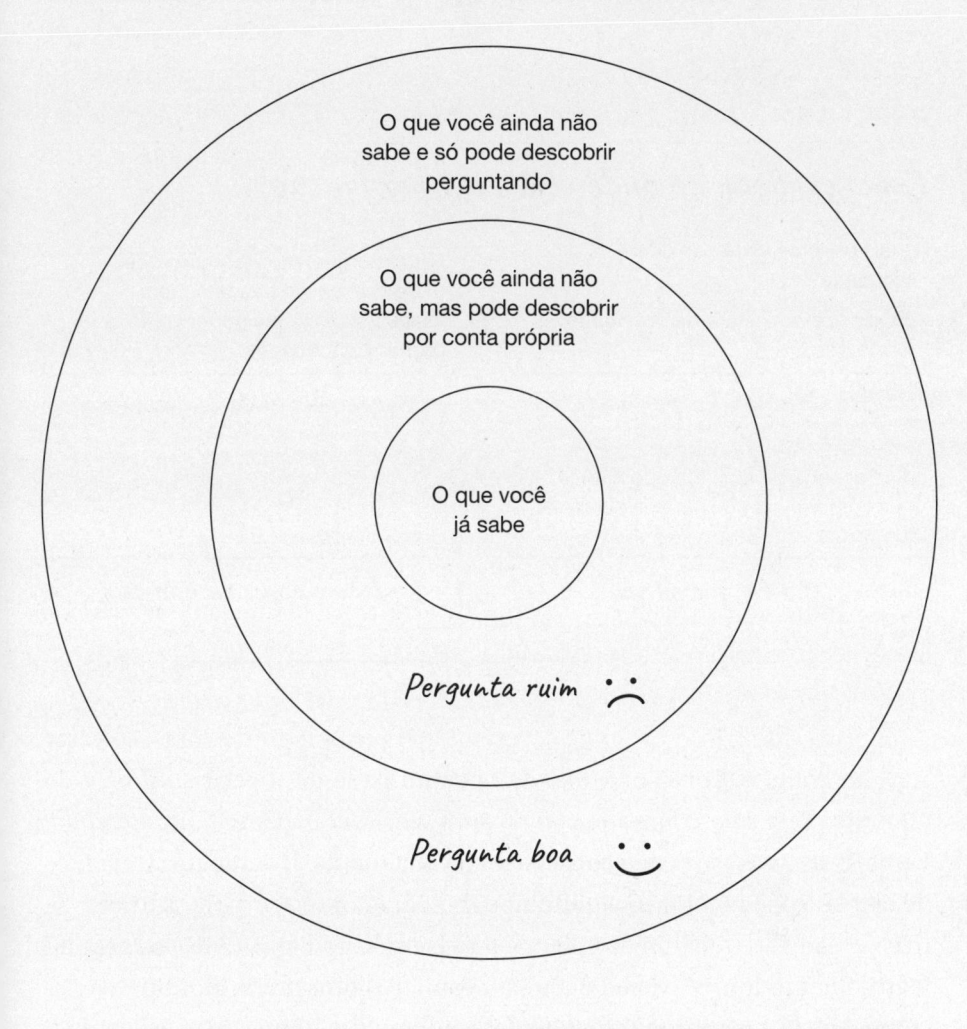

- O que você ainda não sabe e só pode descobrir perguntando
- O que você ainda não sabe, mas pode descobrir por conta própria
- O que você já sabe

Pergunta ruim :(

Pergunta boa :)

entendo por que você está com essa dúvida. A resposta não pode ser encontrada facilmente por alguém recém-chegado à empresa como você.

A percepção também tem importância aqui, claro. Quão "boa" sua pergunta é depende de quão bem você consegue convencer seu ouvinte de que não poderia ter respondido a ela sem ajuda. O segredo é a regra oculta *Faça o seu dever de casa – e mostre que fez*: explique de onde vem o questionamento antes de fazê-lo. Assim, em vez de simplesmente fazer a pergunta, tente usar a estrutura: "Esta é a minha pergunta e estou perguntando por isto." Ou então: "Isto é o que eu sei e isto é o que eu não sei", conforme se vê na Figura 3-3.

FIGURA 3-3

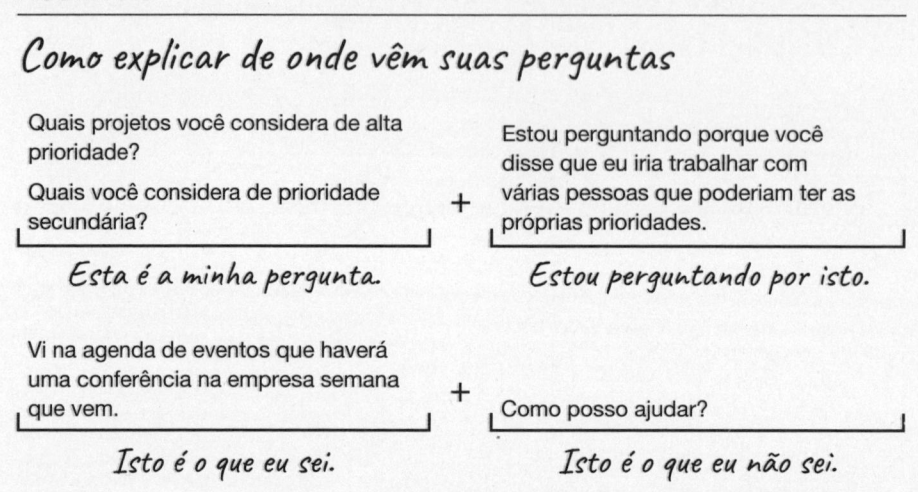

Como explicar de onde vêm suas perguntas

Quais projetos você considera de alta prioridade? Quais você considera de prioridade secundária?	+	Estou perguntando porque você disse que eu iria trabalhar com várias pessoas que poderiam ter as próprias prioridades.
Esta é a minha pergunta.		*Estou perguntando por isto.*
Vi na agenda de eventos que haverá uma conferência na empresa semana que vem.	+	Como posso ajudar?
Isto é o que eu sei.		*Isto é o que eu não sei.*

É claro que não é proibido fazer sua pergunta logo de cara. Ao fazer isso, no entanto, você abre mão da oportunidade de sugerir sutilmente o seguinte: *Veja só o esforço que eu fiz para entender o que está acontecendo!* Lembre-se: as pessoas não conseguem ler sua mente. É como nos trabalhos de escola: você precisa mostrar empenho para conseguir pontos extras. Se tiver se dado ao trabalho de preencher as lacunas da Figura 3-1, pode muito bem colher os louros dessa iniciativa e ganhar alguns merecidos pontos por competência e comprometimento. Há também um bônus extra, segundo o chefe de pessoal de uma startup de tecnologia financeira: quanto mais você faz perguntas boas no começo, mais margem de manobra terá para fazer perguntas ruins depois.

Se a lista de instruções deste capítulo parecer muito extensa para você assimilar, lembre-se de que o objetivo não é só seguir instruções. É construir um conjunto de hábitos, que podem levar tempo para se formar, mas também se mostrar muito úteis ao longo da sua carreira. Pesquisar na internet informações sobre uma organização ou um profissional pode ser demorado no início. Estar sempre a par das últimas notícias pode ser desafiador no início. Fazer perguntas – e mostrar o que você já sabe – pode dar medo mesmo. No entanto, como qualquer hábito, tudo isso logo se torna natural. Na minha carreira, nunca deixo de pesquisar notícias recentes sobre outras empresas ou de visitar suas páginas na internet. Comece a formar esses hábitos agora!

EXPERIMENTE

- Antes do seu primeiro dia num emprego, passe os olhos pelo site da organização, em especial pelas seções "Quem somos", "O que fazemos", "Notícias" e "Equipe", e pesquise a empresa na internet e nas redes sociais. Com isso você entenderá melhor o que a sua organização faz, o que ela tem feito ultimamente e quem são as pessoas mais relevantes.
- Saiba muito bem o que deve vestir, aonde deve ir, quando deve chegar e o que deve levar no seu primeiro dia.
- Quando estiver chegando a uma nova equipe, concentre-se em fazer perguntas, em especial perguntas que não consiga responder por conta própria. Use as estruturas: "Esta é a minha pergunta e estou perguntando por isto" ou "Isto é o que eu sei e isto é o que eu não sei".

Mostre proatividade

Iniciar uma nova função ou um novo projeto pode parecer o primeiro dia de escola (quando são feitas as apresentações e você recebe as instruções necessárias), o primeiro dia num país estrangeiro (onde ninguém sabe quem você é) ou uma combinação das duas coisas. Mas pouco importa a situação na qual você se encontre, pois a lição é a mesma: ninguém vai ligar mais para o seu sucesso do que você, e ninguém saberá melhor do que você precisa. Você não pode simplesmente ficar sentado esperando as oportunidades caírem no seu colo. Precisa imaginar que é você quem manda.

Aprenda qual é o seu trabalho

Em seu primeiro dia num programa de rodízio de estagiários numa empresa fabricante de cerveja, Jabril pegou seu crachá, sua mochila, seu notebook, sua garrafinha de água com a logomarca da organização e sua agenda de treinamento. Assim que se logou, encontrou uma mensagem de boas-vindas do gerente, bem como um e-mail coletivo apresentando-o a toda a empresa junto com os outros estagiários.

Em seu primeiro dia num campo de petróleo, Valeria foi recebida por uma pergunta que não esperava: "Quem é você?" Pelo visto, o supervisor da unidade não fora avisado sobre a sua chegada – ou então se esquecera.

Jabril teve o gostinho de "primeiro dia de escola" ao começar um trabalho novo. Valeria, por sua vez, teve direito à versão "primeiro dia num país estrangeiro". Provavelmente o seu primeiro dia ficará em algum ponto entre essas duas experiências.

SAIBA

- Alguns gestores se dedicam mais do que outros a apresentar você a um novo projeto ou uma nova função.
- Se ninguém lhe disser o que você precisa fazer, trate de descobrir por conta própria.
- Mostrar que quer ajudar e aprender pode ser um bom jeito de convencer seus companheiros de equipe sobre o seu comprometimento.

Quer você tenha recebido a orientação de um colega, quer precise descobrir tudo por conta própria, seu objetivo é poder responder "Sim!" a doze perguntas. Pode levar algum tempo, mas com as instruções a seguir você estará no caminho certo. Vejamos que perguntas são essas e o que você pode fazer para respondê-las caso ninguém mais ajude.

Eu apresentei meus documentos?

Seja para entrar em um plano de previdência, abrir sua conta-salário ou garantir que a sua documentação de visto de trabalho esteja devidamente encaminhada, cuide para fazer todo o básico necessário. Se tiver dúvida em relação a alguma coisa, pergunte ao RH ou a um colega do mesmo nível que o seu. Se existe algo em que as grandes empresas são boas, esse algo é papelada, então prepare-se para uma boa dose dela. Se for trabalhar numa startup, porém, espere mais caos. Nesse caso, você nem sempre pode imaginar que as pessoas farão tudo para você. Pode ser que tenha que se organizar por conta própria.

Eu conheci meus supervisores?

Se você não sabe quem está na supervisão, informe-se perguntando: "A quem vou me reportar?" Depois de conhecer a pessoa, tente descobrir: "Tem mais alguém a quem eu deva me reportar no dia a dia?" Se ninguém lhe propuser um encontro com a gerência, tente perguntar: "Você teria uma hora ou trinta minutos para conversar nos próximos dias? Eu adoraria conhecer você melhor e saber quais são as expectativas sobre a minha função."

A hierarquia está clara para mim?

Se você tiver mais de um supervisor e precisar cuidar de projetos simultâneos, é uma boa ideia perguntar: "Como sugerem que eu divida meu tempo entre vocês? Meio a meio? Sessenta/quarenta por cento?" E, se você tiver um cargo de escritório, pergunte: "Qual seria o melhor jeito de manter vocês todos informados? Ajudaria se eu copiasse cada um nos e-mails ou compartilhasse atualizações regularmente?" Essas perguntas podem ajudar a evitar que cada supervisor pressuponha uma dedicação integral sua, o que talvez culmine em sobrecarga de trabalho.

Eu esclareci as expectativas quanto à minha função?

Se você estiver ocupando uma função nova (por exemplo, se for a primeira pessoa contratada pela equipe para trabalhar recrutando talentos), vai querer entender por que esse cargo foi criado, qual é a sua missão (se esperam que você trabalhe mais, melhor, mais depressa ou a um custo menor) e como as coisas costumavam ser feitas antes.

Se estiver ocupando a função anterior de alguém, vai querer entender o que essa pessoa fazia e como. Assim poderá executar o trabalho com a mesma eficiência, ou até melhor. Se estiver ocupando uma função relacionada a um projeto provisório, com uma data-limite estipulada (como costuma acontecer com estagiários, consultores, substitutos e terceirizados), vai querer saber que contribuição esperam de você, a frequência de entregas e a qualidade desejada. Seguem cinco perguntas que você pode fazer:

- "Quais tarefas e entregas são as maiores prioridades da minha função? Quais são secundárias?"
- "O que se espera que eu tenha feito ao final dos três primeiros meses? E dos seis?"
- "Qual seria o maior indicador de sucesso na minha função? Devo seguir algum parâmetro específico?"
- "Tem mais alguém a quem eu deva me apresentar?"
- "Como devem ser minhas contribuições diárias e semanais? Em que situações devo ter mais proatividade e em quais é melhor aguardar instruções?"

Eu estabeleci um cronograma de interação regular com o gestor?

Se o gestor não mencionar encontros presenciais, cogite perguntar: "Seria útil termos algum tipo de encontro regular de acompanhamento?" Em seguida: "O que seria melhor: semanal, duas vezes por semana, uma vez por mês?" Se a gestão não valorizar reuniões individuais, talvez você precise arrumar desculpas para interagir de modo mais informal – tomando café, depois das reuniões da equipe ou casualmente ao longo do expediente.

Se estiver fazendo uma substituição ou um trabalho terceirizado num projeto específico, experimente perguntar ao gestor: "Seria útil marcarmos uma reunião de acompanhamento no meio do projeto?" E, se estiver torcendo para a função se transformar num emprego efetivo, é importante mostrar seu comprometimento em continuar na empresa a longo prazo.

Eu me apresentei aos meus colegas?

Se você estiver trabalhando presencialmente, cogite percorrer a empresa dizendo: "Oi, acho que não nos conhecemos ainda. Eu sou _____. Estou ocupando o cargo de _____." Faça isso com quem trabalha perto de você e também com os integrantes da sua equipe e de quaisquer outras equipes com as quais interagir.

Se estiver trabalhando em home office, talvez seja interessante mandar um e-mail curto ou uma mensagem instantânea (dependendo das normas culturais da sua equipe) se apresentando para os outros integrantes. Se estiver ocupando a antiga vaga de alguém, pense em pedir ao gestor que apresente você a essa pessoa, supondo que ela ainda esteja na organização e disposta a ajudar. Se houver recepcionista ou segurança na portaria, cogite apresentar-se a eles também. São pessoas importantes de se conhecer, caso você algum dia tenha problemas com o acesso ao prédio ou com o sistema da empresa, por exemplo.

Eu me informei sobre as prioridades da minha equipe?

Quando encontrar seus companheiros de equipe, experimente perguntar "Em que você está trabalhando agora?" ou "Quais são suas maiores prioridades e as da nossa equipe atualmente?". Quanto melhor você entender em que cada um está trabalhando e o que tem deixado seus colegas estressados, mais facilmente encontrará jeitos de ser útil.

Eu defini meus horários diários de trabalho?

Se estiver trabalhando presencialmente, você pode perguntar a colegas do mesmo nível: "Em que horário as pessoas costumam chegar e sair?" Também pode tentar reconhecer padrões com base nos horários em que chegam os e-mails. Por exemplo, as pessoas só mandam e-mail em horário comercial? (Essa estratégia também ajuda se você estiver trabalhando em home office.)

Eu organizei meu local de trabalho, meu material e meu acesso?

Você vai precisar de algum equipamento para executar seu trabalho, como um crachá ou aparelho eletrônico, uniforme, equipamento de segurança, veículo corporativo ou ferramentas? Vai precisar instalar algum programa, como de mensagens instantâneas, e-mail, videochamada, compartilhamento de arquivos, drivers de impressora ou gestão de projetos? Talvez seja uma boa instalar todos agora para não ter que fazer isso com pressa depois, quando de fato precisar. Se a sua empresa for grande, provavelmente haverá departamentos de TI e RH para dar esse tipo de orientação. Se for pequena, talvez caiba a você mesmo destrinchar tudo.

Eu obtive acesso aos arquivos e agendas necessários?

Se estiver entrando no lugar de alguém e não tiver recebido acesso aos arquivos dessa pessoa, você pode perguntar ao gestor: "A pessoa que estava antes no meu lugar deixou algum arquivo que eu deva olhar?" Se a sua equipe usar um drive compartilhado e ninguém tiver convidado você, peça a um colega do mesmo nível: "Será que você poderia me dar acesso, por favor?", "Tem algum arquivo em especial que eu deva olhar com frequência?" e "Existe algum template que todos vocês usam e eu deva ter sempre à mão?". Aproveite para perguntar: "Tem alguma futura reunião sobre a qual eu deveria me informar?"

Eu explorei meu ambiente de trabalho?

Se estiver trabalhando presencialmente e ninguém lhe oferecer um tour, cogite percorrer o espaço e anotar onde ficam as salas dos principais gestores, as estações de trabalho dos colegas relevantes, as salas de reunião, banheiros, salas de descanso, escadas e elevadores. Isso ajudará você a estar sempre perto de onde as coisas acontecem, a esbarrar estrategicamente com pessoas e a evitar se perder a caminho de uma reunião. Se estiver trabalhando em home office, procure montar uma estação de trabalho fixa na qual possa reduzir as distrações, manter uma boa postura, ter uma quantidade de luz (de preferência natural) adequada e um plano de fundo apropriado para videochamadas.

Eu organizei minha rotina diária?

Se estiver trabalhando presencialmente, precisa providenciar transporte de ida e volta? Vai ter que arrumar alguém para cuidar das crianças? Precisa de um cartão de estacionamento? Se estiver trabalhando em home office, qual será sua rotina de exercícios? Quando vai cozinhar? Talvez você possa responder a essas perguntas sem ajuda do seu gestor ou dos seus colegas, mas elas devem ser levadas em conta nos primeiros dias, porque afetarão sua produtividade e sua felicidade.

Embora o período de adaptação quando se começa um emprego novo possa ser estruturado, ele também pode ser desestruturado... e até mesmo caótico. Se lhe oferecerem tempo para se acomodar, aceite; se não lhe oferecerem tempo nenhum, volte a esta lista sempre que tiver oportunidade. Se lhe derem instruções, faça o que lhe mandarem fazer. Se não lhe derem instrução nenhuma, imagine que é você quem manda e descubra por conta própria. Pode parecer esquisito incomodar seus colegas atarefados, mas pense o seguinte: seu sucesso é do interesse de todos... e você só pode ter sucesso se tiver se preparado para tal. Você não está sendo inconveniente. Está demonstrando seu comprometimento.

Encontre o seu trabalho

Você já entendeu como responder "Sim" às perguntas anteriores. Agora está na hora de começar a se fazer útil. Todas as equipes vão querer que você produza muito e o mais rápido possível, mas nem todas saberão propiciar isso. Seus colegas podem recorrer a você para ajudá-los, mas pode ser que não lhe passem instruções detalhadas. Eles podem explicar algumas coisas, mas talvez não expliquem tudo. Podem lhe atribuir tarefas, mas talvez não lhe deem responsabilidades.

O problema de não saber o que fazer é especialmente comum se você estiver trabalhando de casa. A menos que a sua organização tenha uma longa experiência com pessoas trabalhando remotamente, são grandes as chances de a supervisão ainda estar tentando entender como gerenciar os funcionários à distância. Num caso assim, você precisará entender algumas coisas por conta própria, então não deixe o fato de os outros estarem ocupados impedi-lo de encontrar seu papel na equipe. Vamos examinar três estratégias que você pode usar para começar a fazer seu trabalho.

Observe os outros e anote

Preste atenção no que o gestor e os colegas estão fazendo e, se já não tiver uma atribuição definida, tente perguntar: "Seria útil se eu participasse dessa reunião?" ou "Você se importa se eu observar como faz isso?". Depois tome notas (à mão, se os outros não estiverem usando seus aparelhos eletrônicos).

Se estiver trabalhando remotamente, ao participar de chamadas em grupo, preste bastante atenção quando os outros mencionarem reuniões ou projetos futuros. Você pode mandar um e-mail ou mensagem para seus colegas dizendo: "Eu adoraria saber mais sobre _____. Será que eu poderia participar disso?" Se não tiver colegas de equipe para observar enquanto estiver trabalhando de casa, pode dizer ao gestor: "Acabei de me instalar e adoraria aprender como as coisas funcionam na equipe. Você sugere que eu participe de alguma reunião específica?"

Faça perguntas e aprenda com as respostas

Quando estiver observando seus colegas e aprendendo seu trabalho, tenha sempre uma lista de perguntas sobre tópicos que não estejam claros ou despertem sua curiosidade. (Ver Figura 4-1 para alguns exemplos.) Faça o seu dever de casa – e mostre que fez.

Como chegou agora à equipe, pode ser uma tentação ficar em silêncio por medo de incomodar as pessoas ou de parecer perdido(a). Na verdade, ficar sem dizer nada é o contrário do que as pessoas esperam. Em todos os momentos de um emprego você estará em um desses dois modos: modo de aprendizado ou modo de liderança.

O modo de aprendizado é quando as pessoas têm ciência de que você ainda não sabe muita coisa, então esperam que faça perguntas. O modo de liderança é quando você já está ali há tempo suficiente para que saiba o que está acontecendo, faça perguntas pertinentes e bons comentários. Ao entrar para uma equipe ou um projeto, você estará no modo de aprendizado, então as pessoas sabem que terá perguntas a fazer. Sempre faça perguntas.

Um alerta de amigo: embora as perguntas possam ser uma forma simples e eficiente de mostrar seu comprometimento, elas não são só decorativas. Servem também para o seu aprendizado. Anote e guarde o que os outros lhe disserem!

FIGURA 4-1

Perguntas a fazer assim que entrar na equipe

- O que _____ quis dizer com _____?
            tal pessoa   tal termo ou afirmação

- Qual é o histórico de _____?
                                 tal decisão

- Como funciona _____?
                        tal processo

- O que _____ disse sobre _____ se
            tal pessoa   tal assunto

  encaixa de que maneira com o que _____ disse
                                            tal pessoa

  sobre _____?
          tal assunto

- Não me lembro de já ter visto ou ouvido falar de _____.
                                                                       tal pessoa

  Quem é mesmo?

Abrace o trabalho e se ofereça para ajudar

Muitas vezes reuniões levam a mais trabalho. E muitas vezes a supervisão não tem tempo para lidar sozinha com esse trabalho todo. Às vezes vão acabar delegando o trabalho a você, esperando que faça o que lhe mandarem. Outras vezes talvez você precise pedir para participar. Seja como for, projetos novos são oportunidades de provar sua competência e mostrar seu comprometimento. Se tiver interesse por algo que foi abordado numa reunião, cogite procurar seu gestor ao final e fazer alguma das perguntas da Figura 4-2.

Se você não participar de nenhuma reunião que gere trabalho, tente então prestar atenção nas reclamações que os outros fazem; podem ser oportunidades ocultas de se mostrar útil. Se detectar uma oportunidade, experimente perguntar "Posso ajudar?", ou "Reparei que _____. Tem algo que eu possa fazer para ajudar?", ou ainda "Como posso ser útil?".

Ou então, caso não seja possível observar as pessoas porque você está em trabalho remoto, cogite mandar um e-mail ou mensagem instantânea para o seu gestor dizendo: "Acabei de fazer _____ e ficaria feliz em poder ajudar em algo mais. Está precisando de um reforço em algum projeto?"

Mas cuidado: só se ofereça se tiver tempo. Você só ganha crédito pelo seu comprometimento se não sacrificar sua competência e se fizer o que disse que faria. Outro alerta: embora possa caber a você se oferecer para realizar tarefas, muitas vezes não é você quem decide – como quando alguém mais graduado "sugere" que você realize alguma tarefa e a delega a você, mas fazendo parecer opcional aceitá-la ou não. Se você chegou agora à equipe, "Pode fazer isso?" não é uma pergunta a ser respondida com "Sim" ou "Não". É uma pergunta a ser respondida com "Sim!". De preferência com: "Sim! E seria útil se eu fizesse também _____?" Se você chegou agora, tarefas chatas são mais do que tarefas chatas: são minitestes da sua competência e do seu comprometimento.

FIGURA 4-2

Perguntas a fazer depois das reuniões

- _____ comentou que deveríamos _____.
  Tal pessoa   fazer tal coisa

  Devo correr atrás disso?

- Faria sentido eu _____, considerando a
                    fazer tal coisa

  conversa sobre _____?
                   tal assunto

- _____ perguntou _____. Precisamos
  Tal pessoa   tal coisa

  dar um retorno sobre isso?

- _____ demonstrou curiosidade em relação a
  Tal pessoa

  _____. Devo investigar a respeito?
  tal tema

- Para fazer o follow-up, seria útil eu entrar em contato com

  _____ em relação a _____?
  tal pessoa   tal assunto

Começar uma função nova já é suficientemente estressante. Gestores que deixam você se aclimatar por conta própria – responsabilidade que deveria ser deles – não facilitam a vida. Mas nisso há uma diferença fundamental entre os estudos e o trabalho: estudar tem a ver com acompanhar o ritmo; trabalhar tem a ver com tomar a iniciativa. Nos estudos, somos recompensados por seguir instruções: basta comparecer às aulas, escutar, fazer as leituras e entregar os trabalhos no prazo e você será uma estrela. No ambiente de trabalho não existe manual, nem leituras obrigatórias, nem lista claramente enumerada de problemas a serem resolvidos como dever de casa. Às vezes as pessoas estão tão ocupadas tentando cumprir os próprios prazos que talvez nem sequer reparem que alguém acabou de entrar na equipe. E às vezes, apesar das melhores intenções de preparar você para o sucesso, até mesmo uma ótima chefia pode parecer esquecida e descuidada porque uma reunião surpresa foi convocada minutos antes de você chegar. Resultado? O ambiente de trabalho favorece quem é proativo. Se ninguém se oferecer para ajudar, assuma o controle e se ajude.

EXPERIMENTE

- Se ninguém se apresentar, apresente-se.
- Se ninguém compartilhar informações com você, peça.
- Se ninguém lhe arrumar trabalho, arrume.

Segredos para

MOLDAR A PERCEPÇÃO DOS OUTROS

Saiba contar sua história

No primeiro dia de estágio da universitária Meghan numa empresa de biotecnologia, sua gestora perguntou: "Então, o que você quer fazer aqui?"

Meghan gelou. *Como assim?! Achei que vocês já fossem ter um projeto para mim!* Sem saber como reagir, disse: "O que vocês quiserem. Sou flexível." No entanto, quando tentou atualizar seu currículo ao final do período de seis meses de experiência, pegou-se encarando o cursor que piscava sem saber ao certo o que escrever.

O que Meghan fez durante seu período de experiência profissional? Limpou uma porção de planilhas, mandou uma porção de e-mails e fez uma porção de resumos de artigos de pesquisa. Não foi a experiência enriquecedora de currículo que ela havia imaginado. Em retrospecto, Meghan me disse: "Se eu tivesse pesquisado melhor o que a empresa fazia e pensado mais no que eu queria, poderia ter sugerido minhas ideias e talvez até obtido a experiência que eu desejava. Em vez disso, eu os obriguei a definir que tarefas me passar, o que provavelmente gerou um trabalho que eu não queria e resultados com os quais eles não se importavam."

Interagir com os colegas de trabalho assim que se chega a uma equipe pode ser como interagir com jornalistas quando se é uma celebridade. As pessoas bombardeiam você com perguntas e analisam cada resposta. É importante levar essas perguntas a sério. Suas respostas podem determinar se você vai conseguir a experiência que quer... ou a experiência que os outros querem. Como evitar a situação de Meghan? Aprendendo a contar sua história.

SAIBA

- Quanto mais clareza você tiver em relação ao que quer da nova função, melhores as suas chances de criar uma experiência enriquecedora.
- Quanto mais capaz você for de relacionar seu emprego a quem você foi, é e pretende ser, mais demonstrará sua competência e seu comprometimento.

Narrativa interna *versus* narrativa externa

Antes de continuarmos, é importante entender a diferença entre a sua narrativa *interna* e a sua narrativa *externa*. Sua narrativa interna é a história que passa na sua cabeça e explica por que você faz as coisas que faz. É o motivo de você ter aceitado determinado emprego. É também o que faz você levantar da cama de manhã e se esforçar no trabalho. Sua narrativa interna poderia ser, por exemplo: "Eu quero ganhar dinheiro para quitar meu financiamento universitário, conseguir experiência profissional e descobrir se gosto mesmo de trabalhar em laboratório." Ou então: "Estou aqui porque este foi o único emprego que consegui arrumar."

Sua narrativa externa, por sua vez, é a história que você adapta para o seu público de modo a convencer os outros de sua competência, seu comprometimento e sua compatibilidade. Sua narrativa externa pode ser algo como: "O trabalho da empresa sobre doença de Alzheimer é especialmente interessante para mim porque neurociência era uma das minhas matérias preferidas na faculdade. Eu também fiz trabalho voluntário numa instituição geriátrica e vi os efeitos do Alzheimer no meu avô, então tenho uma ligação pessoal com esse tema."

Repare na diferença. Sua narrativa interna não pode ser traduzida por nada além de "eu", "eu", "eu". Sua narrativa externa, por sua vez, pode ser traduzida como: "Quero isso... e tenho competência e comprometimento para fazer esse trabalho por causa disso."

Por que não apresentar simplesmente sua narrativa interna para as pessoas? Se tudo que os outros ouvirem for "Eu estou aqui exclusivamente por minha causa", pode ser que eles fiquem mais inclinados a questionar seu comprometimento e sua compatibilidade. E se ouvirem "Não sei" (como a gestora de Meghan ouviu), pode ser fácil pensar *Humm... depois a gente vê isso então...* E o assunto morre por ali mesmo. Na verdade, se um recrutador alguma vez já esqueceu você depois de uma ligação ou entrevista, talvez tenha sido porque compartilhou demais sua narrativa interna e não o bastante sua narrativa externa. Mas isso não quer dizer que as suas narrativas interna e externa sejam separadas e distintas. Elas podem se sobrepor, e com frequência isso de fato acontece. O grau de sobreposição depende do grau de semelhança entre a sua função e o seu emprego dos sonhos. Se a sua função for um meio para chegar a um fim, você corre o risco de soar egoísta se ficar enfatizando sua narrativa interna. Para evitar ser visto como alguém sem comprometimento ou sem compatibilidade, experimente se concentrar na sua narrativa externa.

O Quadro 5-1 (p. 74) lista uma série de perguntas comuns que você pode escutar quando estiver começando numa função, numa equipe ou num projeto. Todas elas significam mais do que parecem a princípio. Na verdade, por trás de cada pergunta existe uma oportunidade escondida para você mostrar seus Três Cs e, por sua vez, conseguir o que quer.

No início as perguntas podem parecer avassaladoras, mas com o tempo você vai conseguir responder com naturalidade. O segredo é não decorar as respostas. Você deve, isso sim, conhecer bem o suficiente sua história pessoal para ter tópicos prontos para qualquer pergunta que os outros fizerem. Para construir esses tópicos, treine os cinco passos a seguir.

QUADRO 5-1

Perguntas que você pode escutar quando estiver começando

	O que você diria se interpretasse a pergunta literalmente	O que você diria se adaptasse a resposta ao seu público
Me fale sobre você. *Ou:* Qual é a sua história?	Onde você nasceu, cresceu e estudou	Como suas experiências anteriores moldaram sua competência e seu comprometimento com a nova função
O que trouxe você para nossa empresa?	Como você realmente ficou sabendo sobre o emprego	Como suas experiências anteriores levaram você a buscar essa oportunidade
Por que você se interessou por essa função?	O que você quer ganhar com essa experiência	O que atrai você no trabalho e na missão da equipe e da empresa
Por qual tipo de trabalho você se interessa? *Ou:* O que você quer fazer aqui?	Os tipos de trabalho que o interessam e os que não o interessam	Por quais áreas específicas do trabalho da sua equipe ou empresa você se interessa e como poderá contribuir com base nos seus pontos fortes e interesses
O que você espera ganhar com essa experiência?	Quais são seus motivos sinceros para aceitar esse emprego	Quanto interesse você tem em aprender e ajudar
Qual sua experiência anterior?	Onde você já trabalhou (ou "Nenhuma")	Como qualquer coisa que você tenha feito despertou seu interesse por essa vaga e como o conhecimento e as competências que adquiriu se relacionam com sua nova função
Onde você se vê no futuro?	De que maneira o emprego pode lhe servir de degrau	Como você planeja progredir na empresa e assumir mais responsabilidades

Passo 1:
Construa sua narrativa interna

Comece pelo objetivo final e faça o caminho reverso: imagine-se contemplando sua experiência profissional no seu último dia. Quais foram suas realizações? Eram o que você pretendia ter feito? Em seguida, tente preencher as lacunas da Figura 5-1 (p. 76). Não se preocupe se não tiver resposta para tudo. Sua narrativa interna não é estática. Ela deve evoluir com o tempo conforme você for aprendendo mais sobre sua história. O mais importante é pôr no papel algo que possa consultar depois. Se Meghan tivesse se perguntado o que realmente queria do seu primeiro estágio, teria se comunicado melhor com os colegas e, assim, aumentado suas chances de criar uma experiência recompensadora. É como ir às compras: você tem mais probabilidade de chegar em casa com o que quer se levar uma lista.

Passo 2:
Construa sua narrativa externa

Quando já tiver sua narrativa interna, o passo seguinte é transformá-la numa série de tópicos que você possa adaptar para o seu público quando for apresentar sua narrativa externa. Use o que acabou de aprender sobre sua história para preencher as lacunas da Figura 5-2 (p. 78). Lembre-se: você quer mostrar sua competência e seu comprometimento. Preencha as lacunas com detalhes relevantes para o seu emprego. Numa função de análise de dados, fale sobre sua experiência ou seu interesse por dados e análise. Se não tiver muita experiência (ou nenhuma), tudo bem: concentre-se em dizer às pessoas o que quer aprender. Resista ao ímpeto de apontar qualquer falha que você possa ter: dizer que você nunca lidou com números antes torna mais fácil questionarem sua competência. Ninguém precisa saber. Concentre-se nos pontos positivos.

FIGURA 5-1

Esquema para construir sua narrativa interna

- Estou neste emprego por _____.
  tais motivos

  Exemplo: Estou neste emprego porque quero a experiência profissional e o salário é bom.

- Quero testar _____.
  tais hipóteses

  Exemplo: Quero testar se eu gostaria de trabalhar na área de pesquisa em biotecnologia.

- Quero conhecer _____.
  tais pessoas

  Exemplo: Quero conhecer um mentor, e quem sabe alguém que possa escrever minha carta de recomendação para a pós-graduação.

- Quero desenvolver _____.
  tais competências

  Exemplo: Quero desenvolver minhas competências de pesquisa em laboratório.

- Quero aprender sobre _____.
  tais temas

  Exemplo: Quero aprender como funciona um laboratório e como se comercializa a ciência.

- Quero poder incluir no meu currículo que eu _____.
  fiz tais coisas

  Exemplo: Quero poder incluir no meu currículo que eu ajudei a elaborar e executar um experimento de laboratório.

Um jeito eficiente de mostrar sua competência e seu comprometimento é destacar os pontos comuns entre o que você já fez e o que está prestes a fazer na sua nova função. O segredo é enfatizar suas competências transferíveis: você as tem, independentemente de qual tenha sido sua experiência profissional. Já cuidou de crianças? Fale sobre o que significa a responsabilidade para você. Já deu aula particular? Fale sobre a arte de traduzir conceitos complexos em termos simples. Já trabalhou atendendo clientes em lojas, bares ou restaurantes? Fale sobre o que é preciso para trabalhar com pessoas e fazer várias coisas ao mesmo tempo sob pressão.

Quando terminar de construir suas narrativas interna e externa, você terá todos os pré-requisitos para responder a qualquer pergunta que os outros possam fazer quando você estiver entrando num emprego. Penso nessa preparação como uma "estante" com diferentes tópicos de conversa. Sempre que alguém me pergunta alguma coisa, tudo que preciso fazer é examinar minha estante mental e pegar o tópico que se encaixe melhor na situação.

Se gosta de manter sua estante organizada, experimente isto: pegue tudo que ela contém e relacione com os motivos que tornam você uma pessoa competente, comprometida e compatível. Complete as três frases a seguir:

Competência: "Sou capaz de ter sucesso aqui porque _____."

Comprometimento: "Quero muito estar aqui porque _____."

Compatibilidade: "Eu me encaixo nesta função e nesta equipe porque _____."

FIGURA 5-2

Esquema para construir sua narrativa externa

- Meu nome é _____ e sou _____ de
  tal de tal cargo

  _____, ou seja, _____.
  tal equipe faço tais coisas

  Exemplo: Meu nome é Tiana e sou aluna de iniciação científica da equipe de sequenciamento de DNA, ou seja, ajudo a equipe a conduzir experiências e a publicar suas descobertas.

- Interessei-me por esta oportunidade depois de

  _____.
  tal experiência/observação

  Exemplo: Interessei-me por esta oportunidade depois de cursar uma disciplina de bioinformática na faculdade e ler artigos sobre o trabalho deste laboratório.

- Antes daqui, eu trabalhei como _____,
  tal experiência

  onde _____.
  fiz tais coisas relevantes

  Exemplo: Antes daqui, eu trabalhei como assistente de pesquisa na minha faculdade, onde ajudei uma professora com seu artigo para a revista *Nature*.

- Seu trabalho em/com _____ é especialmente
  tal área

  interessante para mim por _____.
  tais motivos

  Exemplo: Seu trabalho com terapias para o câncer é especialmente interessante para mim porque estou explorando uma carreira nessa área e seu laboratório é especializado em intervenções de ponta.

- *Tenho curiosidade em relação a* _____
  _{tais temas}

  e adoraria ver _____.
  _{tal tipo de trabalho}

  Exemplo: Tenho curiosidade em relação a como as pesquisas são publicadas e adoraria ver como vocês transformam pesquisas de laboratório em artigos publicáveis.

- *Se aparecer uma oportunidade de* _____
  _{fazer tal coisa}

  ou _____, *adoraria se pudesse me*
  _{esta outra}

  cogitar para a tarefa.

  Exemplo: Se aparecer uma oportunidade de ajudar a elaborar experimentos ou escrever artigos, adoraria se pudesse me cogitar para a tarefa.

NO FUTURO

- *Eu adoraria* _____.
  _{fazer tal coisa/me tornar tal coisa}

  Exemplo: Eu adoraria me tornar professor universitário.

- *Ainda estou explorando, mas até agora* _____
  _{esta área}

  e _____ *me parecem interessantes.*
  _{aquela outra}

  Exemplo: Ainda estou explorando, mas até agora a carreira acadêmica e a indústria farmacêutica me parecem interessantes.

Passo 3:
Acrescente estrutura

E se os outros fizerem uma pergunta direta como: "Por qual tipo de trabalho você se interessa?" Faça seu dever de casa, depois mostre que fez. E não use apenas o que encontrar na sua estante: inclua também detalhes da pesquisa na internet que fez no Capítulo 3. Essa talvez pareça uma diferença pequena, mas passar de "Eu adoraria trabalhar com testes clínicos" para "Eu adoraria trabalhar com testes clínicos; se não me engano, um dos seus medicamentos acabou de iniciar esse processo, não foi?" pode ser o suficiente para não apenas responder à pergunta, mas também aproveitar a oportunidade de reiterar seu comprometimento.

Se os outros lhe fizerem uma pergunta relacionada ao passado, como "O que trouxe você para esta empresa?", experimente apresentar sua história usando a estrutura de passado, presente e futuro. Esse arco narrativo se inspira naquilo que é conhecido como jornada do herói (ou da heroína), espinha dorsal de muitas histórias famosas: em *O Senhor dos Anéis*, Frodo deixa o Condado para destruir o Anel; em *Frozen*, Anna deixa Arendelle para encontrar sua irmã Elsa e trazer de volta o verão; Harry Potter vai estudar em Hogwarts para derrotar Voldemort. Se você esquematizar qualquer uma dessas histórias, verá os mesmos elementos: de onde o herói ou a heroína vêm (seu passado), o que eles estão fazendo agora (seu presente) e que objetivo estão tentando alcançar (seu futuro). Seja qual for a sua "busca", ela é a sua jornada do herói. A Figura 5-3 fornece uma estrutura para pensar sobre os elementos da sua busca.

Muitas vezes me perguntam onde deveria se situar o começo da jornada. Não existem regras fixas, então encontre o ponto mais relevante. Talvez seu interesse por startups tenha começado com a atividade de passear com cachorros que você teve quando criança. Certo, comece por aí... Mas avance depressa, de modo que sua história leve dois minutos para ser contada, não vinte. Talvez seu interesse só tenha começado com determinada matéria, estágio ou notícia que você leu. Tudo bem também. Tente sentir qual é a cultura da sua equipe para avaliar quão pessoais as histórias dos outros são. Algumas culturas valorizam jornadas que incluem detalhes pessoais, como família. Outras preferem histórias estritamente profissionais.

FIGURA 5-3

Como contar sua jornada do herói (ou da heroína)

A centelha	Experiência nº 1	Experiência nº 2	Sua função atual	O destino
Como sua história começou?	Qual foi sua contribuição?	Qual foi sua contribuição?	Por que você está aqui?	Onde você se vê no futuro?

Passo 4:
Aprimore seu estilo

Agora que você tem os elementos narrativos e a estrutura, vamos falar sobre estilo. O segredo é evitar exagerar ou minimizar suas áreas de competência, comprometimento e compatibilidade sempre que estiver falando sobre si.

Como preservar sua competência

Deixe claro que você tem algo a oferecer e está executando um trabalho importante, sem fazer parecer que sabe o que é melhor ou não faz ideia do que está acontecendo. Isso significa dizer: "Eu gostaria de pensar que minha experiência com _____ se reflete em _____" ou "Vou trabalhar com _____", e não "Eu sou especialista nisso" ou "Não faço a menor ideia". A Figura 5-4 ilustra como o seu discurso pode fazer com que você pareça perdido(a), competente ou arrogante.

É fácil exagerar ou minimizar sem querer seus talentos. Havia um novo gerente numa startup que vivia começando seus comentários com: "Bom, no meu último emprego eu...". A terceira vez que ele disse isso, seus colegas criaram um grupo para trocar mensagens reclamando de como ele era exibido. Esse gerente pareceu arrogante ao não perceber que seus colegas

FIGURA 5-4

Como preservar sua competência ao falar sobre si

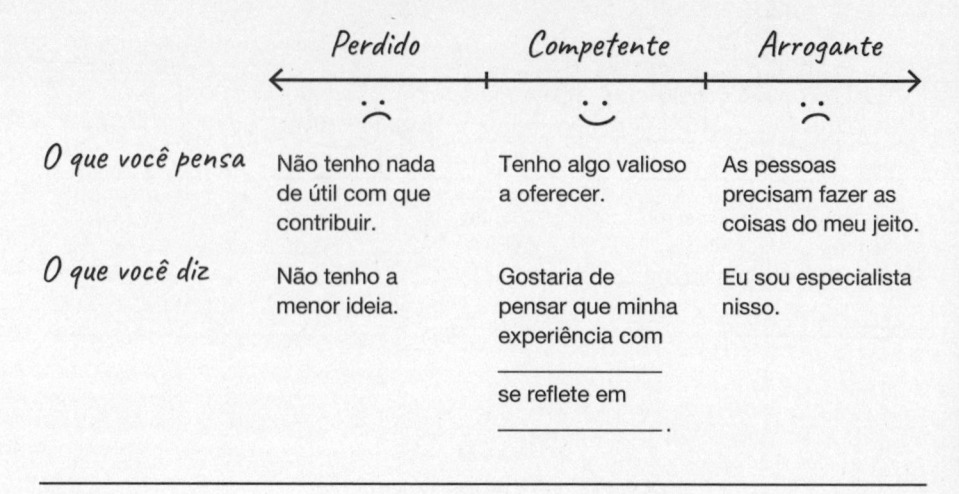

	Perdido	Competente	Arrogante
	☹	☺	☹
O que você pensa	Não tenho nada de útil com que contribuir.	Tenho algo valioso a oferecer.	As pessoas precisam fazer as coisas do meu jeito.
O que você diz	Não tenho a menor ideia.	Gostaria de pensar que minha experiência com _____ se reflete em _____.	Eu sou especialista nisso.

estavam pensando: *Se o seu último emprego era tão bacana assim, o que você está fazendo aqui?*

Em outra ocasião, uma estagiária no governo dos Estados Unidos estava trabalhando junto com sua gestora numa tarefa urgente quando o chefe do escritório entrou na sala.

– O que está rolando? – perguntou o chefe.

– Ah, nada de mais! – respondeu a estagiária.

– Como assim, "nada de mais"? – retrucou o chefe, ríspido. – Estamos no meio de uma crise! – A estagiária pareceu perdida ao esquecer que, naquele momento, "O que está rolando?" na verdade significava "Em que você está trabalhando?", e não uma mera saudação entre amigos.

Como preservar seu comprometimento

Demonstre que você quer muito aprender, ajudar e evoluir sem parecer estar com sede de poder nem tentando tirar o emprego de alguém ou diminuir o trabalho alheio. Isso significa dizer: "Estou explorando uma potencial carreira nesta área" ou "Tenho interesse em relação a _____", e não "Vou me tornar CEO" ou "Espero que me promovam". A Figura 5-5

FIGURA 5-5

Como preservar seu comprometimento ao falar sobre si

	Apático 😦	Comprometido 🙂	Ameaçador 😦
O que você pensa	Não quero ficar aqui a longo prazo.	Estou aqui para aprender e ajudar.	Estou aqui para chegar ao topo.
O que você diz	Isto não me interessa.	Estou explorando uma potencial carreira nesta área.	Vou me tornar CEO.

ilustra como o seu discurso pode fazer com que você demonstre apatia, comprometimento ou ameaça.

Aqui também é fácil exagerar ou minimizar a dose. Certa vez, uma assistente social substituta num centro de saúde comunitário ouviu da sua gestora a seguinte pergunta:

– Quais são seus planos de carreira?
– Eu quero me tornar coordenadora – respondeu a assistente social.
A gestora franziu o cenho.
– Ah... Tudo bem.

Essa assistente social tinha esquecido um detalhe crítico: só havia um cargo de coordenação ali e sua gestora já o estava ocupando e não tinha planos de sair. O "Tudo bem" da gestora na verdade não quis dizer "Tudo bem". Quis dizer: *Então você está dizendo que quer o meu emprego? E como vai conseguir isso? Puxando o meu tapete?!* Por sorte, muitos gestores valorizam a ambição e não são tão inseguros. Mas nunca se sabe. Se você não tomar cuidado, pode facilmente parecer uma ameaça.

Em outra ocasião, um analista júnior numa empresa de pesquisa econômica sentou-se com um analista sênior para falar sobre sua primeira atribuição. O analista sênior começou a explicar o processo de limpar e unificar planilhas. Como o analista júnior ficou ali parado sem dizer nada e sem tomar notas, o analista sênior perguntou:

– Alguma pergunta?

– Ah. Na verdade não quero fazer esse tipo de projeto, então acho que você não deveria perder seu tempo me ensinando – respondeu o analista júnior.

O analista júnior imediatamente pareceu apático. Eis o que o analista sênior me disse: "Só porque um projeto não está alinhado com seus objetivos não significa que você possa dizer 'Não'. Somos uma empresa pequena. Você não pode agir como se algo não fosse problema seu. Tudo é problema de todo mundo."

Como preservar sua compatibilidade

Deixe claro que você está contente por integrar a equipe sem parecer que está tentando fazer tudo ou ser alguém que não é. Isso significa dizer "Estou feliz de entrar para a equipe!" ou "Não vejo a hora de conhecer vocês!", e não "Amei tudo que você acabou de dizer!" ou "Sim, eu posso fazer isso! E aquilo! E aquilo também!". A Figura 5-6 ilustra como o seu discurso pode fazer com que você demonstre indiferença, pareça compatível ou force a barra.

Exagerar na compatibilidade muitas vezes tem a ver com mostrar animação excessiva a ponto de soar falso(a). Por exemplo, um colaborador da

FIGURA 5-6

Como preservar sua compatibilidade ao falar sobre si

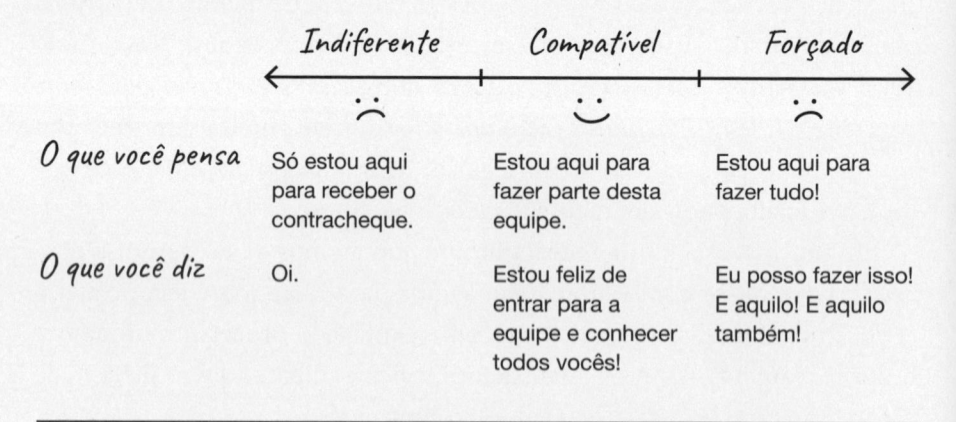

	Indiferente	Compatível	Forçado
O que você pensa	Só estou aqui para receber o contracheque.	Estou aqui para fazer parte desta equipe.	Estou aqui para fazer tudo!
O que você diz	Oi.	Estou feliz de entrar para a equipe e conhecer todos vocês!	Eu posso fazer isso! E aquilo! E aquilo também!

área de controle de qualidade ficou conhecido como puxa-saco depois que as pessoas perceberam que ele sempre se mostrava excessivamente animado... mas só quando quem apresentava a questão era alguém mais graduado. Enquanto outros às vezes meneavam a cabeça ou murmuravam apenas "humm", esse colaborador aquiescia excessivamente e murmurava "humm" depois de quase todas as frases. Da primeira vez, as pessoas acharam isso esquisito. Da segunda, acharam irritante. Da terceira, as pessoas o acharam forçado demais.

Uma baixa compatibilidade muitas vezes tem a ver com não sorrir o suficiente ou não compartilhar informações suficientes ao se apresentar. Numa reunião de equipe num laboratório de pesquisas, os novos assistentes se apresentaram um depois do outro. Todos falaram por no mínimo um minuto e discorreram entusiasmados sobre suas matérias e seus temas de pesquisa preferidos. Mas uma pessoa disse apenas "Oi, meu nome é Ethan", seguido por uma longa pausa. Ethan acabou sendo apreciado pela sua competência, mas o que ele não sabia era que os colegas viviam se perguntando se ele era tímido, se não gostava deles ou se era antissocial, porque parecia muito indiferente. Embora possam soar injustos, esses juízos de valor são verídicos.

Dominar os Três Cs leva tempo. Você vai ter que treinar bastante, reconhecer padrões, depois treinar mais um pouco. Não se preocupe se no início sentir que exagerou ou fez menos do que deveria. Observe a linguagem corporal de quem está escutando. Note se as pessoas estão enrugando a testa, cruzando os braços, recostando-se na cadeira, desviando o olhar ou inclinando a cabeça. Essas podem ser dicas sutis para que da próxima vez você reformule sua história. Procure também sorrir e balançar a cabeça, pois isso significa que sua história está sendo bem recebida. Depois use as reações das pessoas para aprimorar ainda mais a sua narrativa. Se estiver se apresentando pelo telefone e não tiver oportunidade de observar a expressão do interlocutor, tente falar devagar e fazer pausas de vez em quando, de modo que a pessoa possa reagir com um "humm" ou fazer uma pergunta. Quando for se apresentar pela décima vez, você já estará craque.

Passo 5:
Treine!

Embora *o que* você diz seja importante, *como* você diz pode ser igualmente crucial. Este livro não é um guia sobre como falar em público, portanto não entrarei muito em detalhes, mas o segredo é transmitir segurança sem parecer arrogante; falar adequadamente sem parecer um robô; e mostrar animação sem parecer pueril![1]

Fale com segurança...

Transmitir segurança significa que você está falando como se acreditasse no que diz (o que será verdade se conhecer a base da sua história). Significa também olhar os outros nos olhos, gesticular com naturalidade, expressar-se num ritmo calmo, pronunciar cada palavra com clareza, falar alto o suficiente para que as pessoas escutem e evitar a cadência ascendente (ou seja, não concluir as frases como se estivesse fazendo uma pergunta e, em vez disso, terminar com uma cadência descendente). Como me disse um estagiário de uma empresa de mídia: "É normal ficar nervoso. Aja como se ali fosse o seu lugar e as pessoas começarão a acreditar nisso."

... sem ser arrogante

Você soa arrogante quando parece se achar melhor do que os outros. Por isso, não interrompa as pessoas: espere que elas acabem de falar para dizer o que quer. Cuidado para não revirar os olhos ou empinar o queixo e levante-se ou sente-se de modo a poder olhar as pessoas nos olhos. Evite usar a interjeição "Bom..." de maneira condescendente, e não rebata qualquer ideia que os outros deem com um "Tá, mas...".

Fale adequadamente...

Falar adequadamente significa soar tão maduro e formal quanto seus colegas. Como a maturidade e a formalidade podem soar de um jeito num banco e de outro numa startup, deixe-se guiar por seus colegas. Assim, se os outros não disserem "tipo", "saquei", "galera", "bacana", "irado", "cara", "pode crer", "foi mal", "suave" ou "né?", tente evitar essas palavras e expressões também. Se os outros não usarem gírias, evite usar gírias. Se os outros não falarem palavrões, evite falar palavrões. Se não tiver certeza do que significa ser formal no seu ambiente de trabalho, opte pela cautela e seja mais formal no começo, depois vá atenuando. É mais fácil se livrar da percepção de que se é excessivamente sério do que da percepção de que se é insuficientemente profissional.

... sem parecer um robô

Soar como um robô significa falar como se você tivesse decorado um discurso. Assim, embora você deva saber qual narrativa externa pegar na estante, não precisa recitar o verso da embalagem de suco de laranja toda vez que lhe perguntarem alguma coisa. Se não conseguir se lembrar de algo, siga em frente: evite travar como se tivesse esquecido sua fala numa peça de teatro. Tome um cuidado especial com clichês do tipo "sinergia", "inovador" e "disruptivo", e com afirmações vagas que podem se aplicar a qualquer coisa, como "Sou entusiasta desta empresa e de seus valores" (a não ser que você explique).

Fale com ânimo...

Soar animado(a) significa falar com energia. É permitir que a entonação da voz suba e desça (sem monotonia), expressar-se em tom positivo ou pelo menos neutro sobre os outros (sem criticá-los) e manter uma expressão aberta e receptiva (sem parecer que está blefando no pôquer).

... sem parecer pueril

Soar pueril pode indicar falta de maturidade. Para evitar isso é preciso observar padrões entre os seus colegas no que diz respeito ao timbre da voz, ao nível de entusiasmo e à quantidade de risos ou gargalhadas.

Treinar ajuda em todas essas áreas, então tente ficar em pé na frente do espelho, encarar-se nos olhos e ensaiar o que quer dizer. Ou então treine com alguém de confiança. O segredo é tratar esta parte do livro não como um conjunto de regras rígidas, e sim como uma flexível lista mental de autoavaliação. Mas cuidado: entre as expectativas ocultas que abordamos neste livro, poucas serão justas. Trata-se de uma questão de profissionalismo ou de conformidade? E até que ponto "profissionalismo" tem a ver com o que fazemos *versus* quem somos (no caso de pessoas com vozes naturalmente agudas, por exemplo)? Também existem padrões duplos por toda parte. Em que circunstâncias a sua apresentação se baseia numa narrativa externa envolvente e em quais esconde seu verdadeiro eu? Obviamente não se trata apenas de contar sua história. Até o dia em que seus gestores aceitem você como é – e não como querem que seja –, conheça seu público e tenha cuidado com a forma de contar sua história.

Embora tenhamos nos concentrado em responder a perguntas comuns nos seus primeiros dias numa nova função, as competências de conhecer seu público e contar sua história podem lhe servir durante toda a carreira. Você pode não trabalhar com vendas, mas toda vez que interage com alguém está "se vendendo". Comece agora a aprimorar sua história. Fazer isso não será útil apenas no seu emprego novo: servirá também para que você consiga sua próxima oportunidade, função ou projeto.

EXPERIMENTE

- Escreva sua narrativa interna: o que você quer dessa experiência?
- Prepare-se para compartilhar sua narrativa externa: na sua nova função, de que maneira sua identidade e seu histórico denotam competência, comprometimento e compatibilidade?
- Descubra o que sua plateia quer ouvir e atenda a esse pedido.
- Construa sua história em termos de passado, presente e futuro, como uma jornada do herói (ou da heroína).
- Quando estiver falando, tente transmitir segurança sem ser arrogante, adequação sem parecer um robô e animação sem parecer imaturo.

Cuide da sua aparência

Assim que cheguei no meu estágio em Wall Street, eu não dava muita atenção à minha aparência. Tudo que escutava era que o traje era "formal", o que interpretava como qualquer terno, qualquer gravata, qualquer camisa social, qualquer cinto de couro, qualquer meia e qualquer sapato social.

Só fui me dar conta da realidade ao entreouvir meus colegas de trabalho fazendo piada sobre como camisas sociais mal-ajambradas, sapatos de bico quadrado e cintos que não combinavam com a cor dos sapatos não tinham lugar em Wall Street. Baixei os olhos. Eles estavam descrevendo a minha roupa.

Por sorte, o ambiente de trabalho vem se tornando cada vez mais descontraído e tolerante, especialmente com a transição para o home office. Ainda assim, a lição é a mesma: quando se trata da sua aparência física no trabalho, códigos de vestimenta (como "profissional casual" ou "casual chique") contam apenas parte da história. O que pode separar quem está dentro de quem está fora são as expectativas ocultas, e isso é algo que vai muito além das roupas e inclui seu cabelo, seus acessórios e até mesmo sua escolha de ter barba ou não. Como o julgamento dos outros pode ser implacável e duradouro, prestar atenção nunca é demais. Afinal de contas, definir sua identidade deve ser uma tarefa sua, não dos demais.

O que você pode fazer? Tudo começa com entender o que é adequado para o seu ambiente de trabalho e o que é autêntico para você.

SAIBA

Ter uma aparência profissional tem a ver com encontrar a interseção entre o que é adequado para o seu local de trabalho e o que é autêntico para você.

Como descobrir o que é adequado

O primeiro passo é reconhecer padrões. Tente se lembrar da aparência dos outros durante sua entrevista e procure fotografias da empresa publicadas na internet. Identifique opções de visual comuns entre os colegas do mesmo nível que o seu. Se reparar que todo mundo usa vestido ou camisa com colarinho, pode ser que você tenha detectado um código de vestimenta oculto. Se reparar que ninguém usa colônia nem perfume, pode ser que tenha detectado uma norma implícita relacionada a fragrâncias. Se reparar que as roupas dos outros não têm um vinco sequer, talvez tenha detectado algo relacionado a elegância.

Então espelhe os outros. Use os padrões que tiver identificado para fazer suas escolhas de guarda-roupa e look. Concentre-se nos elementos de estilo importantes, como tipo, cor e modelo das roupas, tecidos, ajuste e elegância, mais do que em detalhes como marca ou preço. Você pode comprar primeiro uma peça, depois expandir seu guarda-roupa quando tiver aprendido as normas ocultas. Se estiver trabalhando em home office, concentre-se no que ficará visível durante uma videochamada.

Quando estiver em dúvida, pergunte a um mentor ou colega: "Será que _____ seria adequado?" Se ainda estiver inseguro para escolher entre dois looks, tente começar pela opção mais formal. É melhor ter um visual demasiado sério do que um visual pouco profissional. (E você sempre pode tornar seu guarda-roupa mais casual depois.)

Se ainda não souber como se vestir, tente se pôr no lugar de seus gestores, colegas, clientes e colaboradores. Então olhe para si mesmo(a) e pergunte: "Se eu fosse criar um catálogo de moda para minha profissão, incluiria este meu look?" O objetivo é fazer as pessoas da empresa pensarem: *Sim, eu posso levar você a sério*. Isso significa ter um visual adequado sem parecer que está se esforçando demais ou não o suficiente.

Tudo isso é mais fácil de dizer do que de fazer, claro. Em geral, empregos no setor de serviços ou de ofícios qualificados terão regras mais explícitas como "apenas calças e sapatos pretos", "uso obrigatório de botas de segurança" ou "favor cobrir as tatuagens". Se for esse o seu caso, aquilo que é considerado adequado pode ser relativamente fácil de identificar. Se, no entanto, você estiver no mundo do escritório (onde as pessoas em geral trabalham sentadas diante de uma mesa), prepare-se para expectativas implícitas além do típico "Não vá de terno para aquele emprego numa startup" ou "Use traje profissional casual ou profissional formal para um emprego na área de finanças". O Quadro 6-1 lista alguns dos elementos da sua aparência nos quais vale a pena pensar com cuidado.

Essas expectativas podem se tornar bastante sutis e dependentes do contexto. Um professor de atividades ao ar livre me disse: "As pessoas julgam tanto a marca quanto as funções técnicas do seu equipamento. Se você aparecer com um casaco caro, mas ele for grosso demais para o outono ou fino demais para o inverno, as pessoas vão achar que você está ali só para se exibir."

QUADRO 6-1

O que levar em conta ao cuidar da sua aparência

Roupas	• Peças de cima, peças de baixo, lenços de cabeça, meias-calças, meias, sapatos, casacos
	• Paleta de cores, estampas
	• Tecidos
	• Ajuste
	• Marcas
	• Qualidade, limpeza, estado de conservação, passadas a ferro (ou não), para dentro da calça (ou não)
Acessórios	• Joias, bolsas, cintos, relógios, lenços, xales
Pele	• Maquiagem, tatuagens, piercings
Cuidados pessoais	• Cabelos, pelos faciais, unhas, perfume

Como determinar o que é autêntico para você

Embora a aparência dos seus colegas possa ser um ponto de partida útil, é só isso que ela é: uma média e um ponto de partida. Médias informam como as coisas sempre foram feitas, não como poderiam (ou deveriam) ser. Elas informam o que é comum na maioria, não o que é autenticamente seu. Informam o que *os outros* fazem, não o que *você* deveria fazer. É importante ter isso em mente, sobretudo se a sua origem não for a mesma dos seus colegas. Quando se vê numa situação em que a sua aparência está "deslocada", o que você faz: adota as regras ou as adapta? A Figura 6-1 mostra suas opções para lidar com essa questão.

FIGURA 6-1

Opções para decidir sobre a sua aparência

	Rejeite as regras	*Adapte as regras*	*Adote as regras*
O que você pensa	Eu sou quem sou. É pegar ou largar.	Eu aceito um meio-termo.	Vou me tornar um camaleão.
O que você faz	Vou ignorar a aparência dos outros. Se minha equipe não conseguir me aceitar como sou, este lugar não é para mim.	Vou espelhar minha equipe contanto que não comprometa minha identidade ou meus valores, e talvez depois revele um pouco mais da minha identidade conforme for me acomodando.	Vou espelhar minha equipe mesmo que isso signifique comprometer minha identidade ou meus valores.

Decida onde você quer estar.

Não existem respostas certas ou erradas com relação a esse assunto, apenas valores pessoais. Muitas pessoas já rejeitaram, adotaram ou adaptaram as regras. Todas elas tiveram que enfrentar obstáculos e sacrifícios.

Avery, profissional da área de seguros, rejeitou as regras. Apesar de lhe terem atribuído o gênero masculino ao nascer, Avery se identificava como pessoa não binária. Toda vez que tinha uma entrevista, Avery aparecia com o cabelo comprido, de brincos e com as unhas pintadas. Sabia que seria difícil se apresentar de modo feminino tendo um corpo que era percebido como masculino, então preferia que não houvesse surpresas em relação a como se vestiria se conseguisse o emprego. E, quando não conseguia a vaga, Avery interpretava isso como um sinal de que não teria sido feliz lá de um jeito ou de outro. Ao receber uma proposta de emprego, Avery conversou com o RH e com seu gestor antes do primeiro dia para explicar quão importante considerava se expressar em sua totalidade. Nas suas palavras: "Eu me posicionei como alguém que não se conforma." Mas a escolha de Avery não deixou de ter seus sacrifícios: "Eu me dei bem com os colegas porque provei que sou competente, mas mesmo assim ninguém nunca quer me pôr numa função em que eu tenha que ficar cara a cara com os clientes, por medo de que eles se sintam desconfortáveis, mesmo que não pareçam ligar."

Ayesha, uma muçulmana que costumava usar hijab, adotou as regras no seu emprego numa empresa de processamento de alimentos. Ela tirou o hijab, fez luzes no cabelo, passou a se maquiar de leve e a usar vestidos justos sem manga para imitar as colegas. Ninguém lhe fez sequer uma vez a pergunta "De onde você é?" ou "Tá, mas de onde você é *de verdade*?", ao contrário do que acontecia com sua irmã Khatija, que usava hijab no seu emprego de assistente jurídica e escutava essas perguntas o tempo inteiro. Mas a escolha de Ayesha tampouco veio sem sacrifícios: alguns de seus parentes e amigos religiosos questionaram suas decisões sobre o que vestir.

Embora Avery e Ayesha mostrem que é possível adotar ou rejeitar as regras, muitos profissionais que encontrei escolheram uma terceira abordagem: eles adaptaram as regras. Esses profissionais chegaram a um meio-termo com seus colegas, adotando as regras que exigissem apenas um sacrifício superficial e rejeitando aquelas que comprometessem seus valores. Às vezes essa estratégia significava se comprometer no início, depois forçar os limites e ir mostrando mais autenticidade conforme iam firmando sua competência, seu comprometimento e sua compatibilidade.

Foi essa a estratégia da engenheira negra Ngozi. Depois de pesquisar os colegas na internet e descobrir que eram todos homens brancos, ela alisou o cabelo antes de seu primeiro dia de trabalho. Então, com quatro meses de casa, apareceu como seu eu autêntico. Eis o que Ngozi me contou: "Aparecer com meu cabelo afro natural foi como um rito de passagem. Todo mundo ficou falando: 'Uau! Que novidade é essa?' Mas, como eu já tinha construído confiança suficiente, o 'uau' foi tipo 'Uau, eu não conhecia esse seu outro lado', e não um 'Uau, aqui com certeza não é o seu lugar.'"

Embora Ngozi no início tenha se disposto a aceitar um meio-termo em relação à sua aparência física, não se dispôs a aceitá-lo em relação ao próprio nome. Sempre que ela se apresentava, seus colegas perguntavam: "Você tem algum apelido?" Quando ela respondia que não, vários davam a própria sugestão: "Que tal Nora? Nina? Nosy?"

– Não – insistia Ngozi com a voz mais educada, porém mais firme, de que era capaz. – Eu me chamo Ngozi, pronuncia-se assim: *en-go-zi*.

Em pouco tempo seus colegas se adaptaram e ninguém nunca mais questionou seu nome.

Jomo, um homem negro numa equipe só de brancos, também adaptou as regras, mas em relação às roupas: "Eu sempre via o mesmo visual arrumadinho: camisa social, sapato social sem a meia aparecendo, calças meio curtas que deixavam o tornozelo à mostra. Só que aquilo simplesmente não era eu. Então resolvi: sabe de uma coisa? Vou encontrar vocês no mesmo nível, ou seja, casual chique. Mas vou fazer isso do meu jeito: calça jeans e botas da Timberland. Eu usava camisa social para ficar no mesmo nível que eles, mas com uma corrente por dentro que não tinha medo de mostrar. Foi o meu jeito de manter minha sensação de ser eu mesmo, de me destacar ao mesmo tempo que me encaixava."

Lembre-se: não existem respostas certas ou erradas, apenas valores pessoais. Esses valores pessoais se juntam para responder a uma única pergunta: que aspectos do seu eu você pode – ou não – negociar? Responder a essa pergunta exige autoconhecimento.

Para destrinchar mais facilmente a questão, imagine três círculos concêntricos. O mais interno é a "zona sagrada". Essa região representa seus valores e sua identidade mais íntimos. O círculo seguinte é a "zona negociável". Essa região representa as coisas que você valoriza, mas que poderia sacrificar dependendo das circunstâncias. O círculo mais externo é a "zona indiferente". Essa região representa todas as coisas para as quais você não liga e que poderia abandonar sem prejuízo. A Figura 6-2 ilustra esses círculos.

Tente inserir elementos da sua vida nessas três categorias. Em seguida use o que pôs em cada conjunto para embasar suas escolhas. Cogite abrir mão dos elementos que lhe são indiferentes. Avalie cuidadosamente o que você ganharia ao abrir mão ou não dos elementos negociáveis. Por fim, avalie constantemente se está abrindo mão de algo que possa ser sagrado. Se estiver, faça-se a seguinte pergunta: "Quais são os prós e os contras, e será que os benefícios superam os custos?"

FIGURA 6-2

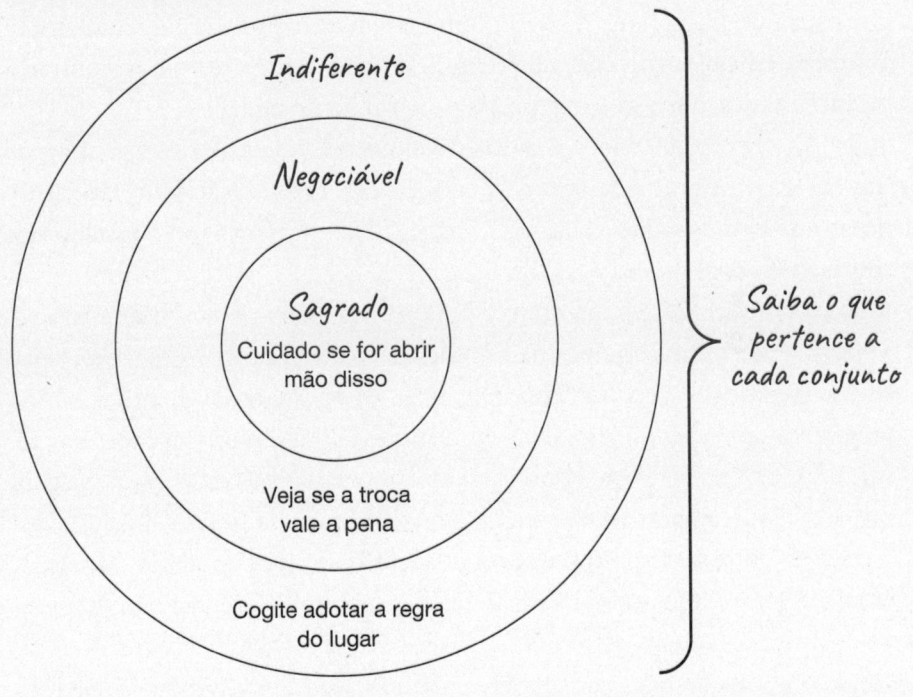

Como decidir se você vai rejeitar, adaptar ou adotar as regras

- Indiferente
- Negociável
- Sagrado — Cuidado se for abrir mão disso
- Veja se a troca vale a pena
- Cogite adotar a regra do lugar

Saiba o que pertence a cada conjunto

Pessoas diferentes porão elementos diferentes dentro de cada círculo. Avery pôs boa parte do seu visual na zona sagrada. Ayesha pôs boa parte do seu visual nas zonas negociável e indiferente, ao contrário de sua irmã Khatija. Ngozi pôs seu nome na zona sagrada, mas seu cabelo na zona negociável. Jomo tinha alguns elementos da sua aparência física na zona sagrada e outros na zona negociável. Isso não quer dizer que Avery, Ayesha, Khatija, Ngozi e Jomo tenham feito a escolha certa e que aqueles que optaram por outra coisa estejam errados, e sim que eles escolheram a coisa certa para si mesmos levando em conta o grau de tolerância de cada um.

Um alerta: esse é um exercício difícil, não só porque exige mergulhar fundo em sua identidade, mas também porque pode exigir algum trabalho de adivinhação. Assim como se pode ficar fora da zona de compatibilidade por falta de esforço, o contrário também é possível. Você pode gastar tempo demais pensando no seu visual para depois acabar descobrindo que tentou se adaptar a algo que seus colegas não consideram importante ou no qual nem tinham pensado. Cogite perguntar ao seu gestor: "Eu sei que é importante _____, mas estava pensando em _____, por causa de _____. Seria adequado eu _____?" Você pode ficar surpreendentemente feliz com o meio-termo encontrado ou mesmo descobrir que não precisa abrir mão de nada.

Não sofra em silêncio. Quando estiver em dúvida, experimente abordar um colega de identidade parecida com a sua e dizer: "Não pude deixar de notar que ambos somos _____. Eu adoraria um conselho seu sobre como conseguiu lidar com _____. Você teria uns minutos para conversar?" Se não houver uma pessoa assim na sua equipe, procure pessoas de outras equipes na lista de funcionários da organização. Você também pode recorrer a líderes de grupos de apoio, redes de funcionários ou grupos com afinidades em comum se eles existirem na sua organização: são pessoas que se ofereceram para apoiar indivíduos de mesma origem ou identidade. Experimente procurar também fora da sua organização, entrando na internet e pesquisando sua identidade (por exemplo, "asiático", "mulher", LGBTQIAPN+) + sua área (por exemplo, "ciência da computação", "direito", "vendas") + "rede", "associação", "encontro", "círculo", "união", "sindicato" ou "aliança". Pode parecer natural se sentir só. Mas você não está.

O início da sua carreira é uma oportunidade para aprender sobre sua identidade, sobre aquilo que você valoriza e aquilo que não valoriza. Comprometimento e compatibilidade têm os próprios limites. Por mais importante que possa ser saber lidar com a interseção dos Três Cs, é igualmente importante se perguntar se você deseja fazer isso. Afinal, o C do comprometimento significa "Você demonstra querer estar aqui?". É possível fingir animação até determinado ponto. Mas será que você realmente almeja fazer isso? O C de compatibilidade significa "Você se dá bem conosco?". Também é possível fingir harmonia até certo ponto. Mas, nesse caso também, será que você realmente quer isso? Luisa, que largou seu emprego de assistente administrativa para trabalhar na área de serviços de alimentação, me disse: "É difícil passar a vida toda com o mindset de 'Eu nunca vou mudar'. Viver é se adaptar. Viajar com amigos requer chegar a meios-termos. Casar requer chegar a meios-termos. Trabalhar em equipe requer chegar a meios-termos. Não estou dizendo 'Não mude'. Estou dizendo que, quando você chega ao ponto em que não pode sequer ser você mesma, está na hora de ir embora."

O que aconteceu com Luisa?

"As pessoas me olhavam torto sempre que me ouviam rir alto ou viam minhas tatuagens, minha maquiagem pesada e minhas sobrancelhas grossas. Já ouvi gestores fazerem piada dizendo como eu era da pesada, depois fazerem pose de fortão na minha frente. Eu nem queria mesmo ser toda certinha que nem eles. Não tinham personalidade."

Lembre-se: não existem respostas certas nem erradas, apenas valores pessoais. Viva de acordo com suas expectativas, não segundo as expectativas que os outros têm em relação a você.

Se você achou este capítulo relevante, espero que use a confiança que construiu na sua empresa para tornar o ambiente profissional mais justo para quem vier depois. Por outro lado, se este capítulo não tiver sido relevante porque você "se encaixa" naturalmente na sua equipe, saiba que tem a responsabilidade de se aliar e dar auxílio àqueles para quem "se encaixar" não for tão fácil. Nossa singularidade é o que faz de nós quem somos. Celebremos isso.

EXPERIMENTE

- Pense em que impressões sua aparência vai passar para seus gestores, colegas, clientes e colaboradores.
- Faça escolhas conscientes sobre roupas, acessórios e cuidados pessoais.
- Saiba reconhecer padrões nas escolhas dos outros relacionadas à aparência e use-os como ponto de partida quando for tomar suas decisões.
- Descubra quando deve rejeitar as regras, adotá-las ou adaptá-las.
- Decida o que deve ser considerado sagrado, negociável e indiferente em relação à sua aparência.

Envie os sinais certos

Neel, um consultor de gestão, estava se preparando para apresentar um projeto em uma reunião com um cliente às 14h30; faltavam só quinze minutos. Seu gestor – um dos diretores da empresa – e o CEO do cliente iriam participar também.

Neel passou correndo pelos slides em que faltava inserir os comentários de última hora do seu diretor, depois tornou a verificar as horas: 14h29. Salvou a apresentação e procurou o link do convite para a reunião, mas não conseguia encontrá-lo. Mandou uma mensagem para um colega:

Ei, você tem o convite?

Neel pôde ouvir cada segundo passar dentro da sua cabeça enquanto esperava. O relógio marcou 14h30. Depois 14h31. Ele mandou mensagem para outro colega, que na mesma hora respondeu enviando o convite. Ele clicou no link. Uma janela de pop-up apareceu: *Atualização obrigatória. Por favor, atualize para continuar.* Depois de instalar o update e reiniciar o computador, Neel finalmente entrou na reunião. Às 14h42.

Seu gestor, que estava distraindo os clientes, disse:

– Certo, vamos começar, então? Neel, pode seguir daqui.

Quando Neel clicou em Compartilhar Tela, seu arquivo de slides deu pau. *Putz!* Ele grunhiu e socou o teclado.

– Tudo bem por aí? – perguntou o gestor em tom incisivo.

– Tu-tudo – gaguejou Neel. Ele tinha se esquecido de clicar em Mudo no microfone.

Um minuto depois, já tinha conseguido reiniciar a apresentação de slides.

SAIBA

- Tudo que você faz ou deixa de fazer pode ter impacto na percepção dos outros sobre sua competência, seu comprometimento e sua compatibilidade.
- Gerenciar mal-entendidos envolve compreender sua intenção e controlar seu impacto.
- Garanta estar demonstrando o grau adequado de urgência e seriedade.

No fim, os clientes ficaram impressionados com a análise de Neel. Seis meses depois, porém, ele descobriu que sua avaliação de final de projeto dizia: "Neel se frustrou fácil e visivelmente com questões pequenas. Isso demonstra falta de cuidado com sua atitude diante de clientes e traz preocupação em relação ao comportamento que ele teria caso viesse a enfrentar situações mais estressantes."

O que aconteceu? Apesar do desejo de Neel de entregar uma apresentação bem-feita, o que os outros viram foi que ele não chegou na hora (pondo em dúvida seu comprometimento), perdeu a calma diante de uma questão aparentemente pouco importante (pondo em dúvida sua competência) e se comportou de modo pouco profissional na frente de clientes (pondo em dúvida sua compatibilidade).

Neel teve uma intenção positiva, mas um impacto negativo. *Intenção* é aquilo que você pretende mostrar. *Impacto* é como os outros percebem você. Você conhece sua intenção; os outros, não. É assim que nascem os mal-entendidos.

As dificuldades de Neel não foram inteiramente culpa dele, sobretudo porque originalmente foram as mudanças de última hora do diretor que o levaram a terminar a apresentação às pressas. Só que ninguém mais sabia disso. A mesma coisa pode acontecer com você.

O trabalho remoto torna a gestão do seu impacto ainda mais desafiadora. Tudo que os outros podem fazer é pressupor sua intenção com base no que leram a seu respeito em e-mails, no que ouviram por telefone ou recado de voz, no que ouviram e viram de você em videochamadas. E, se você nunca encontra seus colegas pessoalmente, o que mostra no mundo digital não é apenas sua primeira impressão: é a única.

Como a percepção que os outros têm de você pode ser implacável e duradoura, é importante enviar os sinais certos: de que você é competente na sua função, tem comprometimento com a empresa e é compatível com sua equipe. Vejamos as áreas mais comuns em que as pessoas enviam sinais pouco claros e como você pode evitar plantar qualquer semente de dúvida.

E-mails e mensagens instantâneas

Todo e-mail que você manda é uma oportunidade para demonstrar seus Três Cs. No entanto, como pessoas diferentes têm padrões diferentes, é importante conhecer seu público e adaptar a ele os seus sinais. O primeiro passo é entender a cultura da sua equipe em relação a e-mails e mensagens instantâneas.

Os locais de trabalho em geral podem seguir duas regras:

- **Primeiro mande e-mail.** Pessoas que trabalham em locais que priorizam o e-mail acostumaram-se a escrever e-mails de trabalho, então seu padrão é enviar um e-mail de verdade e só mandar uma mensagem instantânea ou SMS quando precisam entrar em contato com alguém para uma conversa rápida ou casual. Muitas vezes esses locais de trabalho são ambientes tradicionais, onde as pessoas têm cargos de escritório e usam roupas em estilo profissional casual ou profissional formal.
- **Primeiro mande mensagem.** Pessoas que trabalham em locais que priorizam a mensagem instantânea estão acostumadas a mandar mensagens casualmente para os colegas, portanto esse é o seu padrão,

reservando os e-mails profissionais para quando precisam se comunicar com terceiros ou enviar algo oficial. Muitas vezes esses locais de trabalho são startups ou ambientes sem computador, como no setor de serviços ou no comércio, empregos nos quais as pessoas vestem roupas em estilo casual chique, casual ou então trabalham de uniforme.

Escrever no trabalho é, portanto, igual a se vestir para o trabalho. Integrantes de equipes que priorizam o e-mail usam roupas em estilo profissional formal ou profissional casual e ocasionalmente se vestem com mais informalidade – e fazem a mesma coisa quando escrevem. Integrantes de equipes que priorizam a mensagem instantânea usam roupas em estilo casual chique ou casual e ocasionalmente se vestem com mais formalidade – e fazem o mesmo ao escrever. Assim como se vestir para o trabalho, escolher o nível certo de formalidade pode significar a diferença entre parecer que você se integrou à equipe ou ainda não se encaixou.

Como a formalidade é o fio condutor comum nesse caso, vamos definir o que seria o estilo "profissional formal" e em seguida detalhar o profissionalismo passo a passo, de modo a explicar toda a gama de graus de formalidade.

Imagine o seguinte e-mail "profissional formal", que você vai ver com mais frequência em organizações que priorizam o e-mail.

Assunto: Deadline 17/8: Esboço de plano de trabalho para sua avaliação
Para: Bob
Cc: Khatchig
Anexos: Plano de Trabalho ABC v3 - 2020-08-10.docx; Plano de Trabalho ABC v3 - 2020-08-10.pdf

Prezado Bob,

Espero que esteja tudo bem.
    Envio em anexo o último plano de trabalho do projeto para sua avaliação (versão Word, se você quiser fazer alterações que eu possa ver; versão PDF, se estiver lendo no celular).

> Vamos compartilhar o plano com Sruthi na terça, 18/8, então seria ótimo ter suas impressões na segunda, 17/8, antes do meio-dia. Me avise se tiver alguma dúvida ou quiser conversar. Minha disponibilidade é a seguinte:
>
> Terça, 11/8: antes das 10h e depois das 11h
> Quarta, 12/8: qualquer horário
> Quinta, 13/8: depois das 14h
> Sexta, 14/8: antes das 12h e depois das 15h
>
> Um abraço,
> Lauren

Como se pode ver nesse exemplo, há certos elementos que você encontrará na maioria dos e-mails profissionais:

- Uma saudação profissional como "Prezado", seguida por um título profissional, se for o caso (por exemplo, Doutora ou Professor), ou talvez uma forma de tratamento cultural (por exemplo, Senhor, Datuk, Madame, -san), depois um primeiro nome ou sobrenome (a depender do país). (Pesquise na internet seu país + "cultura profissional" e "formas de tratamento" se não tiver certeza; nos Estados Unidos, as pessoas em geral usam o primeiro nome, a não ser quando estão usando um pronome de tratamento.)
- Uma saudação do tipo "Espero que esteja tudo bem" ou "Tudo bem?".
- Uma despedida profissional como "Um abraço", "Cordiais saudações", "Atenciosamente" ou "Agradeço desde já".
- O destinatário principal do e-mail na linha de Para; pessoas a serem mantidas informadas na linha de Cc; e, se for o caso, pessoas que devem receber o e-mail, mas permanecer ocultas, na linha de Cco.
- Texto escrito em estilo claro, educado e direto, tanto na descrição do assunto quanto no corpo do e-mail.
- Todos os detalhes relevantes para os destinatários.

- Ortografia, gramática, espaçamento e formatação perfeitos.
- Sem pontos de exclamação, emojis ou GIFs.

Para suavizar um estilo profissional formal e transformá-lo em profissional casual, basta modificar a saudação para "Oi", "Olá", "Bom dia", "Boa tarde" ou simplesmente o nome da pessoa. Você também pode tornar sua despedida mais casual com "Obrigado(a)", "Tenha uma boa semana", "Nos falamos em breve" ou "Fico aguardando sua resposta". Você poderá notar que, depois de iniciada uma conversa por e-mail, as pessoas dispensam as saudações e despedidas nas respostas seguintes.

Para suavizar o profissional casual e transformá-lo em casual chique, mude a saudação para algo como "Ei" ou "Tudo certinho?". Algumas pessoas também gostam das despedidas "Um beijo" ou "Valeu!". No estilo casual chique você também poderá ver pontos de exclamação ou emojis (em geral a carinha sorridente). Para suavizar ainda mais e chegar ao estilo casual, salpique alguns pontos de exclamação, risos, emojis ou até GIFs.

A formalidade das mensagens instantâneas espelha a formalidade dos e-mails. No extremo profissional formal do espectro, algumas pessoas escrevem mensagens como se fossem e-mails, inclusive com "Prezado" e "Atenciosamente". Você verá esse comportamento com mais frequência em organizações tradicionais, onde as pessoas abraçam a rapidez das mensagens, mas não seu aspecto casual. Quando passam para um estilo profissional casual de escrita, podem remover qualquer vestígio de saudação. Quanto mais você se aproxima do lado casual do espectro, mais pontos de exclamação, risos, emojis e GIFs pode esperar encontrar.

Para garantir que está enviando os sinais certos, experimente ler em voz alta o que escreveu e pensar em como seu texto vai soar do ponto de vista do destinatário. Você também pode se fazer cinco perguntas antes de clicar em Enviar:

Meu e-mail está sem erros de ortografia e problemas de formatação?

As pessoas podem ser mais tolerantes quanto a erros de digitação, números incorretos, fontes misturadas ou problemas de espaçamento se você trabalhar num emprego que não exija muitos textos (ou se ocupar um alto cargo na instituição e tiver margem para quebrar as regras). No entanto, é mais difícil confiar num novo assistente jurídico ou numa nova analista financeira que se esquece de incluir "não" numa frase. Como o que importa nesses empregos é a atenção aos detalhes, um e-mail com erros de digitação não favorece a sua imagem. Tome um cuidado especial com o nome das pessoas. Verifique três vezes cada nome antes de clicar em Enviar.

Estou inteiramente por dentro do que está acontecendo?

Você conferiu sua caixa de entrada para garantir que está respondendo à mensagem mais recente? Rolou a tela em todo o histórico de e-mails para confirmar que está fazendo um comentário que contribua para o diálogo? Fez o que disse que faria desde seu último contato com o destinatário? Essas ações sutis podem sinalizar que você se organizou e se atualizou sobre o assunto, e que não está esquecendo nada por puro descuido.

Estou mandando este e-mail no momento certo?

Seu e-mail está chegando à meia-noite porque você está trabalhando até tarde... ou porque não está com seu trabalho sob controle? Está esperando uma semana para responder por causa de trabalho acumulado ou por não dar a importância devida? Para reduzir qualquer chance de dúvida, tente responder o mais prontamente possível, espelhe a urgência dos outros ou dê uma explicação razoável para qualquer atraso. Como é muito fácil clicar prematuramente em Enviar, experimente só preencher as linhas de Para, Cc e Cco quando estiver tudo pronto para enviar o e-mail, ou tente digitar mensagens instantâneas para pessoas importantes numa janela separada e só depois copiar e colar seu texto no chat.

O tom do meu e-mail ou da minha mensagem reflete a minha intenção?

Raiva, frustração ou uma atitude passivo-agressiva podem transparecer no seu texto quando o trabalho fica difícil. Às vezes pode ser que a sua intenção seja de fato comunicar essas emoções. Outras vezes você preferiria parecer paciente e cordial. Se estiver se sentindo descontente ao escrever alguma coisa, cogite clicar em Salvar em vez de Enviar, dar uma volta ou aguardar até o dia seguinte para terminar. Se seu texto puder ser interpretado de várias formas, tente revisar seu rascunho, esclarecer sua intenção ou ligar para a outra pessoa em vez de escrever.

Eu me incomodaria se esse texto fosse encaminhado para a equipe inteira?

E-mails e mensagens instantâneas podem ser práticos, mas são também permanentes. E é fácil alguém encaminhá-los ou tirar um print da tela. Se houver alguma informação que você prefira que ninguém além do seu destinatário fique sabendo, considere marcar um telefonema em vez de escrever.

Telefonemas

Falar com alguém ao telefone pode parecer uma dança a dois. Quando tudo dá certo, a interação pode evocar harmonia e naturalidade. Quando não dá, tudo se resume a duas pessoas se puxando e pisando nos pés uma da outra. Vamos agora nos concentrar em cinco maneiras eficazes de dançar graciosamente:

- **Reduza os ruídos de fundo.** Tente dar seus telefonemas num espaço silencioso onde a conexão seja boa, desligue todos os toques de notificação e acione a tecla Mudo quando não estiver falando (principalmente em chamadas de grupo). Isso evita que as pessoas se distraiam... ou se perguntem se o barulho significa que você não está levando a ligação a sério.
- **Seja pontual.** Se estiverem ligando para você, fique perto do telefone para poder atender ao primeiro toque. Se for você quem estiver ligando, faça-o no horário combinado e, se não puder, avise com antecedência. Isso evita que as pessoas se perguntem se você não respeita o tempo delas ou administra mal o seu.

- **Mostre educação.** Experimente atender dizendo "Alô, aqui é [seu nome]"; pergunte "Você pode falar agora?" quando estiver ligando para os outros; termine com "Tchau"; e aguarde um segundo antes de desligar. Isso evita que as pessoas considerem você excessivamente casual ou rude.
- **Mantenha a fluidez.** Se tiver tendência a interromper os outros, tente aguardar um segundo depois de alguém terminar de falar e só então fale. Se sua tendência for ter um branco e não saber o que dizer a seguir, tente ir pensando na resposta enquanto os outros ainda estiverem falando, ao mesmo tempo que continua escutando a pessoa. Isso evita que os outros achem que você não está ouvindo ou não tem interesse na conversa.
- **Faça pausas.** Experimente fazer pausas ocasionais quando estiver falando sobre uma série de tópicos demorados, permitindo que os outros ajudem a equilibrar seu tempo de fala. Isso evita que as pessoas se perguntem se você está falando tanto porque o assunto é empolgante ou porque gosta de ouvir a própria voz.

É claro que não dá para respeitar todos esses passos o tempo inteiro. Quando for preciso atender uma ligação com atraso ou num lugar barulhento, dê explicações razoáveis, como "Desculpe, minha última reunião atrasou" ou "Tem uma obra em frente à minha casa e não posso atender em nenhum outro lugar". Para se garantir, procure reconhecer que sabe ter violado uma regra oculta. Sempre esclareça o que possa ser mal interpretado. Nunca se sabe até onde a imaginação dos outros pode ir.

Ninguém é perfeito, claro. Na verdade, qualquer um que lhe disser que nunca atendeu uma ligação no banheiro está mentindo. Tudo depende da situação e de quanta autoridade você tem para tomar decisões e adaptar as regras. Um gerente sênior de uma agência de marketing digital me disse: "Na minha empresa todos seguimos as regras nas reuniões com clientes... quando de fato nos importamos com o público. Mas, nas reuniões para as quais as pessoas não estão nem aí, elas fazem todo tipo de coisa. Um dos meus chefes preparou um almoço e um jantar completos durante uma chamada."

Resumindo, todos nós às vezes ficamos com preguiça. Ou de saco cheio de respeitar as regras. Mas às vezes você precisa conhecer – e adotar – as regras para conquistar o direito de quebrá-las estrategicamente.

Videochamadas

Nas videochamadas, você está enviando dois sinais para o seu público: um sinal de áudio de tudo que os outros podem ouvir vindo de você e um sinal de imagem de tudo que os outros podem ver na sua janela de chat. Como as dicas anteriores relacionadas ao áudio se aplicam aqui também, não vamos repeti-las. Em vez disso, vamos falar sobre como enviar os sinais certos por vídeo.

Preste atenção no seu pano de fundo

Em relação a qualquer objeto visível na sua janela de chat, pergunte-se: *Que sinal isso está mandando para o meu público?* Será que os colegas poderão ver que você está trabalhando na cama e vão se perguntar se você tem tirado sonecas no meio do expediente? Será que verão pessoas atrás de você e vão supor que você está socializando ou se distraindo? A menos que haja uma determinada mensagem que você deseje transmitir com alguma imagem ou objeto, tente conseguir uma parede de cor lisa, uma estante de livros ou uma divisória para ser seu pano de fundo e evite deixar espaço para pessoas passarem por trás de você.

Preste atenção na sua aparência da cintura para cima

Com relação às suas roupas da cintura para cima ou aos seus cuidados pessoais, pergunte-se: *Meu visual está compatível com o dos meus colegas e de acordo com minha identidade e meu cargo?* Algumas pessoas se vestem em estilo casual quando estão trabalhando em home office, mesmo que presencialmente adotem um estilo profissional casual. Outras mantêm o mesmo look. Outras ainda se vestem de modo casual com os colegas, mas de modo formal com pessoas de fora. Se estiver na dúvida entre dois looks, procure escolher a opção mais formal. Se precisar se levantar durante a videochamada, esteja apresentável da cintura para baixo ou então desligue o vídeo antes de ficar de pé.

Preste atenção nos seus atos

Para qualquer coisa que fizer enquanto a câmera estiver ligada, pergunte--se: *Será que estou parecendo uma pessoa distraída?* Se estiver realizando diversas tarefas ao mesmo tempo, cuidado com o que o movimento dos seus olhos ou o reflexo dos seus óculos pode revelar. Embora não seja um problema beber em frente à câmera (pelo menos água ou café!), comer não costuma pegar bem, então espelhe outras pessoas do mesmo nível que o seu. Se tomar notas puder ser confundido com não estar prestando atenção, procure esclarecer comentando algo como "Vou anotar isso". Se precisar se ausentar, cogite desligar seu vídeo por alguns minutos.

Preste atenção no que compartilha em sua tela

Em relação a tudo que possa aparecer quando você compartilha sua tela, pergunte-se: *Será que isso pode indicar distração ou falta de profissionalismo?* Preste atenção nos arquivos do seu desktop, nas abas abertas, nos favoritos do navegador, nas janelas minimizadas e nos ícones da barra de tarefas. É importante parecer coerente: você quer que aquilo que as pessoas vejam esteja alinhado com o que está dizendo. Estar com um e-mail promocional de "20% de desconto!" aberto na sua tela no meio de uma apresentação séria não passa exatamente essa impressão.

Preste atenção no que vai precisar fazer durante a reunião

Antes de entrar numa reunião, pergunte-se: *Existe algo que eu possa ter que consultar, mencionar, compartilhar na tela, enviar ou coordenar?* Em caso afirmativo, experimente ter todos os arquivos abertos e rascunhos de e-mail preparados e fazer um teste antes da reunião. Assim você saberá exatamente onde clicar, evitando se atrapalhar na frente de todo mundo.

Recados de voz

Os recados de voz estão saindo de moda rapidamente, pois as pessoas preferem mandar e-mails ou mensagens instantâneas. Mesmo assim, é importante entender como acertar um áudio, especialmente numa caixa postal, que costuma ser usada por pessoas mais tradicionais e que valorizam o profissionalismo. Felizmente, recados de voz são um tanto simples. Basta usar o seguinte roteiro:

Oi, [Lance]. Aqui é [Gorick Ng], da [Acme Corporation]. Tudo bem? Espero que sim. Hoje é [segunda-feira, 17 de agosto, às 10h da manhã]. Liguei para [conversar sobre o mais recente contrato]. Me ligue, por favor, quando tiver um tempinho. Devo estar livre até as [13h, fuso horário do Pacífico]. Meu telefone é [617-123-4567]. Repetindo: [617-123-4567]. Muito obrigado(a).

E, se você estiver gravando a própria saudação para a sua caixa postal, eis um padrão profissional que pode usar:

Oi. Esta é a caixa postal de [Gorick Ng]. Desculpe, no momento não posso atender a sua ligação. Por favor, deixe seu nome, telefone e um recado rápido e eu lhe retorno assim que puder. Obrigado(a) e bom dia.

Como o objetivo dos recados de voz e das saudações de caixa postal é simplesmente dar uma informação, em geral eles não envolvem muita criatividade. Mas, por serem muito curtos, é importante enviar o sinal certo: de que você é profissional e cortês. Portanto, vá direto ao assunto, pronuncie claramente cada palavra e cuide para não haver nenhum ruído de fundo.

Atividades on-line

Sua atividade on-line é uma extensão de você. As pessoas estão observando, reparando e julgando. É importante checar se os sinais que está enviando no mundo digital e os que está enviando no mundo físico são coerentes. A seguir, alguns sinais digitais com os quais tomar cuidado.

- Suas postagens, likes e compartilhamentos nas redes sociais – com base nisso, os outros podem avaliar onde você está e o que está fazendo.
- Sua atividade nos dispositivos que pertencem ao seu empregador – com base nisso, o departamento de TI pode avaliar como você está usando o tempo da empresa.
- Seu status no programa de mensagens instantâneas – com base nisso, seus colegas podem avaliar quando você está on-line, off-line e ocupado(a).
- Os compromissos públicos da sua agenda – com base nisso, seus colegas de equipe podem avaliar o que você está fazendo no dia a dia.
- Números de versão, data, modificações visíveis e nome de usuário nos seus arquivos – com base nisso, os outros podem avaliar quando, quanto e com que rapidez você tem trabalhado e quem fez o trabalho.
- Suas confirmações de leitura de e-mails ou mensagens instantâneas – com base nisso, os outros podem avaliar se você está on-line (e, quem sabe, ignorando-os).
- O histórico de e-mails quando você encaminha uma conversa longa – com base nisso, os outros podem avaliar como você se comunica com as pessoas.

Como os sinais digitais são muitos e passíveis de serem mal interpretados de tantas formas, a ideia não é entrar em paranoia e deixar de viver sua vida. É saber que, por exemplo, atualmente é norma os recrutadores pesquisarem na internet os candidatos a empregos, funcionários pesquisarem os colegas e clientes pesquisarem seus fornecedores. E internamente, mesmo que seus colegas não estejam procurando informações sobre você, eles têm contato com muitos dos seus sinais digitais. Sendo assim, antes de clicar em Enviar ou Publicar, pergunte-se: *Como isso pode parecer para os outros? Vou me arrepender de ter enviado esse sinal daqui a dias, semanas, meses ou anos?*

Comportamentos presenciais

Embora você possa se esconder atrás do seu notebook ou telefone quando está trabalhando em home office, há menos lugares para se esconder quando se está trabalhando presencialmente. Como me disse certa vez um chefe de departamento no ensino médio: "Você precisa supor que está sendo observado sempre." Até mesmo o mais diminuto dos gestos pode causar uma forte impressão.

Independentemente de estar lidando com alunos ou com planilhas, reportando-se a um pai ou a uma diretora, ou trabalhando numa casa de família ou num canteiro de obras, é importante atentar sempre ao próprio comportamento. A seguir, algumas questões a considerar:

- Quando e como você chega e vai embora do trabalho – e o que isso diz sobre seu comprometimento e sua capacidade de administrar o tempo.
- O que você deixa em cima da sua mesa, na sua lixeira e na impressora – e o que isso diz sobre as suas prioridades.
- Como são seus modos à mesa ao fazer refeições com outras pessoas – e o que isso diz sobre o respeito que você tem pelo contexto cultural.
- Quão visível você é no trabalho – e o que isso diz sobre quão duro você está trabalhando.
- Em que tom de voz você conversa sobre informações confidenciais – e o que isso diz sobre a sua capacidade de guardar segredos.

A lista é infindável. O principal ponto a lembrar é o seguinte: tudo que você faz ou deixa de fazer pessoalmente pode enviar um sinal. Cuide para que os sinais sejam compatíveis com a impressão que quer deixar.

No fim das contas, enviar os sinais certos se resume a demonstrar o grau adequado de urgência e seriedade. Mas existe um desafio: as pessoas estão comparando você não com um padrão objetivo, mas com as próprias definições de "urgência" e "seriedade". E essas definições pessoais são moldadas ao longo de anos pela cultura, pela formação, pelo estilo de trabalho e pela personalidade da própria pessoa.

Você pode determinar quais sinais quer priorizar analisando quão *mono-*

crônica ou policrônica é a cultura de trabalho da sua empresa.[1] Seus colegas e clientes costumam reservar horários específicos para atividades específicas e respeitar esse cronograma? Nesse caso, pode ser que eles estejam mais para o lado monocrônico do espectro e vejam o tempo como algo a ser dividido e organizado em blocos. Seus colegas e clientes costumam realizar várias tarefas ao mesmo tempo, mudar de planos e seguir o fluxo? Nesse caso, pode ser que eles estejam mais perto do lado policrônico do espectro e considerem o tempo algo mais fluido e menos tangível. O Quadro 7-1 mostra algumas outras diferenças entre esses dois tipos de pessoa.

QUADRO 7-1

Como diferenciar pessoas monocrônicas de policrônicas

Pessoas monocrônicas	Pessoas policrônicas
Fazem uma coisa de cada vez	Fazem muitas coisas ao mesmo tempo
Consideram interrupções algo ruim	Consideram interrupções algo normal
Interpretam prazos como ordens	Interpretam prazos como sugestões
Priorizam fazer o trabalho	Priorizam construir relações
Raramente mudam de planos	Mudam de planos com frequência
Sempre são rápidas	São rápidas dependendo da relação
Constroem relações de curto prazo	Constroem relações de longo prazo

Fonte: Adaptada de DURANTI, Giancarlo; DI PRATA, Olvers. *Everything Is About Time: Does It Have the Same Meaning All Over the World?* Trabalho apresentado no PMI Global Congress, Amsterdã, 2009.

Essa distinção é importante porque as pessoas monocrônicas (os monócronos) tendem a ver pessoas policrônicas (os polícronos) como pouco comprometidas, desorganizadas ou preguiçosas, muito embora os polícronos possam apenas estar mais acostumados a realizar várias tarefas ao mesmo tempo ou a trabalhar com prazos e compromissos mais flexíveis. Por sua vez, os polícronos podem considerar os monócronos tensos, exigentes ou rudes, muito embora os monócronos possam estar tentando respeitar o tempo da outra pessoa trabalhando de modo rápido e eficiente. Foi essa a lição que a chefe de pessoal de uma empresa de agricultura, Cici, aprendeu do jeito mais difícil ao se mudar de Nova York para a Zâmbia. Segundo o seu gestor,

> *Cici estava só fazendo o que fora treinada para fazer, mas pressionava de tal forma os gestores para obter informações que era vista como inconveniente e desrespeitosa. Eu muitas vezes ouvia dos executivos: "Será que você poderia pedir para sua funcionária pegar mais leve? Estamos em Lusaka, não em Nova York!" O padrão acelerado e demandante de Nova York era inteiramente diferente da cultura relaxada de "os problemas se resolvem sozinhos" da Zâmbia. A cultura da Zâmbia é passivo-agressiva e sutil. Há poucas indicações de que se está rumando para um precipício até ser tarde demais.*

Em outras palavras, não existe um padrão universal para os sinais positivos. Tudo depende do seu público. Se estiver entre pessoas que veem o tempo da mesma forma que você, fique à vontade para adotar seu estilo natural de trabalho. Mas, se você for uma pessoa policrônica entre monócronos, talvez queira enviar sinais que incluem chegar na hora, responder rapidamente e executar uma tarefa só na frente dos outros. E, se for uma pessoa monocrônica entre polícronos, procure observar se os sinais que está enviando podem estar sendo vistos como excessivamente sérios ou intensos. Em vez de responder na hora, tente espelhar a urgência dos outros. Em vez de impor prazos rígidos do tipo "fazer X no máximo até Y", experimente pressionar menos e passar a tolerar cronogramas fluidos e pessoas lhe dizendo que vão lhe dar uma resposta "em breve". Independentemente de policronismo e monocronismo, saiba que as origens e situações atuais dos outros guiarão as expectativas que eles têm em relação a você. Sua gerente parece ser workaholic? Prepare-se para padrões mais exigentes nos sinais relacionados à sua produtividade. Seu gestor talvez tenha compromissos familiares ou de outro tipo fora do trabalho? Prepare-se para uma tolerância maior a sinais que mostrem que você valoriza o equilíbrio entre trabalho e vida pessoal. Talvez seus superiores não deem muita importância ao profissionalismo? Prepare-se para esquecer a maioria, ou mesmo todas as considerações deste capítulo. Trate-se com gentileza. Todos nós cometemos erros. E, em se tratando de sinais, pode ser que o seu "erro" não seja um erro em si: você pode simplesmente não ter espelhado o jeito de seus colegas fazerem as coisas. Reconheça padrões e da próxima vez preste mais atenção em sua urgência e sua seriedade. Talvez você precise refinar seu impacto, mas pelo menos sabe que a sua intenção está no lugar certo. Já é meio caminho andado.

EXPERIMENTE

- Observe a impressão que você passa nos seus e-mails, mensagens instantâneas, telefonemas, recados de voz, videochamadas, atividades on-line e comportamentos presenciais.
- Demonstre o grau certo de urgência e seriedade baixando o tom da sua intensidade (quando estiver entre polícronos) ou agindo de modo mais rápido e estruturado (quando estiver entre monócronos).
- Pergunte-se regularmente: *Que sinais estou enviando?*

Segredos para

DAR CONTA DO RECADO

Assuma o comando

Trabalhos de faculdade são diferentes de atribuições numa empresa. Na faculdade, as tarefas vêm acompanhadas de instruções claras e gabaritos explícitos. No ambiente de trabalho, suas instruções podem consistir em devaneios numa reunião com gestores ou num longo e-mail encaminhado no qual se pede: "Você poderia cuidar disso?" Na faculdade, os prazos são estabelecidos por escrito e verbalmente. No local de trabalho, prazos muitas vezes não são nem escritos nem ditos. Se você não tomar cuidado, pode se sobrecarregar num piscar de olhos. Para garantir sua sanidade mental e a maior competência possível, é preciso um pouco de meticulosidade.

Entenda suas tarefas

Depois de receber uma tarefa, uma das coisas mais importantes a fazer é se perguntar: *Eu tenho dúvida em relação a alguma coisa?* Apesar de terem boa intenção, gestores muitas vezes só lhe dizem uma fração do que você precisa saber. Eles podem simplesmente se esquecer de dizer o resto, supor que você já sabe alguma coisa ou pensar que determinada informação não é importante o suficiente para ser compartilhada.

Se não forem esclarecidos, esses detalhes que faltaram podem levar você a fazer o trabalho errado ou mesmo a parecer incompetente. A hora adequada para pedir esclarecimentos, portanto, é agora, e não daqui a cinco minutos, quando o(a) gerente já tiver ido fazer outra coisa. Para não deixar nada ficar ambíguo, adote os seguintes passos:

SAIBA

- O segredo de fazer um bom trabalho é entender o que se espera de você e estar sempre um passo à frente da chefia.
- Quanto mais fácil for ajudar você, mais ajuda receberá.
- Não tenha medo de gerir o gestor.

Visualize o contexto geral

Por trás de cada tarefa há um objetivo. Se alguém lhe pede para comprar um bolo, a *tarefa* pode ser comprar um bolo, mas o *objetivo* é maior do que isso. O bolo pode ser para o aniversário de um colega; para alguém que está se aposentando; ou um adereço para uma sessão de fotos. Se você não entender primeiro por que a tarefa existe, pode ser que acabe esquecendo as velas para o bolo de aniversário, o bilhete de despedida para quem se aposenta ou o tipo de bolo desejado para a sessão de fotos.

Para entender o verdadeiro objetivo, experimente fazer perguntas como "Para que isso vai servir?", "Qual é o propósito mais amplo?", "O que faria mais sucesso nesse caso?" ou "Quem é o público?". Depois que começar a trabalhar, relembre-se sempre do objetivo mais amplo. Se algo que você estiver fazendo não ajudar a alcançar o objetivo ou a solucionar o problema, então talvez valha a pena voltar ao gestor e dizer: "Estive pensando em nosso objetivo de _____ e me perguntei se não seria melhor fazer _____ em vez de _____. O que você acha?" Esse pode ser um modo sutil mas eficiente de lembrar às pessoas a sua competência e de evitar desperdiçar seu tempo com trabalhos sem importância.

Entenda o quê, como e para quando

Toda vez que lhe for atribuída uma tarefa, você precisa fazer três perguntas: "O que eu preciso fazer? Como devo fazer isso? Qual é meu prazo para terminar?" Se não tiver respostas para todas essas três perguntas, tente esclarecê-las imediatamente, caso contrário fará o trabalho errado, do jeito errado ou no prazo errado, prejudicando assim sua imagem de competência. Talvez seu gestor tenha se esquecido de lhe dizer alguma coisa. Ou talvez não tenha pensado nesses detalhes e esteja confiando em você para administrar o processo. E, se o gestor ou a gestora lhe der respostas evasivas e incoerentes, talvez precise que você a gerencie para sair da ambiguidade. Nesse caso, tente as estratégias a seguir.

Se o gestor não for claro em relação a *quê* ou *como*, experimente lhe perguntar (ou a um colega) o que já foi tentado em situações semelhantes. Ou então consulte arquivos internos ou a internet para encontrar modelos ou exemplos. Compare as opções, escolha as que mais o agradem, então mostre-as para o gestor comentando algo como: "Poderíamos tentar alguma versão de _____, _____ ou _____. Sugiro escolher _____, mas mudar _____ por causa de _____. Você concorda?" (Um alerta rápido em relação ao *como*: se for a primeira vez que você está fazendo algo, experimente perguntar "Tem algum processo, método ou modelo específico que eu deva seguir?" Talvez se espere que você siga algum processo padronizado, principalmente se estiver trabalhando numa organização burocrática onde todo mundo tem as próprias tarefas definidas e há uma determinada forma de fazer tudo.)

Se a gestão não for clara em relação a *para quando*, tente avaliar quão polícronos ou monócronos seus colegas são (ver o Capítulo 7 para entender do que se trata) e espelhe sua urgência. Avalie quão urgente e importante a tarefa é se comparada a outras tarefas delegadas a você, identifique quando seus colegas precisarão usar seu trabalho ou então pergunte: "Quando você gostaria que voltássemos a esse assunto?"

Não se engane: se o gestor disser "Vamos dar um jeito", há grande chance de não estar querendo dizer "Vamos dar um jeito". Provavelmente quer dizer "*Você* vai dar um jeito". Está confiando na sua ajuda para transformar o evasivo em categórico.

Entenda o RACI

Por trás de cada incumbência existe uma sigla implícita no mundo profissional: RACI. Cada letra representa como alguém se relaciona com um projeto: R é a pessoa *responsável* por fazer o trabalho; A é a pessoa creditável (*accountable*) pelo sucesso desse trabalho; C é quem precisa ser *consultado*; e I, quem precisa ser *informado* sobre o status do projeto.

Você pode ouvir muito a palavra *accountable* no local de trabalho. Trata-se apenas de um termo elegante para descrever "quem está com a reputação em jogo caso algo saia errado". Assim, você pode ser responsável por um projeto, mas a pessoa que responde pelo sucesso do projeto é sua gerente, por exemplo. Isso significa que, se você cometer um erro, a culpa é em parte da gerente, porque ela deveria ter verificado melhor seu trabalho. Mas só porque a gerência vai responder pelo projeto não significa que você também não possa responder. Profissionais de alto desempenho tratam cada incumbência como se a reputação que estivesse em jogo fosse a sua própria, não a de um gestor. Na verdade, é isso que significa tomar um trabalho para si, que é o foco deste capítulo.

O segredo de usar o RACI é esclarecer a quem se refere cada letra da sigla no seu projeto antes de começar. Para esclarecer quem é responsável, tente perguntar: "Tem alguém mais com quem eu devesse estar trabalhando?" e "Quem é responsável pelo quê?". Para esclarecer quem responde pelo projeto, tente perguntar: "Quem precisa aprovar esse trabalho?" Para esclarecer quem deve ser consultado, pergunte: "Tem alguém mais a quem eu deva pedir opinião?" Para esclarecer quem deve ser informado, indague: "Tem mais alguém que eu deva manter atualizado?"

Administrar as expectativas de cada pessoa representada na sigla RACI é importante para sua competência e para sua compatibilidade. Caso contrário, alguém que deveria ser consultado ou mantido informado pode achar que você demonstra arrogância ou representa uma ameaça ao não pedir opinião (mesmo que você não saiba que precisa). Isso pode ser especialmente importante se estiver trabalhando em home office e não tiver como ver a chefia presencialmente para entender quem deveria ou não estar envolvido em cada papel da lista RACI.

Pense vários passos à frente

Visualize-se percorrendo cada passo da sua atribuição, do início ao fim. De quais acessos você vai precisar? Com quem vai ter que falar? Que análises precisará conduzir? Em seguida se pergunte:

- Eu entendo como percorrer cada passo da tarefa?
- Tenho tudo de que preciso para começar?
- Estão me pedindo para fazer algo que contradiz ou dificulta outra coisa que me disseram para fazer?

Nada é básico ou óbvio demais para ser esclarecido. As pessoas podem supor que você tem acesso a algo que não tem ou que algo é rápido e fácil, quando não é. Você pode supor que algo é demorado e complicado, quando não deveria ser. Se tiver a mais ínfima parcela de dúvida, mostre proatividade e fale. Passar trinta segundos a mais esclarecendo algo no começo pode lhe poupar trinta horas mais tarde.

Trabalhe de trás para a frente a partir do fim do prazo

No ambiente de trabalho, se uma tarefa tem prazo, ele normalmente se divide em dois ou mais: um prazo *final* (em geral, aquele do qual você vai ouvir falar) e pelo menos um prazo *intermediário* (no qual ninguém costuma falar). O prazo final é quando algo vai ser lançado, publicado ou enviado. O prazo intermediário é um ponto de verificação interna para garantir que você está no caminho certo (e que as pessoas relevantes da sua lista RACI estão contentes). Pode ser que você queira solicitar pelo menos um prazo intermediário pouco depois da sua primeira reunião. Eis algumas formas de pedir isso:

"Quando deveríamos voltar a nos falar para uma atualização de status?"

"Que tal voltarmos a nos falar assim que eu fizer um esboço?"

"O que acha de nos falarmos de novo amanhã para ter certeza de que estou no caminho certo?"

"É a primeira vez que faço isso. Que tal eu tentar agora e fazer uma atualização de status até o final do dia?"

Se o seu trabalho for digital, procure compartilhá-lo um dia antes da reunião de atualização, de modo a dar tempo de a gerência examiná-lo. Então, durante o encontro, pergunte: "Estou no caminho certo?" E, se a sua atualização de status não exigir uma conversa, bastará um simples e-mail para o gestor com seu rascunho, esboço, boneca, croqui ou primeira tentativa. Quando a gerência disser "Está bom assim!", você pode prosseguir com a garantia de que está no caminho certo, de que a chefia não mudou de ideia e de que não está perdendo seu tempo.

Além dessa primeira verificação, também é importante olhar e pensar à frente. Se lhe derem uma tarefa para fazer na quarta-feira, 1º de outubro, e o prazo for sexta-feira, 10 de outubro, pode parecer que você tem sete dias úteis para terminar. É preciso, porém, considerar outros fatores relevantes: se o seu gestor (que precisa revisar o trabalho) vai estar fora na próxima segunda-feira e o gestor do seu gestor (que precisa aprovar o trabalho) vai estar ausente na quarta seguinte, talvez você não tenha sete dias úteis para seu primeiro esboço; talvez tenha apenas dois. A Figura 8-1 mostra como trabalhar de trás para a frente a partir do prazo final a fim de planejar seus prazos intermediários.

Se você perceber conflitos desse tipo, cogite alertar os outros com uma frase como: "Sei que você vai estar fora na segunda, então que tal nos reunirmos na sexta desta semana?" É um jeito sutil mas eficaz de assinalar: "Ei, não se preocupe. Tenho tudo sob controle."

Em empregos nos quais as pessoas compartilham livremente suas agendas, alguns gestores podem até esperar que você dê uma espiada nos compromissos deles antes de combinar alguma reunião. Procure consultar a agenda da chefia na frente dela, de modo que vocês possam escolher juntos um horário ali mesmo – e ela tenha a oportunidade de dizer: "Ih, na verdade eu tenho um compromisso que não pus na agenda." Profissionais de desempenho mediano esperam que seus gestores os gerenciem. Profissionais de alto desempenho gerenciam seus gestores.

FIGURA 8-1

Como trabalhar de trás para a frente a partir do prazo final

Domingo	Segunda	Terça	Quarta	Quinta	Sexta	Sábado
			1 **Hoje**	2	3	4
5	6 Gestor ausente	7	8 Gestor do gestor ausente	9	10 Reunião com cliente	

Dois dias para terminar (primeiro esboço), não sete!

Prazo verdadeiro (a menos que todo mundo tope trabalhar no fim de semana)

Janela de dois dias para conseguir aprovação do gestor do gestor

Última chance para finalizar tudo

Prazo final (na realidade o prazo final deveria ser 9 de outubro, para não haver correria no dia da reunião)

Repita o que escutou

O que você acha que escutou pode nem sempre refletir o que os outros disseram ou o que acham que disseram. Para reduzir as chances de mal-entendidos, experimente repetir aquilo que pensou ter escutado, dando aos outros a chance de corrigir você. Eis algumas opções:

"Só para confirmar o que eu acho que escutei: _____. Está certo?"

"Na próxima etapa eu vou _____, certo?"

"Vou fazer _____ até o dia _____ e usar o método _____. Que tal?"

"Entendi, eu vou _____, depois _____. Me avise se eu estiver esquecendo alguma coisa."

"Estava pensando que poderia _____. Daria certo assim?"

Embora simplesmente repetir o que escutou muitas vezes baste, pode ser que seus gestores sejam pessoas meio esquecidas, você esteja trabalhando em grupo ou um simples detalhe incorreto tenha o potencial de causar grandes estragos (como na edição de um contrato de negociação) – nesses casos talvez você precise se resguardar, então não se limite apenas a repetir o que escutou: ponha por escrito num e-mail e mande para todos os envolvidos.

Elimine quaisquer problemas

Quando você começar a fazer seu trabalho, talvez acabe tendo dúvidas, esbarrando em problemas, enfrentando conflitos ou então tendo que lidar com uma mudança de planos repentina. Nessas horas pode ser fácil se preocupar e sentir que algo foi culpa sua. Com frequência não foi. Não é preciso temer nem evitar essas situações: elas são oportunidades para você provar quão competente é em gerenciar expectativas, pessoas e ambiguidades. A seguir, algumas estratégias para lidar com qualquer problema, dúvida ou mudança de planos:

Se tiver alguma dúvida, assuma sem medo, suba a hierarquia e mostre seu dever de casa

Quando tiver uma dúvida não urgente, lembre-se da regra de *fazer o seu dever de casa e mostrar que fez*. Comece pesquisando seu e-mail e olhando qualquer pasta compartilhada. Depois pesquise na internet. Se não conseguir encontrar a resposta, suba a hierarquia: reúna uma porção de dúvidas e leve-as para um colega do seu nível quando ele não parecer ocupado, ou para alguém cujo trabalho seja esclarecer sua dúvida específica (alguém do RH ou de TI, por exemplo). Se essa pessoa tampouco puder ajudar, consulte a pessoa mais adequada seguinte, depois seu gerente, depois o gestor do seu gerente. Como se estivesse subindo uma escada, vá galgando um degrau de cada vez da hierarquia. A Figura 8-2 ilustra essa subida.

FIGURA 8-2

Como fazer perguntas no trabalho

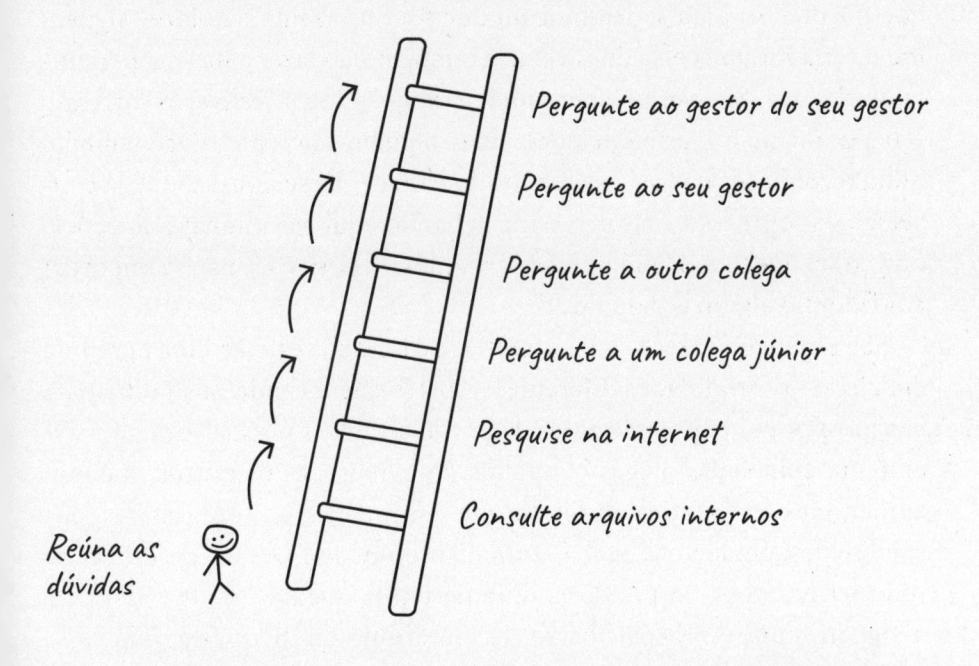

- Pergunte ao gestor do seu gestor
- Pergunte ao seu gestor
- Pergunte a outro colega
- Pergunte a um colega júnior
- Pesquise na internet
- Consulte arquivos internos

Reúna as dúvidas

Toda vez que abordar alguém com suas dúvidas reunidas, explique o contexto e mostre que fez seu dever de casa. Em vez de perguntar "Como posso me logar no sistema de planejamento de recursos do projeto?", tente dizer: "Como posso me logar no sistema de planejamento de recursos do projeto? Estou tentando conseguir alguns dados para minha análise. Tentei consultar o checklist de treinamento, mas não encontrei nada. Pelo que vi, Ken também não tem acesso." A ideia é apresentar sua pergunta como: "Esta é a minha pergunta e estou perguntando por *isto*." Ou então: "Isto é o que eu sei e isto é o que eu *não* sei." A Figura 8-3 tem cinco outras estruturas que você também pode considerar.

Para turbinar sua compatibilidade, talvez seja útil explicar por que você considera determinada pessoa a mais adequada para responder à sua pergunta, assim ela não vai achar que você está desperdiçando o tempo dela. Basta dizer algo como "Soube que você é especialista em cadeia de distribuição" ou então "Vi seu nome no arquivo, então achei que poderia lhe perguntar primeiro". E, para turbinar sua competência, preste atenção nos seus padrões e não deixe a história se repetir: se os outros lhe disserem alguma coisa, repita para eles o que ouviu, internalize, anote – faça tudo que for preciso para se lembrar do que foi dito. Tente não fazer alguém lhe dizer a mesma coisa duas vezes e também não fazer a mesma pergunta duas vezes. Se tiver que perguntar outra vez (ou se estiver recorrendo repetidamente à mesma pessoa), tente alguém diferente. Você também pode reconhecer que está se repetindo e dizer "Desculpe, sei que já conversamos sobre isso, mas não estou achando aqui nas minhas anotações" ou "Eu sei que tenho feito muitas perguntas, mas, se você não se importar, ainda tenho algumas para fazer".

Seu objetivo é fazer cinco perguntas de uma só vez, não uma pergunta em cinco oportunidades diferentes: mostre que fez tudo que podia para se virar por conta própria antes de envolver outras pessoas e demonstre empatia com seus colegas ocupados. Por mais que os outros queiram ajudar, eles também estão tendo que administrar as próprias responsabilidades, então você acaba atrapalhando quando os faz pesquisar na internet por você, responder a uma pergunta que deveria ter sido feita a alguém num nível mais baixo da hierarquia ou dizer a mesma coisa várias vezes.

FIGURA 8-3

Como mostrar seu dever de casa ao fazer perguntas

- Não tenho certeza em relação a _____.

    _{tal pergunta}

  Desconfio que _____ por causa de _____.

    _{a resposta seja esta}   _{tais hipóteses}

  Estou no caminho certo?

- Não consegui encontrar _____ apesar de ter

    _{tal resposta}

  pesquisado em _____. Onde devo buscar?

    _{todos estes lugares}

- Estou tendo dificuldade com _____ e tentei _____,

    _{tais obstáculos}   _{tais opções}

  mas _____. O que estou deixando passar?

    _{enfrentei tais problemas}

- Estou tentando entender _____, mas não consigo

    _{tal problema}

  encontrar _____. Com quem eu deveria falar?

    _{tal coisa}

- Eu sei que já perguntei isto antes, mas estou em dúvida

  em relação a _____, então estava pensando se

    _{tal coisa}

  _____.

    _{você poderia ajudar/repetir o que disse}

As pessoas também não conseguem ler a sua mente e não sabem quanto você já fez para resolver o próprio problema, então não podem automaticamente lhe dar crédito por ter competência e comprometimento. Quanto mais convencidas elas estiverem de que você fez tudo que pôde, mais pensarão: *Ah, sua dúvida faz sentido*, em vez de: *Será que você não poderia ter descoberto isso por conta própria?*

Se não souber o que fazer em seguida, faça com que os outros reajam

Se tiver alguma pergunta do tipo "O que devo fazer agora?", resista ao impulso de pedir ajuda imediatamente, a não ser que haja alguma urgência. Você quer mandar o sinal certo: de que consegue resolver o problema e de que não vai parar o que está fazendo por causa de alguma ambiguidade. Pergunte-se: *O que eu faria em seguida se essa situação fosse plenamente "minha" e eu não tivesse mais ninguém a quem pedir ajuda?* Depois tente os seguintes passos:

1. Procure exemplos de como os outros lidaram com questões ou perguntas parecidas.
2. Reflita sobre possíveis soluções usando exemplos anteriores como ponto de partida.
3. Compare os prós e os contras de cada alternativa.
4. Se não conseguir decidir entre duas alternativas, tente as duas (se isso for rápido e fácil).
5. Reúna quaisquer outras perguntas que você possa ter.
6. Peça ajuda a um colega ou à gerência (ou pergunte por e-mail/mensagem).
7. Mostre que fez o seu dever de casa apresentando sua pergunta assim: "Não tenho certeza do que fazer agora, mas estava pensando em _____ ou em _____. Sugiro _____, porque _____. Você teria outra ideia?"
8. Sempre que possível, evite perguntas abertas como "O que você acha?", porque elas podem demandar muito tempo de resposta. Em vez disso, tente uma pergunta de múltipla escolha ("O que você prefere: A, B

ou C?"); uma pergunta a ser respondida por "Sim" ou "Não" ("Posso seguir adiante com esse plano?"); comunique o que você pretende fazer ("Estou planejando fazer _____ ; me avise se preferir uma abordagem diferente"); combine essas estratégias ("O que você prefere: A, B ou C? A menos que você diga outra coisa, eu vou fazer C"); ou faça tudo isso e adicione um prazo ("O que você prefere: A, B ou C? Vou me planejar para fazer C, a menos que você me avise até segunda-feira, 23/8, ao meio-dia").

Se você estiver redigindo um e-mail ou uma mensagem, tente incluir orientações claras, especificando o tipo de retorno de que necessita. Assim, em vez de dizer "O contrato está pronto para ser revisado", diga "Por favor, assine o contrato em anexo para eu poder enviá-lo para a equipe ao meio-dia, fuso oriental. Todas as alterações estão com marcas de revisão" ou "Seria bom nos encontrarmos para conversar sobre o contrato? Me avise que eu combino um horário" ou "Vamos nos encontrar para conversar sobre o mais recente contrato? Estou livre nos seguintes horários; avise qual deles você prefere". E-mails sem um ponto de interrogação ou um "Me avise" (principalmente no início) são fáceis de ignorar. Seja na sua linha de assunto, nas suas solicitações, nos seus convites de agenda ou mesmo nos seus nomes de arquivo, tente não deixar nada ambíguo. O Quadro 8-1 mostra como transformar frases evasivas em afirmações categóricas.

Tudo isso pode parecer muito trabalho extra, mas esses pequenos passos podem significar a diferença entre conseguir ou não o que você necessita. Como me disse o pesquisador de um think tank (centro de reflexão): "Os gestores muitas vezes não sabem o que querem, só sabem aquilo que lhes desagrada." Se você não fizer os outros reagirem, acabará na famigerada pergunta: "Ah, não sei... O que você acha?"

Se vir um problema, tenha proatividade e aponte (ou resolva)

Se você vir um erro no trabalho de alguém, fale com essa pessoa reservadamente (na dúvida, elogie em público, mas corrija em particular, a menos que não seja essa a cultura da sua equipe). Basta mandar uma mensagem dizendo: "Ei, talvez você já tenha percebido isso, mas reparei num problema com _____. Queria só avisar."

Se encontrar algum problema com o seu trabalho, corrija. Quanto mais importante for o problema, quanto mais hierárquica for sua equipe e quanto mais operações padronizadas (maneiras típicas de fazer as coisas) você tiver na sua função, mais você vai querer apresentar opções à gerência e pedir sua opinião em vez de tomar decisões por conta própria. Por exemplo, você poderia dizer o seguinte: "Queria avisar que reparei num problema com _____. Fui investigar e descobri que _____. Faria sentido eu _____ ou _____? Estou achando que é melhor _____, mas queria confirmar primeiro." Quanto mais você estabelecer um padrão não só de passar informações, mas também de acrescentar seu ponto de vista, mais os gestores confiarão no seu julgamento e na sua competência, e mais margem de manobra você terá para resolver problemas de modo independente no futuro.

Em pouco tempo você não estará se perguntando: *Será que não faria sentido eu _____ ou _____?* Em vez disso, dirá: "Estou planejando fazer _____. Me avise se tiver outra sugestão." Quando a gerência já tiver confiança total na sua competência, você poderá até acabar dizendo: "Eu fiz _____. Queria só avisar." Tudo se resume a poupar tempo e estresse à chefia, e a trazer soluções em vez de problemas.

Se receber instruções conflitantes, reúna as pessoas envolvidas

Gestores distintos podem ter a própria opinião em relação a *o quê, como* e *para quando*. Se você estiver trabalhando com vários gestores e eles raramente se falarem, cuidado: é quase certo que receba instruções inconsistentes que, se não forem bem administradas, podem levar a um estresse desnecessário.

Se você tiver uma chance de perguntar a eles "Ajudaria eu pôr vocês dois na cópia nos e-mails importantes para ficarmos todos a par de tudo?", já estará no caminho certo para impedir que uma situação assim aconteça. Mas, se estiver se reunindo com o gestor A e não tiver certeza se a gestora B concordará com o que ele está dizendo, tente perguntar ao gestor A: "Só para ter certeza de que a gestora B concorda, que tal eu fazer um resumo da nossa conversa e mandar por e-mail para ela e para você?" Ou então, se os seus gestores forem melhores em conversas ao vivo do que por e-mail ou se você previr uma grande quantidade de mensagens para lá e para cá, experimente dizer: "Só para ter certeza de que estamos alinhados, será que podemos arrumar quinze minutos para nós três nos reunirmos?" O objetivo é evitar ficar numa encruzilhada entre os dois. Tentar ler o pensamento dos seus gestores não vale o tempo nem o estresse, sobretudo porque tomar o partido de um deles poderia incomodar ou isolar o outro. Deixe que eles resolvam suas diferenças por conta própria.

Se alguém ajudar você, teça elogios e faça com que se sinta bem

Não economize na hora de elogiar. Elogios não só são gratuitos como também são universalmente apreciados. Todo mundo gosta de ser admirado, de ser reconhecido e de ouvir um agradecimento; então, se estiver recorrendo a alguém porque confia na sua opinião, por considerar essa pessoa uma especialista ou por admirar seu trabalho, diga isso. Pode ser algo como "Eu adoraria seguir seus passos, em especial com relação a _____" ou "Agradeço por você gastar seu tempo me explicando esse conceito, considerando quanto anda ocupado com _____". Ou então, nas reuniões, você poderia tentar frases como "Um agradecimento especial a _____ por _____" ou "Valeu, _____, por ter _____". Esses pequenos gestos de apreciação podem render muito, principalmente se você especificar o agradecimento. A ideia não é cobrir os outros de elogios vazios, mas, se houver alguma brecha para incluir um comentário atencioso, fazer isso precisava prestar mais atenção nos detalhes, seu gestor está tentando lhe dizer que algo importante não está bom o bastante. Examine mais de perto se no seu trabalho pode haver erros de ortografia, inconsistências, erros de cálculo, formatação descuidada ou detalhes esquecidos.

Eu tenho demandas claras?

Se você escrever uma postagem de blog para a empresa, compartilhar com sua equipe, depois fizer uma pergunta vaga como "O que vocês acharam?", os retornos que vai receber podem ser igualmente vagos: "Ficou longo demais", "Não gostei da imagem no alto" ou "A redação do segundo parágrafo está estranha". Se você só estivesse interessado em saber se escolheu o tema certo para o blog, todos esses retornos provavelmente seriam uma perda de tempo. Para evitar que os outros se distraiam e potencialmente lhe deem retornos que você não quer, pergunte-se: *Em que eu quero que os outros se concentrem e em que não quero que se concentrem?* Então seja específico na sua demanda fazendo uma pergunta como: "Acabei de escrever uma primeira versão – segue em anexo. O tema e a abordagem estão corretos? Não se preocupem com formatação nem gramática; eu resolvo isso depois de definir o tema geral." Com sorte, isso também ajudará você a poupar um pouco de tempo e evitar estresse.

Eu apresentei meu trabalho de um jeito fácil de avaliar?

Para garantir que você receba o feedback desejado, pense em como seu público vai ver, editar ou comentar seu trabalho. Então tente compartilhá-lo no formato de maior usabilidade para o seu público. Se o seu destinatário precisar fazer edições, prefira enviar o arquivo bruto. Se não souber em que dispositivo o destinatário vai visualizar o arquivo, experimente enviar um PDF. Se ainda estiver em dúvida, cogite compartilhar tanto um PDF quanto um arquivo editável. Se for necessário um login, inclua o link e o login.

Eu preparei respostas para as possíveis perguntas dos gestores?

Pense vários passos à frente: ponha-se no lugar de quem vai avaliar e se pergunte: *Que perguntas eu faria se fosse eles?* Então aborde proativamente as perguntas num e-mail ou numa mensagem, ou então prepare as respostas na sua cabeça. Entre as perguntas comuns estão:

"Por que você fez isso desse jeito?" (Prepare-se para explicar seu processo mental)

"Por que não incluiu _____?" (Prepare-se para explicar por que isso foi omitido)

"Você conversou com _____?" (Prepare-se para compartilhar o que conversou)

Pode ser assustador escutar essas perguntas, mas elas são o jeito de a gerência garantir que você pensou em tudo. A menos que a sua equipe tenha um modo de operação-padrão, muitas vezes não haverá um jeito certo ou errado de fazer as coisas. O jeito "certo", na verdade, nada mais é do que um jeito em que os prós superam os contras. Portanto, prepare-se para compartilhar as diferentes opções em que pensou, junto com os motivos que levaram você a escolher uma e não outra. Essa é a sua chance de mostrar quão competente você é em tomar as decisões corretas. Os profissionais de mais alto desempenho não respondem com: "Boa pergunta. Não pensei nisso antes." Eles sempre têm um motivo para terem feito o que fizeram.

Eu entendi (e compartilhei) o que planejo fazer em seguida?

Em vez de simplesmente apresentar seu trabalho, experimente acrescentar uma observação sobre os próximos passos, como nestes exemplos:

"Enquanto vocês estiverem avaliando isso, vou mudar meu foco para _____."

"Com base nisso, seria útil eu começar a fazer _____?"

"Tem mais alguma coisa que vocês precisem que eu faça?"

Todas essas podem ser formas sutis mas eficazes de assinalar: *Eu não estou aqui só para seguir instruções, mas para ajudar a equipe a alcançar suas metas.* Considere-as um lembrete para os outros da sua competência e do seu comprometimento.

Você deve, claro, usar essas frases de modo estratégico. Se lhe pedirem que faça algo só porque alguém mais graduado precisa acalmar outro alguém mais graduado ainda, talvez você não queira pedir mais trabalho. Em vez disso, pode querer fazer um trabalho bom o bastante e tocar sua vida. O que você não quer é que o alguém mais graduado diga: "Uau, ficou incrível. Você pode fazer tal coisa e tal outra também?" Poupe-se dessa infelicidade. Saiba quando adotar as regras – e quando adaptá-las.

Certa vez entrevistei Veronica, estagiária num hospital. Ela acabara de se formar em medicina e se reportava a uma residente, uma médica mais experiente que estava em treinamento para virar especialista. Era a segunda semana de Veronica no hospital. Como todos os médicos em formação, Veronica confirmava tudo com sua residente por medo de cometer algum erro. Sempre que um paciente ou alguém da enfermagem lhe fazia uma pergunta à qual ela não sabia responder, dizia "Deixe eu verificar para você" e então procurava sua residente para pedir ajuda. Ela sempre buscava seguir o processo usual. Estava indo bem. Mas então foi posta à prova.

Veronica tinha um paciente que estava com uma cirurgia marcada. No entanto, bem na hora em que ele estava sendo levado para o centro cirúrgico, o anestesista responsável disse que não estava seguro sobre o procedimento e queria adiá-lo. Veronica, que estava com outro paciente, recebeu uma notificação no seu pager. O anestesista, o cirurgião, a residente de cirurgia, o farmacêutico e a enfermeira, pessoas que ela nunca tinha encontrado, estavam pedindo para falar com um integrante da equipe médica do hospital. O coração de Veronica disparou. Ela correu para sua residente e explicou o que estava acontecendo.

– A equipe da cirurgia quer se reunir com a gente – falou.
A residente a encarou sem entender.
– Tá...
– Eles querem se reunir *agora* – esclareceu Veronica.
– Então por que você não vai lá? – perguntou a residente.
– Eu?!
– É, você. Esse paciente é *seu*, não?
Veronica aquiesceu devagar enquanto a ficha finalmente caía. *Esse paciente é meu! Eu sou membro da equipe.* Ela foi correndo para o centro cirúrgico e se apresentou.
– Nós recomendamos adiar a cirurgia – disse o cirurgião. – Tudo bem?
– Ele e o anestesista explicaram os riscos.
Veronica engoliu em seco. *Vocês estão me pedindo para decidir?* Mas o que falou foi:
– Sim, isso me parece o mais adequado a fazer. Todos queremos o que for melhor para esse paciente. – À medida que as palavras saíam da sua boca, ela foi se sentindo mais segura. Não era a impostora que pensava ser. Eles a haviam tratado como igual. Era como se ela fosse um deles.
Ao voltar para sua mesa de trabalho, Veronica fez algo que nunca tinha feito antes: se encarregou integralmente do próprio trabalho. Primeiro explicou o adiamento da cirurgia ao paciente e ligou para a família de modo a lhes dar as últimas notícias, tudo sem pedir ajuda à sua residente. Em seguida mandou um e-mail para a equipe de cirurgia agradecendo seu tempo e sua orientação e sugerindo uma reunião de acompanhamento naquela mesma tarde para reavaliar o caso.
Eis o que Veronica me disse:

É uma progressão: você começa perguntando "Eu vou fazer isso, tudo bem?" e termina dizendo "Já resolvi". Seu supervisor ou supervisora continua com você, mas a relação entre vocês dois muda. Eles deixam de ser seus instrutores de treinamento lhe dizendo o que fazer e viram seus coaches, e passam a dar feedback e a ajudar no seu crescimento. Tomar um trabalho integralmente para si não significa ser independente. Significa assumir a responsabilidade. E assumir a responsabilidade inclui saber quando é preciso pedir ajuda.

Veronica me ensinou uma lição: a transição dos estudos para o trabalho não tem a ver só com ganhar dinheiro e ter chefe. Tem a ver com passar do mindset de *Vou esperar instruções* para o mindset de *Vou tentar entender por conta própria*. A Figura 8-4 ilustra essa mudança.

FIGURA 8-4

Mudança de mindset ao passar dos estudos para o trabalho

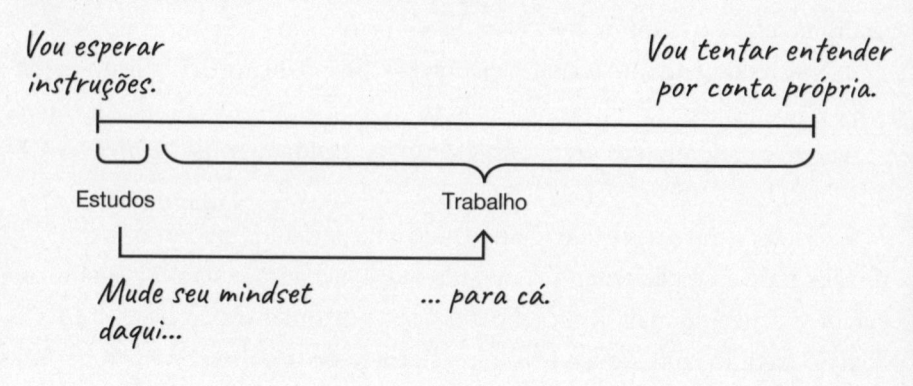

Vou esperar instruções.

Vou tentar entender por conta própria.

Estudos

Trabalho

Mude seu mindset daqui...

... para cá.

Mas esse processo é uma jornada. Todo mundo sabe que aprender algo novo leva tempo, de vários dias a vários meses, dependendo da complexidade da função. Assim que você começa em um emprego, as expectativas em relação a você jamais serão baixas. Mas em pouco tempo você vai "se formar", e muitas vezes sem qualquer aviso prévio, como aconteceu com Veronica. É claro que gestores distintos terão estilos de trabalho distintos. Alguns delegarão mais depressa do que outros. Alguns respeitarão seu ponto de vista mais do que outros. Mas a responsabilidade virá, e pessoas que tinham expectativas em relação a você agora confiarão na sua opinião e, acima de tudo, na sua *liderança*. Quanto mais à vontade você estiver para abraçar essa mudança de pensamento, mais cedo as pessoas se convencerão da sua competência e mais cedo você poderá causar impacto.

EXPERIMENTE

- Antes de iniciar uma nova tarefa, veja se entendeu mesmo *o que* precisa fazer, *como* precisa fazer e *para quando* precisa fazer.
- Reúna suas dúvidas, vá seguindo a hierarquia um nível de cada vez e mostre para cada pessoa que fez seu dever de casa.
- Poupe ao máximo o trabalho que os outros teriam com seu pedido de ajuda.
- Se vir um problema ou uma oportunidade, tenha proatividade e assinale esse fato – se puder, resolva o problema.
- Antes de pedir à gerência que avalie seu trabalho, pergunte-se: *Eu segui as instruções que me foram dadas? Me concentrei nos detalhes que importam? Tenho demandas claras? Apresentei meu trabalho de um jeito fácil de ser avaliado? Antecipei as perguntas que podem me fazer? Entendi (e compartilhei) o que planejo fazer em seguida?*

Administre sua carga de trabalho

Num dia típico de trabalho, você terá uma lista interminável de tarefas. Se chegou agora à equipe, não conseguirá dar conta de tudo sem cometer algum erro e, ao mesmo tempo, deixar todos satisfeitos. O simples fato de entender o que lhe pedem já é difícil o suficiente. Primeiro passo: entenda quais tarefas são urgentes e importantes para poder priorizá-las corretamente – e preservar sua competência em todos os momentos.

Como definir o que é urgente

Urgência é algo que todos nós conhecemos da faculdade: o trabalho com o prazo mais apertado é o mais urgente; o trabalho com o prazo mais folgado é o menos urgente. Isso vale também numa empresa, mas a urgência não se restringe a prazos. No ambiente de trabalho, a urgência é definida por quatro fatores (ver Figura 9-1):

- **Proximidade.** Quão perto você está do prazo ou, se não tiver um prazo, quanto tempo faz que os outros começaram a esperar. Em ge-

FIGURA 9-1

Como identificar se algo é urgente

Urgência = proximidade × supervisão × ansiedade × sensibilidade temporal

| Quão perto você está do prazo | Quem está envolvido | Quão ansiosos os outros estão para avançar | Se as coisas ficam mais difíceis com o tempo |

---

ral, quanto mais perto você chegar do prazo ou se há muitas pessoas esperando você faz muito tempo, mais urgente é a tarefa.

- **Supervisão.** Quem está envolvido num projeto ou iniciativa. Em geral, quanto mais influência (poder) alguém tiver sobre você, mais urgente será responder a essa pessoa. Assim, quanto mais alta for a posição de alguém na sua cadeia de comando, mais urgente seu pedido deve ser considerado, pois essa pessoa tem a capacidade de moldar seu futuro na organização. E quanto mais você estiver dependendo de alguém para lhe fazer um favor, mais urgente é responder a essa pessoa, porque ela pode mudar de ideia e desistir de lhe prestar ajuda.
- **Ansiedade.** Quão ansiosos os outros estão para avançar. Lembre-se da regra oculta de *espelhar os outros*: quanto maior a urgência com a qual seus colegas estiverem tratando a situação, maior a urgência com que provavelmente eles vão esperar que você a trate também.
- **Sensibilidade temporal.** Quando uma tarefa fica mais difícil com o tempo ou suas opções ficam mais limitadas (por exemplo, quando está tentando marcar um encontro com alguém). Quanto mais você espera e quanto menos opções sobram, mais urgente a tarefa se torna. Além disso, se você tiver uma tarefa que precisa ser feita antes de outras coisas poderem acontecer, essa tarefa é mais urgente.

SAIBA

- Você não terá horas suficientes no dia para fazer tudo.
- Para ser competente e ao mesmo tempo manter a sanidade mental, concentre-se no que for importante e urgente.

Como definir o que é importante

Importância também é algo que todos nós conhecemos da faculdade: os trabalhos que mais contam para nossa nota final são os mais importantes; os que menos contam são os menos importantes. No seu emprego, porém, ninguém define a quantidade de "pontos" que você ganha por cada tarefa concluída, o que significa que pode ser mais complicado estabelecer a importância. No ambiente de trabalho, a importância se define por três fatores (ver Figura 9-2):

- **Centralidade.** Quão central determinada tarefa é para a sua função. Cada tarefa se situa num espectro entre necessária e agradável. Como foram as tarefas necessárias que demandaram sua contratação, quanto mais perto uma tarefa estiver do lado "necessário" do espectro, mais importante será fazê-la, e fazê-la bem.
- **Supervisão.** Quem está envolvido ou prestando atenção. Quanto mais uma tarefa afetar pessoas além de você – e quanto mais influência essas pessoas tiverem sobre você –, mais importante ela será.

FIGURA 9-2

Como identificar se algo é importante

Importância = centralidade × supervisão × criticalidade

| Quão central a tarefa é para a sua função | Quem está envolvido ou prestando atenção | Quão importante a tarefa é para os outros |

- **Criticalidade.** Quanto alguma coisa importa para os outros. Se determinada tarefa for crítica para um projeto importante da equipe ou da empresa, então ela é considerada importante. Uma pista para desvendar a criticalidade de um projeto é observar a quantidade de atenção que ele está atraindo das pessoas mais graduadas. Se o chefe do chefe estiver pedindo atualizações regulares, o projeto provavelmente é considerado importante – e crítico.

Como priorizar o que é urgente e importante

Ao juntarmos urgência e importância, obtemos minha adaptação daquilo que é conhecido como Matriz de Eisenhower (ver Figura 9-3).[1]

Se algo for importante e urgente, faça imediatamente.

Se algo for importante, mas não urgente, agende para depois.

Se algo for urgente, mas não importante, reserve um tempo para fazer e faça nesse tempo estipulado. Ou então, se você for o gestor, delegue para outra pessoa.

Se algo não for nem urgente nem importante, remova-o da sua vida.

Se você tiver diversas tarefas que pareçam todas urgentes e importantes, force-se a classificá-las em ordem decrescente.

Essa estrutura, é claro, só considera o que é importante da perspectiva dos outros (a saber, a gestão). Embora isso possa ser útil assim que você entra na equipe e tenta demonstrar seus Três Cs, nem sempre é sustentável ou mesmo desejável para sua carreira a longo prazo. O que você acha importante pode não ser o que a gestão acha importante. O que a gestão acha importante pode não ser o que a sua empresa acha importante. O que a sua empresa acha importante pode não ser o que você acha importante. A Figura 9-4 mostra a tensão entre essas percepções diferentes.

FIGURA 9-3

Como priorizar seu trabalho

	Não urgente	Urgente
Importante	Agendar para depois	Fazer agora
Não importante	Eliminar	Fazer logo ou delegar

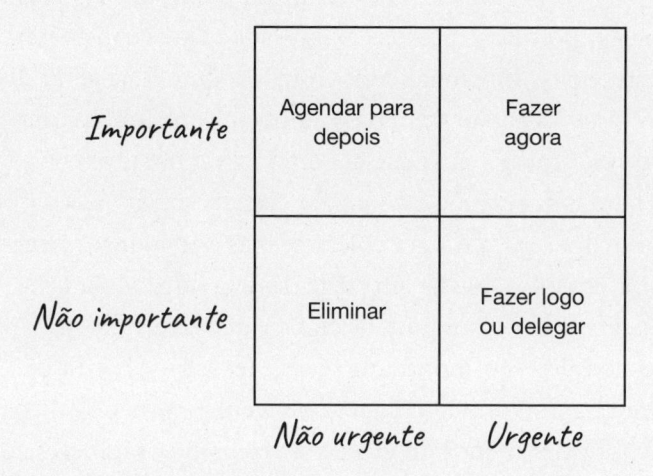

FIGURA 9-4

Tensão entre o que você e os outros acham importante

O que você acha importante

- Coisas que deixam você feliz, mas não o(a) levarão a lugar algum na empresa
- Coisas que não farão você se destacar
- Coisas que não tornarão seu gestor um aliado
- Um lugar mítico
- Coisas que deixam seu gestor feliz, mas não ajudam você nem sua carreira
- Coisas que você não gostará de fazer
- Coisas que o(a) farão se destacar, mas deixarão você e seu gestor infelizes

O que seu gestor acha importante

O que sua empresa acha importante

Aquilo que importa a você pode entrar em conflito com aquilo que importa aos outros – é o que costuma acontecer com as chamadas tarefas promovíveis e não promovíveis.[2] Tarefas promovíveis são aquelas que ajudam você a avançar porque as pessoas mais graduadas as consideram importantes, seja criar novas funcionalidades num produto, seja gerar dinheiro para a empresa.[3] Tarefas não promovíveis, também conhecidas como "tarefas domésticas de escritório",[4] são aquelas como tomar notas para os outros, pedir o almoço para uma reunião e organizar eventos sociais. Esses tipos de tarefa podem contribuir para o bem coletivo, mas não ajudam necessariamente sua carreira, a menos que façam parte das suas atribuições.

A capacidade de distinguir tarefas promovíveis das não promovíveis pode ser especialmente importante se você for pessoa não branca ou mulher. Estudos mostraram que engenheiros e engenheiras não brancos costumam receber atribuições menos desejáveis no trabalho.[5] Mulheres costumam se oferecer mais para fazer tarefas domésticas de escritório, e essas tarefas são mais solicitadas a elas do que a eles.[6] Elas também costumam ser vistas de modo mais negativo quando dizem "Não" a essas tarefas do que um homem no mesmo caso, e recebem menos crédito por dizerem "Sim".[7]

Quanto você precisa se preocupar com as tarefas domésticas de escritório depende do seu contexto, claro. Receber uma tarefa de alguém mais graduado com influência sobre você é diferente de quando um colega lhe pede para fazer alguma coisa. Organizar eventos da equipe quando se é uma assistente administrativa é diferente de fazer isso quando se é engenheira. Pedirem que você fique responsável por tomar notas no seu período de experiência – quando ainda estiver tentando provar seus Três Cs – é diferente de pedirem isso quando você não for mais o(a) novato(a) da equipe.

O que você faz, então? Analisa os prós e os contras. Os benefícios de se oferecer para fazer isso superam os custos? Você consegue provar seu valor, mostrar seu comprometimento, aprender algo novo, conhecer mais gente ou ajudar alguém que esteja precisando? O que mais poderia fazer com esse tempo? Se fizer sentido, ofereça-se. Caso contrário, deixe outra pessoa se oferecer. A oportunidade pode não ter valor para você, mas ser valiosa para outra pessoa. Se você se vir constantemente tendo que fazer tarefas domésticas de escritório e precisar de uma saída, experimente fazer o que um consultor de diversidade e inclusão me sugeriu: pergunte à gerência se a equipe pode ter um sistema de rodízio no qual todo mundo se reveze para, digamos, tomar notas durante as reuniões. E respeite esse rodízio mesmo que os outros não o façam. Como me disse uma executiva da área de seguros: "Conte com os outros. Não faça o trabalho se for a vez deles. Se eles não fizerem, tudo bem. Do contrário, sempre haverá um homem presumindo que a mulher continuará o trabalho por ele. Não deixe isso acontecer." E, se de alguma forma a tarefa continuar voltando para você feito um bumerangue, tente encontrar uma incumbência mais urgente e mais importante. Assim você pode dizer: "Eu adoraria ajudar, mas estou ajudando Brian com um workshop importante para um cliente. Mas essa poderia ser uma ótima oportunidade para Caleb ou Rob, considerando o interesse deles por _____. Já falou com eles?" Assim, em vez de apresentá-la como "Eu não quero fazer isso" (o que poderia soar como falta de comprometimento ou de compatibilidade), você agora pode apresentá-la como "Eu quero ajudar, mas as circunstâncias não me permitem". Imponha-se com gentileza, mas também seja firme.

Embora estejamos falando sobre o que *você* pode fazer quando se vir diante de uma quantidade injusta de tarefas domésticas de escritório, saiba que a responsabilidade de distribuir o trabalho de modo mais igualitário não deveria recair exclusivamente sobre você. Um ambiente mais justo é responsabilidade de todos, inclusive da gerência e de todos os seus colegas (em especial os homens). Não basta esperar que as mulheres ou as pessoas não brancas digam mais "Não". Os homens precisam comparecer e dividir a carga de trabalho.

Como administrar suas prioridades

Embora se concentrar nas prioridades mais urgentes e importantes possa ajudar você a domar um conjunto avassalador de tarefas, isso raramente basta. Você pode reduzir, digamos, dez tarefas a quatro, mas ainda assim, se todas as quatro forem igualmente urgentes e importantes, vai continuar sem tempo suficiente no dia para fazer tudo – e fazer bem. É normal e esperado se ver nessa situação. Vamos examinar algumas estratégias que já funcionaram para mim e para outras pessoas.

Evite surpresas

Crystel, organizadora de atividades externas de uma campanha política, era encarregada de quase tudo. E tudo parecia ao mesmo tempo urgente e importante: recrutar e gerenciar voluntários, preparar e analisar dados dos eleitores, e às vezes até dar opinião sobre o conteúdo da campanha.

Certa noite, quando estava escolhendo o jantar que levaria para comer em casa, recebeu uma ligação do diretor da campanha, seu chefe. Cinquenta voluntários estavam agendados para irem de porta em porta e precisavam de um mapa das casas que visitariam. Crystel tinha passado a semana inteira preparando os mapas e havia também encomendado vários tablets para substituir as cópias impressas habituais. Só que seu chefe não estava encontrando os tablets.

Crystel checou seu e-mail e encontrou uma atualização de status. A entrega dos tablets fora adiada para a noite do dia seguinte. Seu coração começou a disparar. Ela ficara tão ocupada organizando os dados dos eleitores que se esquecera de monitorar a entrega dos tablets.

Depois de explicar a situação para seu chefe, Crystel voltou correndo para o escritório da campanha. Chegando lá, vários dos voluntários já tinham aparecido. Como ela e seus colegas tinham imaginado que todos fossem usar tablets, nenhum mapa tinha sido impresso. Na meia hora seguinte, mais voluntários foram chegando enquanto Crystel e seu chefe se afobavam para exportar os mapas, encontrar as pranchetas, correr até a gráfica mais próxima para imprimir as listas e organizar os voluntários. No fim das contas, Crystel resolveu o problema, mas deixou cinquenta pessoas esperando.

O desafio de Crystel não foi o fato de os tablets não serem entregues a tempo. Foi não ter avisado seu chefe a tempo e proposto um plano para resolver o problema antes que isso impactasse outras pessoas. Imagine se, em vez disso, ela tivesse dito para seu chefe o seguinte:

Oi. Acabei de verificar o status do pedido dos tablets. A entrega atrasou, então talvez o pedido só chegue no dia seguinte ao porta a porta de quinta-feira. Temos três alternativas: (1) posso tentar fazer outro pedido numa loja que entregue a tempo e depois devolver a primeira encomenda;

(2) posso encomendar numa loja física e ir pegar de carro; ou (3) voltamos a usar caneta e papel na quinta. Todas as três são possíveis, mas, pelo que vi nas lojas de eletrônicos aqui por perto, a alternativa 2 pode nos custar 300 dólares a mais no total. Acho que temos tempo para tentar a opção 1 primeiro. O que você acha?

Se Crystel tivesse avisado seu chefe assim que possível, ele poderia ter escolhido uma alternativa e os dois teriam seguido em frente. Ao permitir que ele fosse pego de surpresa, Crystel deixou uma limitação se transformar em problema. O importante é fazer o que você disse que faria.

Tudo se resume a expectativas e se você as supera ou fica aquém delas. A Figura 9-5 mostra como a diferença entre um desempenho real e um desempenho esperado pode impactar a percepção que os outros têm de você.

FIGURA 9-5

Esquema para gerenciar as expectativas dos outros

Seu desempenho real		Seu desempenho esperado			
Seu desempenho real	>	Seu desempenho esperado	→	Impressionado	:D
Seu desempenho real	=	Seu desempenho esperado	→	Satisfeito	:)
Seu desempenho real	<	Seu desempenho esperado	→	Decepcionado	:(

Ninguém é sobre-humano. As pessoas entendem que toda situação tem seu preço. Ao fazer promessas a outros gestores ou a clientes, sua chefia pode dizer que é possível executar o trabalho a baixo custo, num prazo curto ou com alta qualidade. Talvez você consiga alcançar dois desses objetivos, mas raramente alcançará todos os três. Nas suas tarefas diárias acontece a mesma coisa. Se a gerência precisar que uma tarefa de um dia inteiro fique pronta em uma hora, você terá que sacrificar alguma coisa. As pessoas em geral se mostram compreensivas, contanto que você tenha proatividade, explicite aquilo que precisará sacrificar e dê explicações razoáveis que apresentem sua situação não como "Eu não posso fazer isso porque não tenho comprometimento", mas como "Eu tenho comprometimento, mas estou com as mãos atadas, então as alternativas são as seguintes".

Um alerta: é bom prometer menos e entregar mais, só que você precisa ser convincente com os sinais que envia. Como já vimos, tudo que você faz ou deixa de fazer envia um sinal, e todo sinal contribui para a impressão dos outros quanto a sua competência, seu comprometimento e sua compatibilidade. Mas as suas ações não enviam sinais simplesmente. Com o tempo, seus sinais se transformam em *padrões de comportamento*. Quando as pessoas passam a explicar seu comportamento usando a expressão "Toda vez que... sempre...", você estabeleceu um padrão (por exemplo: "*Toda vez* que um paciente precisa de ajuda, Saba *sempre* tem uma desculpa para se ausentar" foi um padrão de comportamento que escutei de um orientador de jovens num hospital). Estabeleça o padrão de ser quem nunca surpreende seus colegas. Surpresas podem ser divertidas num aniversário, mas não têm muita graça quando se trata de promessas e prazos não cumpridos.

Domine os padrões

No ensino fundamental, aprendemos que se virmos três círculos seguidos por um quadrado, depois por outros três círculos, o que deveria vir a seguir é outro quadrado. Isso é a capacidade de reconhecer padrões. O reconhecimento de padrões não é só algo que se aprende no jardim de infância. Trata-se de uma competência para a vida, que pode ajudar você não apenas a fazer um trabalho melhor, mas a administrar melhor seu trabalho – e sua vida.

Vejamos algumas táticas.

Como administrar as expectativas dos outros

Está vendo uma surpresa à frente? Eis o que dizer para gerenciar as expectativas.

Se você acha que não consegue se comprometer com alguma tarefa, tente dizer: "Ficaria feliz em ajudar, mas tenho _____, que entra em conflito com _____ por causa de _____. Será que _____ funcionaria?"

Se você acha que pode se atrasar, tente dizer: "Na minha agenda eu tenho _____ logo antes de _____, então talvez chegue com _____ minutos de atraso. Tudo bem?"

Se não for conseguir cumprir um prazo, tente dizer: "Infelizmente, por causa de _____ e _____, desconfio que só vá conseguir terminar _____ no dia _____. Seria possível _____?"

Se não tiver certeza de que poderá corresponder a uma expectativa, tente dizer: "Por causa de _____, eu posso fazer _____ antes das _____ horas ou posso fazer _____ antes das _____ horas. O que você prefere?"

Se os seus planos tiverem mudado, tente dizer: "Só queria avisar que _____, o que talvez tenha impacto em _____ e possa exigir que _____. Vou mantendo vocês informados."

IDENTIFIQUE A RAIZ DOS PROBLEMAS. Quando enfrentar um problema, não se limite a simplesmente resolvê-lo, já que pode ter que resolver de novo algo parecido mais tarde. Entenda *por que* o problema aconteceu originalmente, evitando que surja outra vez para atrapalhar.

O administrador rural Isaiah estava fazendo sua ronda diária na plantação de tomates quando reparou numa coisa: algumas folhas de um dos tomateiros estavam amarelando. Como a estação tinha sido seca, Isaiah regou aquela planta, depois foi cuidar de seus outros afazeres e esqueceu os tomates. Vários dias mais tarde, reparou que outros pés tinham começado a amarelar também. Mais uma vez Isaiah sacou a mangueira e começou a regar. Uma semana depois, a chefe de Isaiah apareceu para inspecionar a plantação. Ela reparou na hora nos pés de tomate amarelados.

– Isaiah, por que essas folhas estão amarelas?
– Não tenho certeza.
– Você tem regado os pés?
– Sim.
– Fertilizou com NPK?
– Sim.
– Testou os nutrientes do solo?
– Não.
– Testou o pH?
– Não.
– Procurou alguma praga?
– Não.
– Isolou algum dos pés afetados?
– Não.
– Falou com agricultores aqui perto para ver se eles estão tendo um problema parecido?
– Não.
– Quando você reparou nesse problema?
– Uma semana atrás.
– Isaiah! O que você está esperando?!

Isaiah explicou que tinha ficado ocupado consertando o trator, dando instruções para os ajudantes e ligando para a empresa de irrigação. Acrescentou que queria ver como os pés amarelados iriam evoluir. Sua chefe não ficou impressionada. Ela me disse:

O amarelecimento das folhas pode ser causado por uma dúzia de problemas distintos, que podem ir de um pequeno desajuste de irrigação a uma infecção grave. Como o ciclo de vida de uma safra é de apenas cerca de seis semanas, uma semana é muito tempo para passar sem fazer nada. É preciso separar na mesma hora as plantações afetadas antes de o problema se espalhar por toda a fazenda. Não se pode simplesmente dizer "Não sei" e aguardar. É preciso assumir o controle da situação.

Muitos outros gestores já me disseram algo parecido: se você vir um padrão negativo, seja uma mensagem de erro repetida, várias reclamações de clientes ou um mau funcionamento recorrente de algum equipamento, é importante não se limitar a monitorar ou remendar o problema, mas a *consertar* a causa subjacente. Caso contrário, o padrão negativo pode voltar e você vai perder um tempo valioso tentando resolver mais um sintoma. Se vir um problema acontecer duas vezes, não deixe acontecer uma terceira. Para identificar a raiz do problema, pergunte: "Por que isso está acontecendo?" Então continue a perguntar "Por quê?" até descobrir a causa. Quando tiver uma hipótese em relação ao que está acontecendo, reporte-se à gerência informando o que descobriu. Por exemplo:

Oi, _____.

Averiguei _____ e desconfio que esteja acontecendo o seguinte: _____. Seria adequado eu fazer _____? Estou sugerindo isso porque _____.

Obrigado(a),

_____

Em seguida, continue investigando o problema até não somente encontrar a causa, mas também ter algumas soluções para oferecer. Por exemplo:

Oi, _____.

Queria atualizar você sobre _____. Investiguei e descobri que _____. As alternativas são _____ ou _____. Já que _____, minha sugestão é _____, mas eu queria confirmar com você antes. Essa alternativa faria sentido? Se não tiver um retorno seu até _____, vou optar por isso. [Pode incluir um prazo, se a chefia nem sempre responder rapidamente e você já tiver conquistado margem de manobra para isso.]

Um abraço,
_____

Se você estiver chegando agora na empresa, talvez não tenha o conhecimento de base necessário para descobrir por conta própria a raiz dos problemas. Não faz mal. Quando estiver trabalhando em equipe, pode ser também que não consiga encaminhar a questão por conta própria. Também não faz mal. O importante é ter o problema sob controle o máximo que puder, e isso começa por entender o que realmente está acontecendo.

ANTECIPE-SE AOS PADRÕES. Os hábitos das pessoas com quem você trabalha são mais do que simples hábitos: eles são padrões – e oportunidades ocultas para você assumir o controle da situação antes que ela o(a) controle. Se a chefia da chefia tiver o costume de apagar incêndios (com pedidos repentinos urgentes e importantes que exigem toda a sua atenção) sempre na volta de um feriado, procure liberar sua agenda para depois do próximo feriado de modo a acomodar a provável correria. Se a gerência tiver o costume de pedir atualizações de andamento de projetos toda sexta-feira, experimente apresentar uma atualização antes da sexta seguinte. Se um colega tiver o hábito de responder a e-mails entre 7 e 8 da manhã, tente agendar o envio do seu próximo e-mail dentro desse horário para que a probabilidade de resposta seja a maior possível.

A estratégia de estar um passo à frente não se restringe à sua relação com a chefia. Um gerente de projetos freelancer me contou que, sempre que vários clientes pediam algo parecido (por exemplo, um determinado plano de gestão para projeto de design), ele criava um template que pudesse customizar com facilidade. Isso também funciona para e-mails. Se você se vir enviando repetidamente o mesmo tipo de mensagem, torne tão fácil responder quanto dar um Copiar e Colar. Isso ajuda você a liberar tempo para questões mais importantes e mais urgentes em vez de ter que começar cada tarefa do zero.

Dê claramente o seu recado

Quando está trabalhando em equipe, você nem sempre tem total controle sobre como se lida com uma tarefa urgente e importante. É preciso se comunicar com os outros e confiar neles. Mas o problema é o seguinte: o simples fato de você se comunicar não significa que consiga dar seu recado. Para aumentar suas chances de se expressar com clareza e acabar conseguindo aquilo de que precisa, é útil partir dos seguintes pressupostos:

- As pessoas não sabem o que você sabe.
- As pessoas não leram o que você enviou.
- As pessoas não estão prestando total atenção quando você fala.
- As pessoas não recordam o que você disse nem o que ficou combinado.
- As pessoas não têm o mesmo tempo ou o mesmo grau de atenção que você.

Proteja o que é sagrado

Alcançar a harmonia entre o trabalho e a vida pessoal não é fácil, principalmente quando se vive fazendo malabarismos com várias prioridades ou em home office.

Bobby, um representante de vendas que entrevistei, me contou como rapidamente deixou de lado sua rotina pessoal quando começou a trabalhar de casa enquanto também tocava uma startup. Primeiro ele abandonou sua costumeira corrida matinal, de modo a deixar mais tempo para responder aos e-mails. Depois começou a trabalhar até mais tarde, de modo a limpar sua caixa de entrada para o dia seguinte. Em seguida substituiu as refeições caseiras por pizzas, refrigerantes e cerveja. Bobby não demorou muito para começar a se sentir um lixo.

Seu companheiro, ávido praticante de mindfulness, incentivou-o a começar a meditar e fazer exercícios de respiração. Várias semanas mais tarde, Bobby iniciou a terapia. Algumas semanas depois, substituiu as pizzas por legumes e verduras, começou a beber mais água e voltou a praticar exercícios. Bobby acabou voltando a ser quem era antes, só que dessa vez estabeleceu padrões novos e mais produtivos, como, por exemplo, agendar as tarefas para os horários em que tivesse mais energia, desconectar-se às 17h30 diariamente e ter uma rotina de sono regular. Ele percebeu que, *toda vez* que não comia nem dormia direito, *sempre* se sentia mal; *toda vez* que dormia direito e fazia exercícios, *sempre* trabalhava bem. Não foi preciso muito tempo para ele ver quais padrões funcionavam para sua mente e seu corpo, e quais não. Tudo se resumiu a reconhecer padrões – e a proteger o que é sagrado: aquilo que Bobby chamou de seu sistema imunológico emocional.

Nisha, administradora universitária e mãe de um filho pequeno, estabeleceu seus padrões antes mesmo de começar em seu emprego:

> Ser mãe é importante para mim, então eu disse à minha gerente que minha família vinha em primeiro lugar. Tive que ser franca e dizer que, se a universidade me quisesse, teria que querer minha família inteira – e que, se trabalhar de casa às sextas-feiras, chegar cedo e ir embora cedo não

fossem funcionar, então aquele emprego não daria certo. Quando comecei a trabalhar, lembrei isso a todo mundo para não haver nenhuma surpresa. Deixei claro que continuo a ser produtiva, só que em outro horário.

Nisha me ensinou outra lição: não é preciso fazer tudo por conta própria. Toda vez que trocava de gerente, departamento ou emprego, ela na mesma hora procurava colegas que estivessem em situações parecidas e pudessem se tornar aliados para proteger o que fosse sagrado. Muitas vezes bastava um comentário como: "Ei, soube que você também está tentando equilibrar o trabalho com _____. Adoraria pegar umas dicas com você." Em pouco tempo, Nisha tinha a seu lado a força dos números.

Não se preocupe se não conseguir encontrar aliados e não tiver estabelecido as expectativas logo de cara. Não é tarde demais. Pense no que um líder na área de diversidade, inclusão e pertencimento me disse certa vez e espere até receber dois feedbacks positivos da chefia. Então vá falar com ela, explique os fatores que estão fora do seu controle, compartilhe o que já fez para solucionar o problema por conta própria e expresse a sua disposição para ter o mesmo comprometimento que os outros, só que seguindo seus próprios critérios:

> A propósito, eu estava querendo um conselho seu sobre uma dificuldade que venho tendo. Não imaginava que o trânsito fosse tão caótico, então a diferença entre sair às 16h30 e sair às 17h pode significar passar uma hora ou duas no engarrafamento. Já tentei fazer trajetos alternativos e rodízios de carona. Adoraria conversar sobre um acordo que me permitisse sair às 16h30 e manter minha produtividade. Será que eu poderia chegar mais cedo ou tornar a me logar mais tarde de casa?

Felizmente, as empresas mais do que nunca estão percebendo que o importante não é o seu *input* (quanto você parece estar trabalhando), mas o seu *output* (aquilo que você produz). Se a sua organização estiver presa ao passado, talvez você precise se impor com gentileza, mas firmemente, para conseguir o que quer.

QUADRO 9-1

Como se comunicar de modo eficaz para conseguir o que quer

Se você tiver...	Tente...
Muitos dados ou detalhes para comparar	Criar um esquema, gráfico ou tabela
Uma ideia difícil de imaginar	Compartilhar uma imagem, esboço, maquete ou exemplo
Uma versão editada de um documento	Sinalizar suas modificações e acrescentar comentários explicando seu raciocínio
Detalhes específicos de um documento anterior que queira consultar	Enviar uma captura de tela ou o arquivo original com as partes relevantes realçadas
Informações de uma fonte específica que os outros possam querer consultar	Compartilhar um link para a página
Um arquivo com uma formatação que possa variar dependendo do dispositivo	Salvar e enviar seu arquivo em formato PDF
Um arquivo no qual as pessoas talvez precisem editar a informação	Salvar e enviar um arquivo bruto editável
Uma decisão que queira documentar para evitar qualquer mal-entendido	Enviar um e-mail documentando a decisão
Muitos detalhes para as pessoas lerem, refletirem a respeito ou comentarem	Enviar um arquivo que as pessoas possam avaliar no seu tempo (e agendar uma reunião de atualização se necessário)
Um tema que seja complexo, controverso ou requeira debate	Agendar uma chamada ou reunião
Uma reunião para marcar	Enviar um convite de agenda com a data, o horário e o tipo da reunião claramente indicados
Uma decisão que requeira a aprovação de várias pessoas	Consultar as pessoas individualmente, depois apresentar a ideia ao grupo todo

O que você pode fazer então?

- Se quiser provar um argumento, comece com as informações de base usando uma frase inicial como "O histórico disso é _____", "O contexto é _____" ou "O objetivo é _____".
- Se for compartilhar algo complicado, comece com seu tópico principal e limite-se a três tópicos auxiliares.
- Se estiver compartilhando e-mails ou documentos, torne sua mensagem o mais curta possível.
- Se estiver apresentando várias ideias ou for falar por muito tempo, faça pausas ocasionais e deixe os outros fazerem perguntas antes de continuar.

O que você diz é importante, mas *como* diz também é. O Quadro 9-1 oferece algumas opções para dar claramente o seu recado.

Você cometeu um erro. E agora?

Todos nós erramos; é o que nos possibilita aprender e crescer. Se você não estiver cometendo erros, pode ser que não esteja se esforçando o suficiente. E, no ambiente de trabalho, geralmente você não precisa se preocupar com ter errado, e sim com o *tipo* de erro que cometeu. A Figura 9-6 lista vários tipos de erro e faz uma comparação entre eles.

FIGURA 9-6

Diferentes tipos de erro

Não cometer erros	é melhor do que	*qualquer erro.*
Erros inofensivos	são melhores do que	*erros perigosos.*
Erros pequenos	são melhores do que	*erros grandes.*
Erros privados	são melhores do que	*erros públicos.*
Erros de principiante	são melhores do que	*erros recorrentes.*

Há erros piores do que outros, claro. Mas, a menos que você por acidente projete um vídeo de gatinhos na apresentação do seu CEO para investidores, tente não se preocupar demais; é provável que seus colegas já tenham visto coisa pior. A verdade é a seguinte: alguns erros são simplesmente irreversíveis; não há nada que você possa fazer para mudar a situação, por pior que ela seja. Tudo que pode fazer é se desculpar, explicando o que aconteceu e de que maneira vai evitar cometer novamente o mesmo erro. Mostrar sua competência e seu comprometimento não tem a ver com nunca cometer erro algum. Tem a ver com assumi-lo, recuperar-se com elegância e não voltar a cometê-lo. A Figura 9-7 sugere como reagir a diferentes tipos de erro.

FIGURA 9-7

Como reagir a diferentes tipos de erro

	Reversível	Irreversível
Perceptível	(1) Desculpe-se; (2) explique o que aconteceu; (3) diga como vai evitar cometer o mesmo erro; (4) proponha um plano para consertá-lo; (5) evite cometê-lo outra vez.	(1) Desculpe-se; (2) explique o que aconteceu; (3) diga como vai evitar cometer o mesmo erro; (4) proponha um plano de contenção máxima dos danos; (5) evite cometer o mesmo erro outra vez.
Imperceptível	(1) Conserte o problema; (2) prepare-se para se desculpar e explicar o que aconteceu se alguém perguntar; (3) evite cometer o mesmo erro outra vez.	(1) Contenha ao máximo os danos causados; (2) prepare-se para se desculpar e explicar o que aconteceu se alguém perguntar; (3) evite cometer o mesmo erro outra vez.

Por mais que apresentemos este capítulo como um conjunto de mindsets e estratégias para você administrar individualmente sua carga de trabalho, é importante ter em mente que nem tudo é passível de ser controlado. Pode caber a você se responsabilizar pela própria sanidade mental, mas cabe à sua chefia (e à chefia da chefia) criar condições salutares de trabalho.

No mundo empresarial, costuma-se dizer que a cultura se estabelece de cima para baixo. É verdade. Se os líderes de uma empresa têm um padrão de apagar incêndio o tempo todo, resistir pode ser difícil para seus subordinados (e para os subordinados dos subordinados). E, quando essa cultura vai penetrando, camada por camada, até aqueles que têm menos influência, o resultado final pode ser a atitude "Bom, paciência, é assim que as coisas sempre foram feitas".

Embora isso possa ser desanimador a curto prazo (sobretudo se você estiver num ambiente assim), espero que a longo prazo possa ser empoderador. A pessoa responsável pode ser outra hoje, mas em pouco tempo será você. E, quando essa hora chegar, caberá a você a responsabilidade de garantir a sanidade mental da sua equipe. Lembre-se do que deu certo para você e do que não deu. Se tudo correu bem, aprenda com aqueles que sofreram um pouco mais. Caberá a você construir a cultura. Crie uma da qual possa se orgulhar!

EXPERIMENTE

- **Priorize o que for urgente e importante.** Antes de começar uma tarefa, avalie quão urgente e importante ela é em comparação com todas as outras coisas que você precisa fazer.
- **Evite surpresas.** Com franqueza e proatividade, gerencie as expectativas dos outros em relação ao que consegue e ao que não consegue entregar, considerando todas as suas obrigações.
- **Dê seu recado com clareza.** Tenha cuidado em relação a quando e como se comunica para aumentar as chances de os outros receberem bem e entenderem o que você diz.
- **Domine os padrões.** Reconheça elementos que se repetem nas pessoas e situações à sua volta e em seguida descubra como pode fazer esses padrões funcionarem a seu favor, e não contra você.

Segredos para

SE DAR BEM COM TODO MUNDO

Leia nas entrelinhas

— O que está fazendo? Largue isso! – disparou Sue, a chefe do departamento.

Alison gelou. Estava aproveitando o intervalo para limpar o armário de material quando Sue apareceu no vão da porta.

– Ah... t-tá bom – gaguejou. *Eu ia só jogar fora essas caixas vazias*, pensou, depois de Sue sair bufando. *O que tem de mais nisso?*

Na manhã seguinte, Sue apareceu quando Alison estava conversando com seu gerente, Michael.

– Você não deveria ter feito aquilo – rosnou ela.

Alison não entendeu.

– Desculpe, o quê? – Ela olhou para Michael, que não falou nada.

– Você não tinha trabalho? Por que estava limpando o armário?

– Ah, é que eu estava procurando uma coisa e vi que estava uma bagunça, então resolvi limpar.

– Esse trabalho é meu. Não seu.

– Desculpe – disse Alison. – Da próxima vez eu pergunto antes.

– É. Faça isso.

Depois de Sue sair, Michael apontou para uma sala de reunião ali perto.

– Vamos conversar – sussurrou para Alison. Os dois entraram e fecharam a porta. – Que história é essa?

> **SAIBA**
>
> - As pessoas mais importantes nem sempre estão no topo.
> - Quanto mais aprender sobre as relações ocultas entre seus colegas e as fronteiras invisíveis que os cercam, mais compatível você será (e mais eficiente em fazer as coisas).

– Não sei direito – respondeu Alison. – Eu estava limpando o armário de material, aí a Sue apareceu e me mandou parar.

– Ah. É, esse armário é uma tragédia há anos. Mas a Sue guarda um monte de coisas ali. Uma vez alguém jogou fora vários materiais dela sem avisar. Desde então ela é paranoica em relação ao armário.

O que aconteceu? Alison ignorou as relações ocultas e as fronteiras invisíveis da sua equipe. Consequentemente, ela ultrapassou sem querer sua zona de comprometimento e se tornou ameaçadora e incompatível para Sue. Quando olhamos qualquer organização de fora, tudo que vemos é um grupo de pessoas. Mas não se deixe enganar. O mais fascinante são as relações ocultas entre essas pessoas e as fronteiras invisíveis que as cercam, e é isso que é importante decifrar quando se está chegando na empresa. Tente evitar a mesma situação de Alison e, para aumentar sua compatibilidade, reserve um tempo para identificar as relações ocultas da sua organização.

Identifique a cadeia de comando

Aprender qual é a cadeia de comando – quem se reporta a quem – é uma das coisas mais importantes que você pode fazer quando entrar numa equipe. Sua principal ferramenta será um organograma, uma figura mostrando cada pessoa na organização e os graus hierárquicos aos quais cada uma responde. Se você trabalhar numa organização de grande porte, esse organograma vai estar na pasta compartilhada da sua equipe ou na intranet. Linhas contínuas mostram quem faz a gestão direta de quem (ou quem está subordinado a quem), enquanto linhas tracejadas mostram quem faz uma gestão secundária.

Nem todo mundo terá um gestor secundário, mas, se você tiver, vai se ver diante de uma das seguintes situações: ou seus gestores primário e secundário avaliarão juntos seu desempenho (e nesse caso é importante manter os dois felizes), ou então apenas seu gestor primário avaliará você (nesse caso, seu objetivo principal é mantê-lo feliz). A Figura 10-1 mostra como está organizada a empresa de Alison.

Se a sua organização não tiver um organograma, existem outros meios de entender quem se reporta a quem.

FIGURA 10-1

A cadeia de comando visível (e invisível)

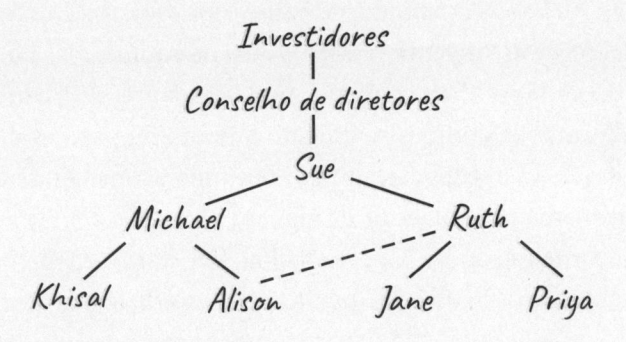

```
                    Investidores
                         |
                Conselho de diretores
                         |
                        Sue
                  /            \
              Michael           Ruth
              /    \           /    \
         Khisal   Alison    Jane   Priya
```

Preste atenção em como as pessoas falam

Se você escutar que Alison "se reporta" a Michael ou é "subordinada direta" de Michael, isso significa que Michael é o chefe de Alison. Se ouvir os outros se referindo a algum projeto como "multifuncional" ou "multidepartamental", isso quer dizer que as equipes costumam trabalhar com pessoas de outros setores, e nesse caso pode ser que você queira entender também quem é quem nesses departamentos.

Preste atenção em como as pessoas se comportam

O comportamento de Michael muda quando Sue entra na videochamada ou na sala? Michael interrompe todas as conversas e concentra a atenção em Sue?

É normal: todo mundo se levanta ou se ajeita na cadeira quando um chefe entra no recinto. Algumas relações gestor–subordinado são mais amigáveis do que outras, então o modo como alguém se comporta quando a chefia está presente pode lhe dizer muito sobre como eles se dão (e também com quem você pode se soltar mais e com quem deve ter mais cautela). Observe também quando as reuniões começam: em geral isso só acontece quando a chefia chega.

Todo mundo tem chefe, até a chefia. Só que talvez você não veja essas pessoas. Em última instância, quem manda é quem paga as contas. Os CEOs têm seus conselhos de direção. Até mesmo empreendedores têm chefes. Se você recebeu dinheiro de investidores, seus "chefes" são eles. Ou então, se tem uma ONG, seus chefes são seus doadores. Você tem chefe mesmo se estiver fundando a própria empresa: seus "chefes" são seus clientes.

Decifrar a cadeia de comando é valioso porque você entende não só como todos contribuem para a missão global da equipe, mas também quem influencia quem. Esse conhecimento pode ajudar você a não ultrapassar os limites da zona de comprometimento a ponto de parecer uma ameaça, como Alison fez. Ultrapassar os limites costuma acontecer de três formas: levar um problema para o gestor de alguém sem antes tentar resolver com a pessoa diretamente; deixar alguém mal na foto com a chefia; ou deixar de reconhecer a hierarquia invisível quando pessoas de importância diferente estão juntas. Da próxima vez que você receber um e-mail, observe a ordem dos nomes no campo do destinatário. Se um e-mail estiver endereçado a uma vice-presidente sênior chamada Michele, um vice-presidente chamado Hasib e um analista chamado Eugenio, é provável que a saudação seja "Oi, Michele, Hasib e Eugenio", numa sutil referência às funções de cada um. Se a hierarquia não for óbvia, as pessoas podem listar os destinatários alfabeticamente ou escrever apenas "Oi, todo mundo".

Identifique os influenciadores

Depois de identificar os poderes formais da sua nova equipe, o passo seguinte é identificar os poderes *informais*, ou seja, os influenciadores. São pessoas que podem não ter autoridade para tomar decisões, mas têm peso para influenciá-las. Existem cinco tipos de influenciador (e algumas pessoas ocupam mais de uma categoria):

- **Sentinelas.** Pessoas (em geral assistentes) que trabalham perto dos líderes seniores – e podem determinar se você conseguirá ou não se reunir com eles, além de influenciar o modo como eles veem você.
- **Veteranos.** Pessoas que trabalham há mais tempo na organização – e podem ajudar você a lidar com o sistema de modo eficiente com base no que já deu ou não deu certo.
- **Especialistas.** Pessoas que os outros costumam escutar ou que conhecem bem determinado tema – e podem ajudar você a tornar suas ideias mais palatáveis para os outros.
- **Socialites.** Pessoas que são conhecidas e respeitadas na organização – e podem apresentar você às pessoas certas e moldar a percepção dos outros a seu respeito.
- **Conselheiros.** Pessoas em quem a chefia e outros funcionários seniores costumam confiar – mesmo que não fique claro por quê – e que podem ajudar você a emplacar suas ideias entre os mais graduados da empresa.

Ninguém anda com esses rótulos pregados na testa, claro. É preciso observar o comportamento dos seus colegas e reconhecer padrões. As reuniões e decisões precisam sempre passar por uma pessoa específica? Talvez você tenha encontrado uma sentinela. Alguém sempre é convidado para as reuniões, tem sua opinião solicitada ou é mencionado como uma pessoa com quem você deva conversar? Talvez você tenha encontrado um veterano, especialista ou socialite. Seu gestor sempre menciona determinada colega? Talvez você tenha encontrado uma conselheira. Quando descobrir um influenciador, vá se apresentar. Passe a conhecer essa pessoa. E, embora seja importante tratar todo mundo com simpatia, seja especialmente gentil com os influenciadores.

Aprendi essa última lição com Rebecca, chefe de um laboratório de pesquisa. Rebecca tinha um assistente executivo chamado Christian. Ele não era muito importante na cadeia de comando nem tinha qualquer poder formal para tomar decisões. Mas o que Christian tinha era a confiança de Rebecca. Na verdade, Rebecca confiava tanto nele que pedia regularmente sua opinião na hora de contratar ou não alguém. Certa vez, uma candidata a emprego entrou pela porta feito um furacão e, sem dizer sequer "Bom dia" ou "Por favor", declarou: "Preciso falar com a Rebecca." Depois de pedir que a pessoa se sentasse, Christian mandou uma mensagem para Rebecca:

> A candidata chegou para a entrevista. É mal-educada.

E bastou isso para a entrevista terminar antes mesmo de ter começado, tudo porque Christian, sentinela de Rebecca, decidiu manter os portões fechados.

Mas os influenciadores não precisam ser pessoas que fecham portas. Eles podem abri-las, como aprendi com Amira, representante de vendas de uma empresa de tecnologia. Ela estava prestes a conseguir um cliente grande, mas esse cliente queria um desconto maior do que o normal no primeiro ano de licença de uso do software. Ela tentou convencer sua gerente de que o desconto de um ano valeria a pena a longo prazo, mas a gerente discordou. Recusando-se a aceitar um "Não" como resposta, Amira entrou em contato com Jarron, um mentor seu que por acaso também era alguém que sua gerente escutava. Em sua conversa seguinte com a gerente de Amira, Jarron fez um comentário casual sobre como os descontos podiam ser eficazes para impulsionar as vendas, sem sequer mencionar Amira ou aquela situação específica. A ideia de Amira foi aprovada na mesma tarde.

Embora os influenciadores possam parecer uma relíquia das grandes corporações, eles existem por toda parte, inclusive nas startups. Na verdade, às vezes as organizações que se dizem "horizontais" – onde todos estão no mesmo nível e ninguém comanda – são as mais hierárquicas. Isso é natural: quanto mais difícil for descobrir quem faz qual tarefa com base nos títulos de cargo, mais todo mundo parece responsável sem que ninguém o seja e mais as pessoas precisam depender da própria autoridade informal para fazer as coisas. O modo de liderança das startups pode ter só apagado as linhas da cadeia de comando, mas mantendo a estrutura. Fique alerta!

Identifique os espaços de atuação

Depois de identificar as pessoas, talvez você queira identificar os espaços de atuação: as pessoas se responsabilizam quando e pelo quê? Se alguma vez ouvir alguém dizer "Fulano precisa ficar no espaço dele", o que a pessoa está dizendo na verdade é "Fulano precisa parar de tentar fazer o meu trabalho". Espaços de atuação não devem ser confundidos com títulos de cargo.

A cultura da sua equipe tem peso em se tratando de espaços. Em geral, as culturas empresariais se situam em algum ponto do espectro entre "Peça permissão" e "Saia fazendo". (O Quadro 10-1 mostra os dois extremos.) Se todo mundo na sua equipe se atém aos deveres da sua função, escuta a pessoa mais graduada em detrimento daquela que tem as melhores ideias e valoriza fazer as coisas do jeito "certo" ou seguro, você provavelmente está lidando com uma equipe situada mais para o extremo "Peça permissão". Nesse caso, para evitar invadir o espaço de alguém, cultive o hábito de perguntar à gerência: "Tem mais alguém com quem eu deva falar antes de prosseguir?"

Se todo mundo na sua equipe faz um pouco de tudo, prioriza as boas ideias em vez dos títulos de cargo e valoriza fazer as coisas do jeito "inovador" ou rápido, então você decerto está lidando com uma equipe situada mais para o extremo "Saia fazendo". Nesse caso, sinta-se à vontade para dizer "Queria avisar que fiz _____", porque seu espaço de atuação não tem limitações rígidas.

Na dúvida, peça permissão. Pedir permissão é especialmente importante quando se está trabalhando de forma remota, uma vez que não é possível saber quem está trabalhando em qual tarefa antes de ultrapassar os limites. Certa vez um estagiário na área de finanças recebeu a incumbência de atualizar uma planilha grande que seria usada por várias equipes. Ele atualizou

QUADRO 10-1

Indicadores para decifrar a cultura de uma equipe

Cultura do tipo "Peça permissão"	Cultura do tipo "Saia fazendo"
Cada um tem as próprias responsabilidades específicas.	Todo mundo faz um pouco de tudo.
As pessoas parecem ligar mais para quem está chefiando.	As pessoas parecem ligar mais para quem tem as melhores ideias.
As pessoas parecem ligar mais para fazer as coisas do jeito "certo" ou seguro.	As pessoas parecem ligar mais para fazer as coisas do jeito "inovador" ou rápido.

o documento, depois o compartilhou diretamente com as outras equipes, sem se dar conta de que seu gerente precisava aprovar primeiro. O gerente se encrencou por não ter ficado de olho nele e o estagiário não recebeu uma proposta de emprego em tempo integral. Qual é a lição aqui? Mesmo que a sua equipe tenha uma cultura de "Saia fazendo", muitas vezes é melhor pedir permissão à chefia – e mantê-la em cópia nos e-mails que você mandar para alguém externo à equipe –, pelo menos até que lhe digam para parar (considere isso um elogio à sua competência).

Identifique as lealdades

Por mais que gostemos de pensar que estamos todos no mesmo barco, as pessoas têm suas lealdades. Uma ex-professora do ensino médio que entrevistei me contou sobre uma época em que se transferiu para uma nova escola. Ao chegar, não parava de ouvir os colegas reclamarem do diretor. Como ela tampouco se dava bem com ele, um dia o criticou na frente de uma das vice-diretoras. *A vice-diretora é minha aliada*, pensou. *Afinal de contas, ela é sempre muito gentil comigo*. O que a professora não sabia era que a vice-diretora era muito amiga do diretor e acabou contando para ele o que a professora tinha dito. Essa professora chamou o que aprendeu de "lição das lealdades primárias": embora as pessoas possam ser simpáticas (e mesmo leais) a você, a lealdade "primária" delas pode ser a outra pessoa.

O trabalho remoto pode tornar as lealdades difíceis de identificar, mas mesmo assim é importante fazer isso. Procure as panelinhas. José vive falando sobre Kweku e James? Kweku vive respondendo às mensagens de grupo de James? José, Kweku e James sempre aparecem juntos nos eventos sociais remotos, caso contrário nem dão as caras? Nesse caso, talvez você tenha identificado uma panelinha; esteja ciente de que tudo que disser a James provavelmente vai acabar chegando a José e Kweku.

Embora em geral seja uma boa ideia evitar fofocas e prestar atenção nas pessoas com quem você se enturma, não deixe que o medo o(a) impeça de socializar. O objetivo desta seção não é que você trave, mas que se empodere para conseguir circular estrategicamente pelo novo ambiente. Agora você já sabe a quem recorrer (e a quem não recorrer) e quem pode ser um aliado (e quem provavelmente não será). Considere isso uma ferramenta para se proteger e conseguir o que quer.

Identifique as zonas de conforto

Depois de se familiarizar com as pessoas e as relações ocultas entre elas, o passo final é entender as zonas de conforto: os comportamentos, as piadas, as linguagens e as conversas que a sua equipe considera adequados e inadequados. Embora cada equipe seja diferente, existem determinados assuntos que costumam ser tabus. O Quadro 10-2 indica alguns temas a serem evitados e sugere outros em seu lugar.

Você também poderá constatar que as pessoas têm zonas de conforto diferentes em relação a quão abertamente e quão diretamente elas se comunicam. Uma gerente de RH numa empresa de cosméticos me disse: "Eu trabalho numa empresa muito emotiva. Evitamos qualquer palavra que possa ser considerada minimamente agressiva. Até dizer 'Não' pode ser um

QUADRO 10-2

Temas de conversa para experimentar (ou evitar) no trabalho

Em vez destes temas...	... tente estes
Vida amorosa	Histórico acadêmico
Festas e bebida	Interesses fora do trabalho
Fofocas sobre colegas	Viagens anteriores ou futuras
Salário ou renda	Experiências profissionais anteriores
Religião	Projetos atuais
Política	Animais de estimação e filhos
Questões familiares ou de relacionamento	Planos para o fim de semana

problema. Em vez de dizer 'Não', dizemos 'Humm, interessante. Que tal esta outra alternativa?'"

Como até mesmo as pessoas que entrevistei tinham dificuldade para explicar as zonas de conforto de suas equipes, o segredo é reconhecer padrões e espelhar os outros. Qual foi a última vez que alguém na sua equipe disse algo que causou um silêncio constrangedor até alguém mudar de assunto? Quanto as pessoas compartilham sobre seus fins de semana? Qual é o palavrão mais grosseiro ou a piada mais chula que você já ouviu alguém contar em público? Descubra os limites e permaneça dentro deles.

Assim como muitas vezes existe um significado mais profundo por trás do que está dito explicitamente num texto, existem relações ocultas por trás das interações que acontecem no trabalho. Muitas vezes o que determina o impacto que você terá não é o brilhantismo da sua ideia, e sim como você lida com as relações. Quanto antes entender as pessoas à sua volta, maior será sua eficácia para lidar com o sistema e também seu impacto. Comece a observar.

EXPERIMENTE

- **Identifique a cadeia de comando:** entenda quem se reporta a quem e, na dúvida, respeite a hierarquia invisível.
- **Identifique os influenciadores:** dê especial atenção a sentinelas, veteranos, especialistas, socialites e conselheiros – e construa relações com eles.
- **Identifique os espaços de atuação:** entenda quais são as responsabilidades de cada um e, na dúvida, peça permissão antes de começar uma tarefa ou compartilhar algum trabalho com pessoas externas à equipe.
- **Identifique as lealdades primárias:** descubra quem é leal a quem e quais são as panelinhas.
- **Identifique as zonas de conforto:** entenda que comportamentos, piadas, linguagens e conversas sua equipe considera aceitáveis e inaceitáveis, e tente se manter dentro desses limites.

Construa relações

Você talvez já tenha ouvido falar que "o importante não é o que você sabe, mas quem você conhece". É verdade. São pessoas que tomam as decisões de contratar ou demitir; pessoas que decidem quem recebe incumbências capazes de fazer uma carreira avançar; e pessoas que decidem quem vai ser convidado para reuniões importantes.

Numa empresa de contabilidade, por exemplo, os gerentes seniores se reuniam ao final de cada ano para avaliar os funcionários mais novos. Se determinada gerente tivesse trabalhado com você, ela lhe dava uma nota (com sorte, uma nota alta). Se um gerente tivesse interagido com você num evento social da empresa, ele também lhe dava uma nota. Uma pequena porcentagem dos funcionários era classificada como "acima da expectativa", ou seja, estava no caminho mais curto rumo a uma promoção ou receberia um bônus maior.

O mesmo padrão surgia ano após ano: os funcionários que recebiam os maiores bônus e as promoções mais rápidas nem sempre eram os que trabalhavam mais ou os mais competentes; eram os que recebiam mais elogios da gerência a portas fechadas. Os funcionários classificados como "abaixo da expectativa" não eram necessariamente os menos competentes; eram as pessoas que ninguém conhecia.

É claro que sucesso não tem a ver apenas com avançar na carreira. Tem a ver também com criar uma rede de apoio com a qual se possa contar e na qual se possa confiar nos momentos difíceis da vida. Construir relações com os colegas é uma parte importante de ter um emprego que lhe traga satisfação. O ambiente de trabalho seria um lugar triste se a única coisa que as pessoas fizessem fosse passar o dia encarando as telas do seu computador.

SAIBA

- A primeira vez que você faz alguma coisa é sempre desconfortável. A segunda é sempre mais fácil.
- Construir relações profissionais se resume a encontrar oportunidades para criar a primeira centelha de interação e depois encontrar pequenas maneiras de fazer a relação evoluir.

E, se você por acaso tiver acabado de sair da faculdade, talvez em pouco tempo se pegue tendo a mesma reclamação de todos os outros recém-formados que encontrei: pode ser muito, muito, muito difícil conhecer pessoas no mundo real. Então por que não começar pelas pessoas com quem você trabalha?

Se essa frase lhe causar calafrios, vou entender. Por ser introvertido, e ainda por cima tímido, sei como isso pode ser difícil. Você pode pensar: *As pessoas não querem falar comigo. Eu não tenho nada de interessante a dizer. Não tenho nada em comum com elas.* O que for que estiver sentindo, no entanto, eu provavelmente já senti também. E adoraria dizer que superei essa ansiedade, mas isso não aconteceu. Meu coração dispara toda vez que entro num recinto cheio de gente que eu não conheço e continua disparado muito depois de eu sair. Um milhão de pensamentos me passam pela cabeça: *Será que eu não deveria ter dito aquilo? De onde veio aquela pausa constrangedora? Por que arquearam as sobrancelhas quando eu disse _____?*

Para criar vínculos e superar a ansiedade que acompanha esse processo, achei útil dividir tudo em três passos: inicie a conexão, jogue o jogo e mantenha a relação evoluindo.

Inicie a conexão

Imagine que está passando ao lado de uma quadra de tênis com sua raquete. De repente alguém chama você. A pessoa está segurando uma bola numa das mãos e uma raquete na outra. "Topa jogar?", pergunta ela. Você acaba de formar uma dupla de tênis.

Agora substitua a quadra de tênis pelo corredor do seu ambiente de trabalho ou pelo programa de mensagens instantâneas da empresa. Substitua o "Topa jogar?" por um meneio de cabeça, um sorriso ou então um "Tudo bem?" ou um "Tem planos para o fim de semana?". O ambiente e os gestos podem ser outros, mas a ideia é a mesma.

Segundo o especialista em casamento dr. John Gottman, esses gestos sutis têm significado. Eles são "lances": solicitações de conexão humana.[1] Captar os lances dos outros e responder positivamente é importante. Na verdade, segundo o dr. Gottman, casais que permanecem casados costumam perceber melhor e responder mais positivamente aos lances de seus parceiros. Casais que se divorciam costumam deixar passar ou rejeitar esses mesmos lances. Fortalecer relacionamentos tem a ver com reconhecer a presença do outro e mostrar que você se importa. Às vezes, tudo que você precisa fazer é dizer "Obrigado(a)" quando alguém lhe abrir a porta ou responder a uma mensagem.

Examinemos agora como criar a centelha inicial de conexões, esteja você dando o primeiro passo ou apenas interagindo com as pessoas em volta.

Como dar o primeiro passo

Não é preciso esperar os outros agirem: você pode agir primeiro. Há vários grupos de pessoas bem ao seu alcance. Vamos percorrer suas alternativas.

PESSOAS QUE VOCÊ CONHECE OU TRABALHAM PERTO DE VOCÊ. Tente arrumar um pretexto para puxar conversa. Esteja trabalhando presencial ou remotamente, use os poucos minutos antes do começo de uma reunião para conversar com quem quer que tenha chegado cedo. O assunto não precisa ser importante. Pode ser o tempo ("Caramba, que gelo lá fora!"), um comentário sobre o trabalho ("Esta reunião deve render!") ou mesmo o dia da semana ("Boa sexta-feira!"): a ideia é simplesmente transformar silêncio em diálogo. Depois dos cumprimentos, faça uma pergunta do tipo "Como tem sido a semana?" ou "De onde você é?" ou então "Adorei seu pano de fundo! Onde tirou essa foto?" (no caso de videochamadas).

Da mesma forma, tempos de espera podem ser uma chance de iniciar uma conversa. Quando estiver esperando o elevador ou na fila do almoço, aproveite para conversar com alguém. Se estiver viajando a trabalho, cogite perguntar se alguém quer carona.

Depois de reuniões, apresentações ou eventos pessoais, experimente abordar um colega e dizer "O que achou da reunião?", "Como foi a apresentação?" ou "Como foi o casamento?". As pessoas valorizam o fato de você se importar, lembrar e, acima de tudo, ouvir.

PESSOAS QUE VOCÊ NÃO CONHECE, MAS PODEM SER APRESENTADAS. Experimente pedir a um conhecido que faça as apresentações. Quando for pedir isso, mostre seu dever de casa, vá direto ao assunto e inclua uma solicitação bastante clara. A seguir, um exemplo.

Oi, Nanako.

Que bom ver você no outro dia! Como foi sua apresentação?
    Estava pensando se você conhece Triston Francis bem o suficiente para me apresentar a ele. Estou trabalhando num projeto de pesquisa sobre _____ e reparei que ele trabalhava em _____ e que é um contato seu no LinkedIn. Estava querendo saber o que ele acha de _____. Se você estiver disposta a nos apresentar, posso mandar um textinho sobre mim para você encaminhar para ele.
    Não há pressa nenhuma – se não for uma boa hora, é só me dizer.

Um abraço,
Shuo

A etiqueta em geral é a seguinte: primeiro seu contato consulta a pessoa que você quer conhecer. Se a pessoa aceitar, seu contato manda um e-mail para os dois com um texto curto apresentando cada um.

> Shuo, queria lhe apresentar Triston Francis, meu mentor e atual _____.
>
> Triston, queria lhe apresentar Shuo Chen, meu colega e atual _____. Ele está interessado em falar com você sobre _____.
>
> Espero que consigam entrar em contato!
>
> Um abraço,
> Nanako

Então você ou a outra pessoa apresentada responde com cópia oculta para quem os apresentou, de modo a deixar registrado que a conexão foi feita e poupar esse mediador de receber depois uma enxurrada de trocas de e-mails com possíveis datas de encontro.

> Nanako, muito obrigado pela apresentação. Estou passando você para cópia oculta.
>
> Triston, prazer em conhecê-lo virtualmente. Agradeço sua disponibilidade para conversar comigo. Será que você estaria disponível para uma chamada por telefone ou vídeo nos próximos dias? Minha disponibilidade é a seguinte (fuso do Pacífico):
>
> Terça, 27/10: antes das 14h e depois das 15h.
> Quarta, 28/10: qualquer horário.
> Quinta, 29/10: antes das 14h e entre 15h e 16h.
> Sexta, 30/10: qualquer horário.
>
> Se não puder nesses horários, por favor, fique à vontade para sugerir alternativas que sejam melhores para você.
> Vai ser ótimo conversarmos.
>
> Shuo

Quando as duas partes encontrarem um horário conveniente e uma forma de se encontrar, uma delas (em geral a pessoa que está solicitando o encontro) manda um convite de agenda:

Para: Triston Francis
Assunto: Conversa Triston-Shuo sobre experiência em ONGs
Local: Shuo liga para Triston (617-123-4567)
Horário: Quarta-feira, 28/10, 14-15h

Depois de conversar, a pessoa que solicitou a reunião manda um e-mail agradecendo à outra pela disponibilidade. Também é usual os dois se conectarem no LinkedIn.

Oi, Triston.

   Muito obrigado por ter aberto espaço na sua agenda sempre cheia para conversar comigo mais cedo. Foi ótimo ouvir sobre as suas experiências com _____. Gostei especialmente dos seus conselhos sobre _____ e certamente vou _____. Obrigado também pela sua disponibilidade para me apresentar ao seu colega _____. Segue uma pequena apresentação para ajudá-lo:
   Shuo Chen é um _____ que está atualmente trabalhando com _____ e está interessado em conversar com você sobre _____.
   Espero que possamos manter contato.

   Shuo

Esse tipo de interação pode parecer uma transação comercial, mas acontece o tempo inteiro no mundo profissional. Ela é conhecida como "apresentação duplamente voluntária" (ou seja, as duas partes optam por ser apresentadas). É assim que muitas pessoas conseguem empregos ou até clientes novos: pedindo uma apresentação para uma "conexão de segundo grau", conhecendo essa nova pessoa por telefone ou videochamada, incluindo seu contato no LinkedIn e depois lhe pedindo uma recomendação ou outra apresentação. Por isso é tão importante construir relações: quanto mais pessoas você conhecer diretamente, mais pessoas pode acessar *indiretamente*. O importante não é apenas quem *você* conhece, mas também quem *essas pessoas* conhecem.

PESSOAS QUE VOCÊ NÃO CONHECE E NÃO PODEM SER APRESENTADAS. Cogite mandar um e-mail a seco. A seguir, um exemplo.

Oi, _____.

Meu nome é _____ e sou _____ como você. Espero que esteja tudo bem.

Estou atualmente querendo fazer a transição de _____ para _____ e encontrei seu perfil no _____. Achei interessante que, assim como você, eu também _____ _____.

Queria saber se você teria alguns minutos nos próximos dias ou nas próximas semanas para compartilhar sua experiência comigo pelo telefone. Minha disponibilidade é a seguinte (fuso do Pacífico):

Terça, 27/10: antes das 14h e depois das 15h.
Quarta, 28/10: qualquer horário.
Quinta, 29/10: antes das 14h e entre 15h e 16h.
Sexta, 30/10: qualquer horário.

Não se preocupe se este não for um bom momento; é só me avisar.

Espero ter notícias suas em breve.

_____

Nesse caso também, entrar em contato com desconhecidos no início pode a princípio parecer um comportamento estranho e carente, mas as pessoas fazem isso o tempo todo. Só que a maioria faz mal, pois não conhece seu público e deixa de personalizar suficientemente o seu e-mail. É para isso que servem as lacunas no exemplo. As pessoas gostam de quem goste delas, então quanto mais você conseguir se apresentar como uma versão mais jovem da outra pessoa, com um motivo para entrar em contato com ela especificamente, maior a probabilidade de ela responder. Um bom teste é se perguntar: *Será que o meu e-mail ainda faria sentido se eu o mandasse para a pessoa errada?* Se a resposta for sim, seu e-mail não está suficientemente personalizado e é provável que seu destinatário ignore a mensagem por desconfiar que você mandou um spam com o mesmo texto para uma dúzia de outras pessoas. Releia seu e-mail e cuide para que todos os detalhes possíveis estejam personalizados para o destinatário e para que a mensagem esteja curta, organizada e fácil de ser lida rapidamente. Torne fácil para as pessoas reconhecerem você!

Como estar presente e se fazer notar

Dar e receber lances não é uma atividade solo. É preciso conviver com os outros. A seguir, algumas ideias para aumentar sua proximidade com outras pessoas, tanto física quanto virtualmente.

SE VOCÊ ESTIVER TRABALHANDO PRESENCIALMENTE, TENTE FICAR PERTO DA SUA EQUIPE. Você pode não ter influência sobre onde sua mesa vai estar situada, mas, se ela estiver longe dos integrantes da sua equipe, tente perguntar à gerência ou ao RH se você pode ficar mais perto para aumentar sua produtividade. Se isso não for possível, tente passar pela mesa das pessoas e cumprimentá-las quando estiver andando pelo local. Experimente propor eventos sociais como "Vou sair para almoçar ao meio-dia. Alguém quer ir?", para não ficar dependendo de os outros se lembrarem de convidá-lo. Você também pode fazer anúncios inesperados num chat de grupo, como, por exemplo: "Vou tomar um café. Alguém quer alguma coisa ou quer ir comigo?"

SE VOCÊ ESTIVER EM HOME OFFICE E OS OUTROS NO ESCRITÓRIO, PERMITA QUE VEJAM VOCÊ. Procure fazer amizade com pelo menos uma pessoa que esteja trabalhando presencialmente. Assim você fica por dentro do que está acontecendo e tem alguém para sair em sua defesa quando não estiver presente. Também é possível sugerir videochamadas em vez de chamadas de voz para as pessoas poderem associar você a mais do que apenas um áudio. Ou então cogite selecionar alguns eventos importantes, como os encontros de funcionários, e comparecer pessoalmente. Quando estiver presente, mantenha-se supervisível cumprimentando o máximo de pessoas possível e sentando-se perto de outras. Quando estiver em home office, você também pode tentar mostrar um pouco mais de participação e rapidez nas reuniões e trocas de mensagens (sem deixar de espelhar os outros) e oferecer atualizações de status mais regulares do que se estivesse trabalhando presencialmente.

SE HOUVER OPORTUNIDADE DE TRABALHAR COM PESSOAS DIFERENTES, OFEREÇA-SE. Principalmente se para você a compatibilidade não for uma coisa fácil, use sua competência para abrir essa porta. Cogite se oferecer para projetos envolvendo pessoas que ainda não conheceu ou com quem não conseguiu iniciar uma conversa. Projetos e iniciativas grandes, que envolvam várias equipes (ou até mesmo vários escritórios), podem ser maneiras eficientes de expandir sua rede. Comece falando sobre trabalho, depois vá salpicando tópicos não relacionados ao trabalho, como "Onde você vai passar as férias?", e você estará no caminho certo.

Você também poderia se oferecer para atividades de baixo comprometimento, para interagir com pessoas que de outra forma nunca iria conhecer. Uma analista numa empresa farmacêutica, por exemplo, ofereceu-se para liderar o programa de recrutamento universitário da sua empresa. Em poucas semanas, ela já estava chamando vários executivos seniores da empresa pelo primeiro nome. Como conversamos no Capítulo 9, oferecer-se pode ser uma estratégia poderosa, mas é importante prestar atenção em para quê. Só se consegue crédito por trabalhos agradáveis e secundários quando se está em dia com as tarefas necessárias. E, se você for mulher ou pessoa não branca, preste atenção na armadilha do trabalho doméstico de escritório: infelizmente, esse tipo de tarefa sempre encontra um jeito de achar você.

Quando estiver em dúvida sobre se oferecer para alguma coisa, pergunte sobre a tarefa a um colega experiente em quem você confie. Pode haver um motivo para ninguém estar se oferecendo: talvez se trate de um projeto que todos os funcionários experientes sabem que é melhor evitar. Ou então poderia ser uma oportunidade escondida que os outros não reconhecem ou de que não precisam.

SE SEUS COLEGAS ORGANIZAREM EVENTOS SOCIAIS, PROCURE PARTICIPAR, SOBRETUDO NO COMEÇO. Um cientista de dados que entrevistei me contou que alguém que havia começado na mesma época que ele acabou conseguindo mais mentores e incumbências mais interessantes. Não foi porque a outra pessoa trabalhou com mais afinco: foi porque ela conheceu todas as pessoas certas em eventos sociais de trabalho.

É claro que as coisas não funcionam assim por toda parte. Algumas equipes têm uma cultura social mais importante do que outras. Um dos fatores é o estágio de vida em que seus colegas estão. Se a sua equipe e os gestores forem em sua maioria recém-formados, prepare-se para mais festas depois do expediente (e para a expectativa implícita de que você apareça). Se a sua equipe for formada majoritariamente por pessoas com filhos, prepare-se para menos socialização e para uma cultura de gente que se desliga do trabalho quando acaba o expediente.

Seja como for, se houver algum evento social, procure comparecer, pelo menos durante parte do tempo, e em especial se chegou agora. Quanto mais forte for seu padrão de ausência, mais seus colegas vão supor que você não tem interesse e menor a probabilidade de repetirem o convite. Se você for, lembre-se que ainda está "trabalhando" durante esses eventos, portanto comporte-se com profissionalismo e conheça seus limites em relação a bebida. Se você não bebe ou não quiser beber, tente pedir um refrigerante, um drinque não alcoólico ou uma água com gás e limão. Tomara que ninguém estranhe o fato de você não beber, mas, se isso acontecer, diga algo como "Acordo cedo amanhã, então preciso estar cem por cento" ou simplesmente "Eu não bebo". Assim, recusar beber socialmente fica parecendo mais uma circunstância, e não uma recusa a se entrosar com seus colegas. E, se você for menor de idade, não beba: além de ser contra a lei, isso pode ter reflexos negativos em seus superiores.

Jogue o jogo

Aprendemos, portanto, a iniciar uma conversa e ficar de olhos abertos para detectar oportunidades e lances. Agora precisamos fazer essa partida de tênis imaginária durar. Isso significa lançar bem a bola para o outro lado rebater. Vejamos algumas táticas para se tornar expert em conversas.

Considere o seguinte exemplo:

Joyce: "Como foi seu fim de semana?"

Anand: "Foi legal."

Joyce: "O que você fez?"

Anand: "Saí com uns amigos."

Joyce: "Que legal! Que tipo de amigos?"

Anand: "Uns amigos da minha cidade."

    Silêncio

Do ponto de vista de Joyce, conversar com Anand é como conversar com uma parede. Se eles estivessem numa quadra de tênis, seria como se Anand não devolvesse a bola. Eis um exemplo melhor:

Joyce: "Como foi seu fim de semana?"

Anand: "Foi bom! Tinha uns amigos meus na cidade. Eles não conheciam Boston, então foi divertido mostrar a cidade para eles. E você? O que fez?"

Joyce: "Fiquei doente, então não saí de casa. Pelo visto você se divertiu, não foi?"

Anand: "É, foi legal pôr a conversa em dia. Mas, puxa, que chato isso. Tem uma virose rolando por aí mesmo. Fiquei o fim de semana passado inteiro de cama. Pelo menos você descansou?"

Joyce: "Descansei, ainda bem. O bom foi ter caído durante a folga. Eu detestaria ficar doente esta semana."

Anand: "Ah, é! Você tem uma apresentação importante, não é? Como está se sentindo em relação a isso?"

Joyce: "Tenho, sim, que boa memória! Estou tranquila, mas só por causa de toda a sua ajuda semana passada. Eu não teria conseguido sem você."

Se essa versão do diálogo de Anand e Joyce prova alguma coisa, é que é possível ter uma boa conversa sem muito conteúdo e, de quebra, ainda fortalecer uma relação profissional. Basta fazer o esforço de rebater a bola. A seguir, as táticas usadas tanto por Joyce quanto por Anand.

- **Acrescente detalhes suplementares.** Joyce não precisava mencionar que tinha ficado doente naquela semana e Anand não precisava falar sobre mostrar Boston para os amigos, mas ambos deram ao outro alguma informação à qual se agarrar.
- **Enfatize os pontos em comum.** Mesmo com um assunto de tão pouca importância, como pegar uma virose, os pontos em comum são um jeito infalível de construir compatibilidade. Conversar sobre algo com o qual os dois lados estejam familiarizados torna mais fácil para todos incluir material na conversa. Antes das chamadas com pessoas para quem você mandou e-mails a seco ou que lhe foram apresentadas, faça uma pesquisa on-line e procure experiências compartilhadas: pode ser a mesma cidade, a mesma escola, as mesmas atividades extracurriculares, os mesmos hobbies ou o mesmo histórico profissional. Como você está solicitando o tempo de alguém, a expectativa oculta é que já saiba algo sobre a pessoa e leve uma lista de perguntas que demonstrem que fez seu dever de casa.
- **Concentre-se em aceitar, não em rejeitar.** É mais fácil construir a

partir do que os outros disseram do que discordar ou forçar outro tema. Na dúvida, tente aquilo que os atores de improvisação chamam de "Sim, e também...": aceite o que a outra pessoa acabou de dizer e, em seguida, acrescente um comentário que tenha a ver com esse assunto.
- **Faça perguntas.** Isso não só demonstra seu interesse em relação ao outro, mas também dá a ele a chance de compartilhar mais detalhes, algo com que você possa, por sua vez, se identificar e transformar numa resposta. Isso pode ser especialmente útil quando você não conseguir se relacionar com a experiência do outro e portanto não puder encontrar nenhum detalhe sobre si para compartilhar. Nem sempre é preciso dizer: "Ah, é! Eu também!" Pode ser igualmente eficaz dizer: "Ah, é? Que interessante! Como foi isso?"
- **Escute.** Quanto mais os outros virem você como alguém que ouve e não alguém que interrompe, mais vão compartilhar e mais fácil será sustentar uma conversa.
- **Equilibre seu tempo de fala.** Ninguém quer ficar sentado escutando um monólogo e ninguém quer sentir que está falando com uma parede. Se você já falou muito, experimente fazer uma pergunta. Se fez perguntas demais, tente acrescentar mais contexto na sua próxima pergunta, comentando sobre a resposta do outro ou então introduzindo detalhes suplementares a seu respeito.
- **Lembre-se dos detalhes.** Todo mundo gosta de se sentir importante, e o fato de os outros lembrarem detalhes sobre nós será sempre agradável. Algumas boas opções a tentar são "Se bem me lembro, acho que você comentou que _____", ou "Você não disse no outro dia que _____?", ou então "Andei pensando sobre o que você falou antes em relação a _____".
- **Emane energia positiva.** Um executivo de tecnologia me disse: "Existem dois tipos de pessoa: as energizantes e as vampiras. Ninguém gosta de quem vive reclamando; isso suga a energia dos outros. É preciso ser positivo!" Embora compartilhar experiências negativas possa criar compatibilidade, procure deixar que os outros tomem essa iniciativa.
- **Livre-se de todas as distrações.** Mas, se precisar realizar várias tarefas ao mesmo tempo, deixe claro o que está prestes a fazer. Muitas

vezes basta dizer: "Desculpe a falta de educação, mas estou esperando um e-mail da minha chefe e acabei de sentir meu celular vibrar. Continue falando, estou ouvindo."
- **Mantenha um bom ritmo.** Se você fizer uma pausa longa demais antes de falar, a conversa pode ficar esquisita. Se fizer uma pausa curta demais, corre o risco de interromper o outro e parecer que está só esperando que se cale para poder intervir. Então deixe que seu interlocutor conclua o raciocínio e em seguida aguarde um segundo antes de começar a falar.
- **Espelhe os outros.** Preste atenção no estilo de fala e na linguagem corporal do seu interlocutor. Experimente adotar um estilo semelhante. Fazer isso pode ajudar os outros a verem você como mais compatível.
- **Vá diminuindo lentamente o ritmo da conversa.** Para terminar a conversa de modo elegante, tente se reclinar no seu assento, levantar-se ou então dizer "Não quero tomar seu tempo" ou "Vamos indo?". Observe também o comportamento dos outros: se as pessoas de repente começarem a responder mais devagar, remexer-se na cadeira, resumir a conversa, falar sobre os próximos passos ou dar respostas curtas, elas podem estar tentando lhe dizer que precisam encerrar por ali.

Não me entenda mal: ter uma conversa fluida com um desconhecido é difícil, principalmente se você não tiver a mesma criação, as mesmas experiências e os mesmos interesses que ele. Eis o que um gerente de contas numa empresa de mídia me disse: "Meus colegas ficavam conversando sobre o seriado *The Bachelor* e sobre o fim de semana em suas casas de campo. Minha chefe vivia dizendo: 'Sábado vou sair de barco no lago.' Eu ficava quieto porque me sentia deslocado. Tínhamos origens socioeconômicas distintas. Certa vez minha gerente perguntou quais seriam meus planos para o fim de semana e eu disse que iria a um show de hip-hop, mas ela não pareceu interessada. Depois disso, quando as pessoas falavam sobre seus fins de semana, eu ficava quieto e pronto."

Quando voltamos a conversar um ano mais tarde, porém, ele tinha percebido que, embora sua gerente pudesse ter encontrado temas de conversa mais inclusivos, ele também poderia ter se esforçado mais para se conectar com os outros: "Seu trabalho não é apenas fazer seu trabalho. É também construir relações. Networking pode parecer um termo negativo, mas nada mais é do que construir relações – e fazer isso é essencial se você quiser ter uma carreira bem-sucedida. Eu poderia ter demonstrado interesse dizendo 'Não estou habituado a casas de campo. O que você mais gosta de fazer por lá?', ou então 'Ah, que interessante, isso me lembra _____.'"

Se você estiver entrando em pânico numa conversa e for impossível se lembrar de uma longa lista de dicas, pense numa sigla que um capitão do Exército me ensinou certa vez: EAR. A sigla vem de *engage, ask, repeat*. Demonstre interesse (*engage*) pelo que os outros tiverem a dizer: escute, absorva, pense. Em seguida, faça alguma pergunta relacionada ao assunto (*ask*). Por fim, repita esse processo (*repeat*): continue se interessando e perguntando até o assunto se esgotar ou até você ter que voltar ao trabalho. Se o assunto não lhe for muito familiar, concentre-se em fazer perguntas. A Figura 11-1 mostra o ciclo EAR.

Independentemente dos truques que você usar para fazer a conversa fluir, lembre-se: aprender e aplicar um conjunto de regras tem apenas uma eficácia limitada. Não há nada que substitua a criação espontânea de uma conversa que ambos os lados apreciem. Então fique à vontade para fazer o que for preciso para começar, mas, conforme for ganhando experiência, jogue fora todas as regras e concentre-se em conhecer a outra pessoa. Você começou a partida de tênis da conversa. Agora não pare de rebater bem a bola!

FIGURA 11-1

Como fazer uma conversa fluir

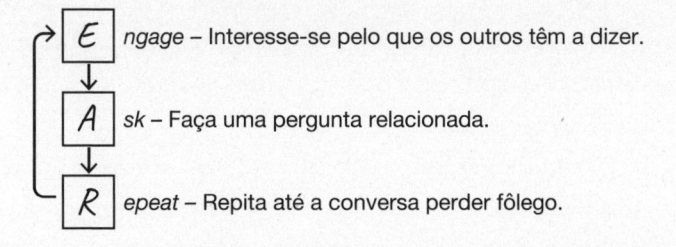

E ngage – Interesse-se pelo que os outros têm a dizer.

A sk – Faça uma pergunta relacionada.

R epeat – Repita até a conversa perder fôlego.

Mantenha a relação evoluindo

Relações não se constroem com base em conversas isoladas. Elas se constroem a partir de muitas interações ao longo de várias semanas e meses. Agora que reagimos de modo positivo aos lances e tivemos uma ou duas conversas, cabe a você manter viva a relação. Eis sete táticas a tentar, por ordem de envolvimento:

- **Diga "oi" de novo.** É surpreendente a quantidade de pessoas que não fazem isso. Não cumprimentar alguém que você já conheceu pode ter um impacto semelhante a dizer "Eu não me lembro de você". Dê um "Oi", faça um meneio de cabeça, lance um sorriso ou diga: "Que bom rever você." Se não recordar o nome de alguém, tente isto: "Desculpe, nós nos apresentamos tão depressa que esqueci seu nome. Pode me lembrar?"
- **Pergunte como andam as coisas.** Uma pergunta simples como "Fez boa viagem?" ou "Correu tudo bem com _____?" pode ser um jeito fácil de demonstrar que você está prestando atenção e que se importa.
- **Compartilhe notícias relevantes.** Você achou um artigo, vídeo, podcast, newsletter ou evento relevante para alguém? Se sim, encaminhe o link dizendo: "Talvez você já tenha visto isto, mas me lembrei da nossa conversa." É um jeito fácil de demonstrar que você ainda está pensando na pessoa.
- **Proponha uma apresentação.** Se você cruzar com alguém que tem interesses parecidos ou pode ser útil para a pessoa que você conheceu, pergunte se ela gostaria de ser apresentada. Então fale com seu contato para ver se ele estaria interessado e, se for o caso, faça a mediação dessa "apresentação duplamente voluntária", sobre a qual já falamos aqui. Você também pode se tornar "socialite" – e, consequentemente, influenciar pessoas.
- **Demonstre gratidão.** Se alguém tiver aconselhado ou ajudado você, mande um e-mail agradecendo pouco depois do seu encontro (de preferência no dia seguinte, mas o mais tardar dentro de uma semana). Não fazer isso, principalmente se quem tiver pedido a con-

versa foi você, pode soar como "Eu não tenho por que agradecer". Procure dar notícias e agradecer também à pessoa que intermediou a apresentação. Não economize nos agradecimentos. Faça os outros se sentirem bem. Todo mundo gosta da validação de um "Graças a você, eu _____".

- **Comente que gostaria que vocês trabalhassem juntos.** Quando estiver conversando com alguém que trabalha numa equipe ou num projeto em que você gostaria de entrar, tente dizer: "Se estiver precisando de um reforço, por favor, lembre-se de mim." Você não pode ter aquilo que não pediu. Lembre-se do mindset de *Vamos tentar*!
- **Chame para um almoço ou café, ou ponha a conversa em dia pelo telefone.** Essa abordagem também pode funcionar se você quiser uma conversa mais longa – por exemplo, se tiver interesse em saber sobre as experiências (uma pós-graduação) ou o trabalho (um projeto concluído) do outro. No entanto, como encontros podem ser complicados, saiba sobre o que gostaria de conversar e procure contatar poucas pessoas de cada vez, para não parecer que está fazendo um networking agressivo demais.

As estratégias que abordamos neste capítulo não são relevantes apenas num emprego novo. Elas são relevantes para qualquer aspecto da vida, tanto profissional quanto pessoal. E às vezes a fronteira entre o pessoal e o profissional pode não ser nítida.

Foi o que aconteceu com Donovan, um técnico de laboratório de Toronto. Ele me contou como construiu grande parte da sua rede pessoal numa cidade nova reagindo às abordagens das pessoas quando ia passear com seu cachorro num parque próximo. Seu cachorro também ajudou. Toda vez que ele o puxava na direção de outro tutor de cachorro, Donovan via a oportunidade de iniciar uma conversa: "Qual o nome do seu cachorro? Ah, é uma cachorrinha? Há quanto tempo você cuida dela?" Quando via as mesmas pessoas no dia seguinte, ele perguntava sobre a sua semana e há quanto tempo elas moravam no bairro. Em pouco tempo, já fazia parte de um grupo de mensagens junto com outras pessoas que levavam seus cães para passear às 7 da manhã, muitas na casa dos 30 ou 40 anos.

Três anos mais tarde, Donovan tinha a intenção de se mudar para Houston e estava procurando emprego. Sua ideia era passar para o mercado imobiliário ou para algum outro trabalho mais tangível do que o laboratório: ele queria ver e tocar o resultado de seus esforços. Falou sobre esses planos com vários de seus amigos tutores de cães. Um deles propôs apresentar Donovan a Karis, uma amiga da sua família que trabalhava com imóveis em Nova York. Apesar de não estar procurando emprego em Nova York, Donovan aceitou a apresentação.

Ao telefone, Karis propôs passar o currículo de Donovan para Vicky, uma amiga de faculdade que trabalhava na construção civil em Houston. Depois de falar com Vicky ao telefone, Donovan a conheceu junto com vários colegas num almoço depois de chegar a Houston. Quando eles estavam prestes a sair do restaurante, um amigo de uma das colegas de Vicky – um superintendente numa construtora – passou e começou a conversar com o grupo. Donovan se apresentou. No fim das contas, a empresa de Vicky não abriu nenhuma vaga, mas a colega de Vicky tinha passado o currículo de Donovan para o superintendente da outra construtora. Uma semana mais tarde, Donovan foi contratado como gerente de projetos.

Se a história de Donovan me ensinou alguma coisa, é que nunca se sabe para onde uma relação pode nos levar, principalmente se você tiver o mindset de *Vamos tentar*. Nesse caso, Donovan não sabia até onde um contato de quinto grau poderia levá-lo. A primeira vez que se faz algo é sempre esquisita. Isso inclui dizer "oi" para um desconhecido. Mas as coisas sempre ficam mais fáceis na segunda, na terceira e na quarta vez. Em pouco tempo, esse total desconhecido acaba se tornando um rosto familiar, um conhecido com quem você tem um relacionamento cordial, um aliado ou, em alguns casos, um leal defensor. Aquele colega com quem você achava que não tinha nada em comum acaba partindo para uma oportunidade melhor... e levando você junto. Aquela gestora a quem você não esperava sequer dizer oi acaba lhe escrevendo uma carta de recomendação. Comece agora! Quanto antes der início ao círculo virtuoso de pessoas e oportunidades, mais relações construirá e mais cedo as oportunidades começarão a surgir.

EXPERIMENTE

- **Inicie a conexão:** atente e reaja positivamente aos "lances" (solicitações de conexão humana); encontre oportunidades para dar lances; peça apresentações; mande e-mails a seco; seja presente e se faça notar.
- **Jogue o jogo:** interesse-se pelo que os outros estão dizendo, faça perguntas e repita esse processo.
- **Mantenha a relação evoluindo:** cumprimente as pessoas quando as reencontrar e busque maneiras de manter a conversa fluindo e o relacionamento vivo.

Segredos para

PROGREDIR NA CARREIRA

Vire um ás das reuniões

Peter, analista numa empresa de venture capital, tinha passado dias preparando um relatório de pesquisa sobre uma startup de tecnologia na qual a empresa estava interessada em investir. Certo dia, haveria uma videochamada com a CEO da startup, e Peter iria participar junto com o sócio executivo da sua empresa, o vice-presidente (VP) e o principal colaborador. Depois de terminar o relatório, mandou o documento para os colegas e respirou aliviado. Pensou que seu trabalho estivesse concluído.

Durante a reunião, os colegas de Peter bombardearam a CEO com perguntas sobre o mercado-alvo da startup, sua estratégia societária e seu plano de contratação. Peter se limitou a escutar, sem interferir.

– O slide 6 mostra um mercado saturado, com vários players estabelecidos. O que diferencia vocês? – perguntou o sócio executivo.

– O slide 26 fala sobre sua estratégia societária, mas não entendi bem o que significam todas as setas. Será que você poderia explicar? – emendou o VP.

– Qual seu plano de contratação para os próximos dezoito meses? – acrescentou o colaborador sênior.

Após quase meia hora de perguntas incessantes, o sócio executivo disparou:

– Ainda não escutamos você, Peter. Tem alguma pergunta que queira fazer?

– Hã... – balbuciou Peter. – Não!

– Então tudo certo – disse o sócio executivo para a CEO da startup. – De nossa parte, é isso. Entraremos em contato.

Quando a CEO saiu da videochamada, o VP falou:

– Então, o que acharam? Devemos investir nessa empresa?

– Eu tenho uma pergunta – disse o colaborador sênior. – Ela disse várias vezes "terceiros". Algum de vocês entendeu a que ela estava se referindo?

Os colegas de Peter seguiram falando sobre o que lhes agradava e o que lhes desagradava na empresa. Peter permaneceu mudo. Por fim, o VP falou com ele:

– O que você acha, Peter? Ficou calado até agora.

Peter saiu da mudez:

– É... Eu acho que parece interessante. Pelo visto eles têm muitos concorrentes, mas parecem... interessantes.

Depois dessa reunião, o sócio executivo mandou uma mensagem para o VP:

Precisamos falar sobre o Peter. Ele não quer estar aqui?

O VP respondeu:

Não sei dizer. Mas ele fez um bom trabalho de pesquisa nesse relatório.

O sócio executivo retrucou:

O trabalho foi dele mesmo? Enfim, se ele é bom de relatórios, então vamos deixar os relatórios com ele. Mas não podemos mantê-lo ocupando espaço desse jeito.

Desse momento em diante, Peter deixou de ser convidado para videochamadas e passou a ser convidado apenas para as chamadas por telefone.

SAIBA

- Reuniões são oportunidades para você demonstrar estrategicamente sua competência, seu comprometimento e sua compatibilidade.
- O segredo em relação a demonstrar seus Três Cs é saber quando esperam ver e ouvir você e quando não esperam, e agir conforme o caso.
- Quanto mais você se preparar, melhor será seu desempenho.

O que aconteceu? Voltamos a uma regra oculta apresentada no Capítulo 4: modo de aprendizado (quando você ainda não sabe muita coisa e portanto as pessoas esperam que faça perguntas) *versus* modo de liderança (quando as pessoas esperam que você saiba o que está acontecendo e contribua para o debate). Peter ficou aquém das expectativas dos colegas em ambas as circunstâncias: não fez perguntas quando em modo de aprendizado e não deu sua opinião quando em modo de liderança.

A lição é a seguinte: como as pessoas não são capazes de ler seu pensamento, elas não sabem o duro que você tem dado ou como seu trabalho é bom. Mas elas vão observar a impressão que você passa nas reuniões (e em outros ambientes) e partir do pressuposto de que aquilo reflete de modo pleno e preciso seu desempenho profissional.

Como sabemos, esses julgamentos nem sempre são justos. Talvez Peter tenha pensado que não seria adequado se manifestar, uma vez que era a pessoa mais nova da cadeia de comando. Talvez tenha pensado que suas opiniões não fossem importantes o suficiente para serem compartilhadas. Talvez ele estivesse preocupado com outra coisa em sua vida e, portanto, não tivesse disposição para contribuir. Ou talvez os outros tenham sido mais rápidos para sair do modo mudo e falar, o que deixou Peter constrangido. Por mais positiva que tenha sido sua intenção, seu impacto infelizmente acabou sendo negativo.

E, embora o VP e o sócio executivo pudessem – e devessem – ter perguntado a Peter por que ele não se manifestava, eles não o fizeram. Em vez disso, confiaram em "Ainda não escutamos você. Tem alguma pergunta que queira fazer?", achando que Peter conseguiria decodificar sua sutil indireta: *você deveria dizer alguma coisa*.

Peter também poderia ter feito mais. Poderia ter pedido um feedback sobre a sua participação (tópico que abordaremos no Capítulo 13). Assim, pelo menos ele daria a seus gestores uma chance de lhe dizerem o que ele precisava ouvir. Só que ele não disse nada e, consequentemente, suas oportunidades de carreira na empresa de venture capital acabaram ficando limitadas.

Vamos garantir que você não acabe na mesma situação de Peter. Faça-se sete questionamentos para saber como agir antes, durante e após uma reunião de modo a otimizar seus Três Cs. A Figura 12-1 mostra quais são esses questionamentos.

FIGURA 12-1

Sete questionamentos a se fazer para dominar qualquer reunião

Quando perguntar

Antes da reunião
- Sobre que será essa reunião e quem estará presente?
- Qual é o meu papel nessa reunião?
- Que perguntas poderão me fazer?
- Que comentário ou pergunta seria pertinente que eu fizesse?

Durante
- Quando devo tomar a palavra?
- Qual é a melhor maneira de dizer o que eu quero?

Depois
- Preciso tomar alguma providência para dar continuidade ao assunto? Qual?

Antes da reunião

Sobre o que será essa reunião e quem estará presente?

Ao longo de uma semana cheia de trabalho, você pode receber convites de agenda do nada e pedidos como "Ei, pode participar disso?" com poucas explicações. Às vezes a gerência não teve tempo de compartilhar o contexto com você. Outras vezes, partiu do pressuposto equivocado de que você saberia algo que na realidade não sabe. Seja qual for o motivo, a expectativa implícita é que você saberá sobre o que é a reunião e terá se preparado.

Pode ser que haja um certo duplo padrão em relação a isso. Um engenheiro de uma empresa de tecnologia me disse que um dos diretores chegava com frequência atrasado às reuniões perguntando: "Muito bem, esta reunião é sobre quê?" O importante aqui é a cadeia de comando: o diretor bem graduado podia conseguir se safar com essa, mas pode apostar que, se a chefia dele estivesse na sala, o diretor chegaria preparado.

Assim, muitas vezes é melhor se resguardar e estar de prontidão para contribuir. De preferência, passe os olhos por qualquer agenda de reunião ou convite de compartilhamento de agenda assim que os receber. Desse modo você saberá qual a importância da reunião, quem mais vai estar presente (pessoas de fora da sua equipe, pessoas mais graduadas, clientes?), se os holofotes vão estar em você e se (e quanto) você precisará se preparar. Se não tiver acesso a essas informações, tente perguntar à pessoa que lhe enviou o convite ou a um colega do mesmo nível.

Em geral, as reuniões podem ser de atualização ou de discussão. Nas reuniões de atualização, normalmente as pessoas se revezam para compartilhar aquilo em que estão trabalhando e como as coisas estão indo. Reuniões de discussão costumam envolver conversas mais fluidas e livres. Apesar da aparência casual, porém, há sempre um objetivo oculto: tomar uma decisão, compartilhar informações ou chegar a algum consenso. A história de Peter envolvia todos os três objetivos. A reunião com a CEO foi para compartilhar informações sobre a startup. A conversa pós-reunião foi para chegar a algum consenso em relação aos prós e contras da startup. A conversa por mensagem instantânea, da qual Peter não teve conhecimento, foi para decidir convidar ou não Peter para futuras reuniões. A Figura 12-2 mostra os diferentes tipos de reunião.

Quanto maior a reunião, menos tempo cada pessoa terá para falar e mais fácil será "se esconder" sem ninguém perceber, principalmente se houver muitas pessoas importantes presentes. Mas, caso a reunião seja pequena (menos de seis ou sete pessoas, digamos), envolva apenas seus colegas imediatos ou seja sobre um tema no qual você trabalhou, é provável que a atenção em algum momento se volte para você. E isso significa que você precisa estar alerta – e talvez refletir sobre as possíveis perguntas.

FIGURA 12-2

Tipos de reunião que você pode ter no trabalho

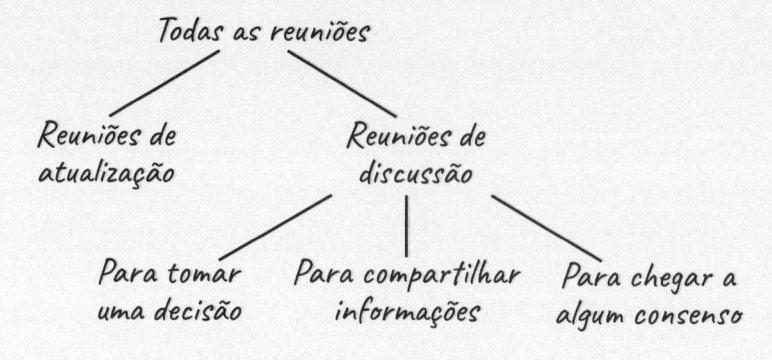

```
                    Todas as reuniões
                    /              \
         Reuniões de              Reuniões de
         atualização              discussão
                              /      |       \
                   Para tomar   Para compartilhar   Para chegar a
                   uma decisão     informações       algum consenso
```

Qual é o meu papel nessa reunião?

Num cargo júnior, você pode esperar desempenhar nas reuniões um dos três papéis implícitos:

DEIXAR QUE VEJAM E OUÇAM VOCÊ. As reuniões nas quais se espera ver e ouvir você em geral são menores, internas à equipe, ou sobre temas nos quais você tem trabalhado. Quanto mais experiência de trabalho você tiver, quanto mais experiente for em determinado tema, quanto menos hierárquica for a equipe para a qual você trabalha e quanto menores forem as suas reuniões (permitindo assim que os holofotes sejam compartilhados por todos), mais você terá esse papel nas reuniões.

Esse também era o papel implícito de Peter – muito embora sua empresa fosse hierárquica, ele era supostamente a pessoa presente com mais conhecimento, uma vez que havia preparado o relatório de pesquisa. Estava também participando de uma reunião na qual os holofotes estavam sobre todos igualmente, não apenas sobre a pessoa com o cargo mais alto. Se você receber convite para uma reunião pequena sobre um projeto no qual está trabalhando, procure perguntar ao seu gestor se precisa preparar alguma coisa. Às vezes você pode até ouvir: "Sabe de uma coisa? Quem deveria apresentar isso é *você*. Você é quem mais conhece os detalhes mesmo." E, simples assim, uma nova porta de oportunidade terá se aberto.

DEIXAR QUE VEJAM VOCÊ, MAS NÃO OUÇAM. As reuniões nas quais se espera que você apareça, mas fique em silêncio, em geral são presenciais ou por videochamadas de maior porte, que envolvem mais pessoas importantes, clientes externos ou temas externos a seu espaço de atuação. Você terá esse papel com mais frequência se trabalhar num ambiente hierárquico no qual só as pessoas mais graduadas se manifestam nas reuniões. Nesses casos, todos que forem juniores em geral vão se sentar calados, escutar, tomar notas e falar apenas se forem solicitados. Nos ambientes de trabalho mais hierárquicos, muitas vezes as pessoas juniores se sentam junto à parede ou no final da mesa.

NÃO DEIXAR QUE VEJAM NEM OUÇAM VOCÊ. As reuniões nas quais ninguém espera ver ou ouvir você são geralmente por videochamadas em que alguém mais graduado da sua organização fala com outra pessoa graduada de outra organização. Em alguns casos é possível ter duas pessoas falando, mas uma dúzia escutando em silêncio.

Quando esse for o seu papel, espera-se que você tome notas, as quais passará a limpo e mandará para todos depois da reunião. Se não tiver certeza de que deve fazer isso, pergunte ao seu gestor. E, se não tiver oportunidade de perguntar, reconheça padrões no que os outros colegas do mesmo nível que o seu estão fazendo e espelhe-os. Quando não tiver que fazer nada a não ser escutar, aproveite o espetáculo: reuniões podem ser uma oportunidade divertida de ler nas entrelinhas.

A Figura 12-3 mostra os três tipos de papel que você pode ter nas reuniões.

FIGURA 12-3

O que você pode esperar fazer nas reuniões

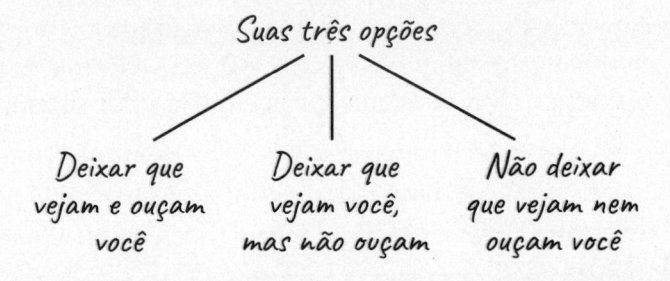

Suas três opções

- Deixar que vejam e ouçam você
- Deixar que vejam você, mas não ouçam
- Não deixar que vejam nem ouçam você

Não importa o tipo de reunião ou as suas responsabilidades explícitas, você em geral pode esperar pelo menos duas responsabilidades *ocultas*: aprender (principalmente se chegou agora na empresa) e representar sua equipe (especialmente se for a única pessoa da sua equipe na reunião).

Eis um exemplo de quando se esperava que alguém aprendesse, mas a pessoa não aprendeu. Uma gerente de merchandising numa empresa de móveis certa vez me disse como vivia convidando seu colaborador para reuniões de negociação com fornecedores. Essa gerente tinha um certo estilo de negociação e esperava que seu colaborador tomasse notas e aprendesse. Mas, quando a gerente quis que o colaborador conduzisse a negociação seguinte, ele perguntou: "E eu digo o quê?" Nas palavras da gerente: "Se você está presente, espero que esteja aprendendo. Por que mais eu o teria convidado?"

E eis um exemplo de quando se esperava que alguém representasse a equipe. Uma representante de desenvolvimento de negócios (BDR) numa empresa de tecnologia certa vez ouviu gerentes de outras equipes conversando sobre uma futura reunião interdepartamental. Essa BDR informou à sua gerente: "Talvez você já saiba disso, mas ouvi falar numa reunião estratégica de *go-to-market* com vários departamentos que, acho eu, coincide com as suas férias. Pensei que você fosse querer saber caso pretenda que nossa equipe seja representada."

A gerente na verdade não sabia sobre a reunião, que era de fato importante. No fim das contas, ela encontrou um substituto para comparecer em seu lugar e convidou a BDR para participar também. Você nunca sabe se o seu papel numa reunião pode conduzir a novas oportunidades, então não tenha medo de falar se tiver informações potencialmente válidas.

Que perguntas poderão me fazer?

Qualquer que seja o tipo de reunião, é comum que lhe façam estas três perguntas:

- Em que você está trabalhando?
- Qual é o status de _____?
- Pode nos falar mais sobre _____?

Responder a essas perguntas de forma confiante e concisa pode ser um ótimo jeito de demonstrar sua competência e fazer os outros pensarem: *Uau, essa pessoa sabe mesmo do que está falando!* Para causar a melhor impressão possível, experimente revisar todos os seus projetos passados, presentes e futuros e se preparar mentalmente para dizer as seguintes frases num tom seguro:

- Estou trabalhando em _____, que demanda _____.
- Até agora fiz _____ e depois vou me concentrar em _____.
- Espero terminar _____ até _____.
- Seria bom alguém me ajudar a _____ por causa de _____.
- Sei que alguém perguntou sobre _____ da última vez. Eu averiguei e descobri que _____.

Se você tiver algum trabalho no seu computador que as pessoas possam querer ver, procure também abrir seus arquivos antes da reunião para poder compartilhar sua tela de modo rápido e confiante caso alguém peça. Assim você diz com elegância "Eu posso compartilhar, sim. Aqui está" em vez de gaguejar e se afobar como se não tivesse feito seu trabalho. Essa é outra forma sutil, porém eficaz, de sinalizar que está com a situação sob controle.

Que comentário ou pergunta seria pertinente que eu fizesse?

Se tiver tempo para se preparar (e especialmente se uma reunião incluir alguém que você gostaria de impressionar), procure comparecer com pelo menos um comentário e uma pergunta pertinentes. Isso pode ser mais útil ainda se você costuma travar durante as reuniões.

A palavra "pertinente" pode soar assustadora, mas significa apenas que o que você disser deve ser importante para a discussão *e* apontar algo faltante, problemático, confuso, errado ou inesperado. Aquilo que se considera uma ideia "importante" pode depender dos objetivos da reunião. Se o objetivo for tomar uma decisão, então qualquer detalhe que possa impactar a decisão será importante. Se o objetivo for compartilhar informações ou chegar a um consenso, então qualquer coisa que os outros possam achar interessante será importante.

Às vezes você vai receber "leituras prévias": materiais a serem lidos antes da reunião. Tente lê-los (ou pelo menos passar os olhos); os ingredientes de que você precisa para preparar um comentário pertinente estão escondidos em algum lugar desse material. Você pode usar as seguintes perguntas para avaliar esses dados:

- O que está faltando?
- O que é problemático?
- O que está confuso?
- O que está errado?
- O que é inesperado?

Sempre que você encontrar algo nos materiais da reunião que se encaixe em algum desses critérios, tente tomar nota. Para reuniões importantes que envolvam clientes e muitos detalhes, podem ser necessárias horas de preparação. Com frequência, porém, esse processo leva menos de meia hora. (É por isso que muita gente gosta de deixar janelas de meia hora entre uma reunião e outra: para passar os olhos em qualquer material disponível de modo a comparecer com algo inteligente a dizer.) Embora talvez não se espere que você fale nas reuniões quando tiver acabado de chegar a uma equipe (a depender da cultura do seu ambiente de trabalho), cogite adotar a regra de um comentário e uma pergunta pertinentes mesmo assim. Mal não há: mesmo que você nunca chegue a apresentar seu comentário ou sua pergunta, quanto mais informações tiver, melhor conseguirá acompanhar o debate. E quanto mais você for treinando pensar em comentários e perguntas, mais ágil vai ficar – e menos tempo vai precisar gastar no futuro na sua preparação para as reuniões.

Durante a reunião

Se estiver numa reunião na qual se espera que você tanto apareça quanto fale – ou se você se der conta de que precisa falar porque todos os outros de mesmo nível estão fazendo isso –, vai precisar saber quando e como expor suas ideias.

Quando devo tomar a palavra?

Em algumas reuniões, em especial nas maiores, pode ser que você só tenha uma única oportunidade de tomar a palavra. Às vezes ela não será nada além dos quinze segundos que terá para se apresentar (sua narrativa externa). Você vai querer fazer isso do modo mais claro e seguro possível: "Oi, meu nome é _____ e sou _____, responsável por _____." Faça essa primeira única impressão ser marcante. Em outras reuniões, pode-se esperar que cada pessoa fale várias vezes, e nesse caso uma expectativa semelhante também se aplicará a você. Saiba reconhecer o padrão oculto.

A hora em que você fala também pode ser uma escolha estratégica. Quanto mais cedo falar, mais cedo estabelecerá sua presença e mais influência terá no tom e na direção da conversa, mas também pode correr o risco de seu argumento ser esquecido depois. Quanto mais tarde você falar, mais influência poderá ter na decisão final, mas também pode correr o risco de deixar o debate tomar uma direção com a qual talvez não concorde.

Você também vai querer escolher com cuidado o momento de fazer seu comentário durante a discussão. Se quiser sugerir que a equipe crie um vídeo promocional, experimente abordar o assunto quando o grupo já tiver concordado com a ideia de criar uma campanha de marketing. Se fizer a sugestão cedo demais, as pessoas podem não entender por que um vídeo seria sequer necessário. Se fizer a sugestão tarde demais, depois de o grupo ter começado a falar sobre o orçamento do próximo ano, pode ser que tenha perdido a oportunidade.

Esqueça a timidez na hora de trazer novas informações para a reunião. Você leu um artigo, ouviu um podcast, assistiu a um vídeo ou de algum outro modo se inteirou de algo (que não seja confidencial) capaz de ajudar as pessoas a tomarem uma decisão mais informada? Talvez seja bom comentar. Muitas vezes os comentários mais interessantes são de pessoas que mencionam notícias relevantes ou exemplos do que outros estão fazendo.

Qual é a melhor maneira de dizer o que eu quero?

Seu objetivo aqui não é apenas falar, mas fazer com que ouçam e se lembrem de você. Isso significa falar de modo claro, conciso e seguro. Em primeiro lugar, avalie se o timbre e a entonação da sua voz indicam que você está fazendo uma afirmação ou uma pergunta. Uma pessoa nervosa pode facilmente transformar afirmações como "A análise de apoio está na página 16" (e soar segura) numa pergunta como "A análise de apoio está na página 16?" (e soar insegura). Eu, por exemplo, até hoje estou tentando superar o hábito de fazer perguntas quando deveria estar fazendo afirmações.

O que fazer quando ninguém parece ouvir

As reuniões podem ser um dos terrenos mais desiguais no ambiente de trabalho. Um número incalculável de mulheres já me contou sobre suas experiências de não terem sido chamadas para falar. E, caso fossem, muitas eram interrompidas ou ignoradas, ou então faziam um comentário que algum homem repetia mais tarde na reunião, levando todo o crédito.

Já escutei sobre experiências semelhantes de profissionais pertencentes a minorias raciais, falantes não nativos do idioma do trabalho ou pessoas que falam baixo. Pessoalmente, tive dificuldade para lidar com gestores que pareciam ter audição seletiva em relação às minhas contribuições durante as reuniões; eles chegavam a reclamar que eu nunca dizia nada, quando na verdade eram eles que não estavam escutando. Se você se vir precisando lutar para dizer alguma coisa, saiba que o seu ponto de vista importa. Isso pode ser cansativo, mas continue tentando. A seguir, algumas ideias:

- Se as suas reuniões estiverem acontecendo por videochamada, experimente digitar sua ideia na janela de chat. Embora nem todo mundo preste atenção no que está sendo falado, as pessoas em geral leem e reagem ao que está escrito naquela janelinha.
- Se você tiver um colega de confiança que é ouvido com frequência, tente torná-lo seu aliado ou amplificador nas reuniões. Ele (ou ela)

Em seguida, reflita sobre como você vai entrar na discussão. Qualquer uma destas fórmulas pode ajudar a conectar seu comentário com o que foi dito, de modo que as pessoas vejam sua relevância:

- Concordo. Além disso...
- Em relação ao que _____ falou sobre _____ ...
- Aprofundando o que _____ disse...
- Gostei do que _____ falou sobre _____. Isso suscita a questão de _____ .
- Para dar continuidade ao que _____ disse...

pode chamar você para falar, dar deixas do tipo "Como Ayane disse" ou "Em relação ao que Ayane disse", ou então lembrar delicadamente ao grupo que a ideia que todos estão elogiando na verdade veio de você quinze minutos antes.
- Se um colega levar o crédito por materiais relacionados à reunião que forem de sua autoria, cogite pôr seu nome no documento e enviá-lo por e-mail para o grupo. Assim, mesmo que outra pessoa esteja falando, fica claro para todo mundo que quem fez o trabalho foi você.
- Se alguém em cargo de gestão ou mentoria incentivar você a falar com mais frequência, experimente compartilhar com essa pessoa um tema que gostaria de apresentar. Talvez ela possa separar um tempo para você falar numa reunião futura. Quanto mais pessoas ouvirem você, e quanto mais impressionadas ficarem, mais vão querer sua opinião no futuro.

Se esta seção não parece se aplicar a você, talvez o ambiente lhe seja favorável. Mas junto com o privilégio vem a responsabilidade. Se você constatar que alguém na sua equipe não é ouvido com a mesma facilidade que você, procure se aliar a essa pessoa e amplificar o seu discurso. É uma oportunidade de fazer a diferença.

Se você estiver num grupo de extrovertidos que falam rápido ou de colegas experientes, pode ser intimidador acompanhar o que está acontecendo e *ao mesmo tempo* encontrar algo a dizer. Quando der aquele branco e você não souber como contribuir, considere tentar as seguintes alternativas:

- Fale sobre uma experiência, faça uma comparação ou apresente um dado relevante: "Isso me lembra _____ , quando nós _____ ."
- Contra-argumente com uma implicação, contradição, limitação ou exceção: "Gostei da ideia, mas isso suscita a questão de _____ ."
- Dê o ponto de vista de alguma parte interessada que ainda não tenha sido levado em conta: "Isso faz sentido do ponto de vista de _____ , mas do ponto de vista de _____ ..."
- Organize ou resuma as ideias dos outros, ou estruture a questão em pauta: "O que estou ouvindo é que existem três opções: _____ ."
- Conduza o grupo de volta ao tema principal, a uma decisão anterior ou a uma decisão relacionada aos próximos passos: "Antes de avançarmos, gostaria de confirmar se _____ ."

Não espere pensar no comentário mais genial do mundo para falar. Sua contribuição não precisa ganhar o Prêmio Nobel, só dar um leve empurrãozinho para fazer o grupo avançar. Preciso ficar lembrando isso a mim mesmo o tempo todo. Eu penso: *Essa ideia é óbvia, não vou dizer nada*. Aí outra pessoa faz exatamente o mesmo comentário e leva todo o crédito. Ou então passo vários minutos lapidando na cabeça o comentário perfeito, só para alguém dizer algo imperfeito, mas útil. Abaixe seus padrões. Fazer uma pergunta muitas vezes pode ter exatamente o mesmo impacto de fazer uma afirmação. Contanto que a sua pergunta ajude o grupo a esclarecer algo e que você apresente suas dúvidas usando a estrutura "Esta é a minha pergunta e estou perguntando por isto" ou "Isto é o que eu sei e isto é o que eu não sei", é improvável que alguém acuse você de fazer uma pergunta idiota.

Quando começar a dar seu recado, preste atenção na sua aparência e na sua voz. Quando estamos nervosos, falar depressa é uma tentação. Se for essa a sua tendência, fale duas vezes... mais devagar... do que quer falar.

Assim vai soar com mais clareza e passar mais segurança. Também é fácil olhar para baixo ou para cima, afundar na cadeira, mexer na caneta, brincar com os cabelos ou com a barba ou ficar se sacudindo. Se alguma dessas for a sua tendência, procure manter contato visual firme com a pessoa com quem estiver falando ou com qualquer ouvinte, sustentando o olhar dessa pessoa por um segundo antes de passar para a próxima. Sente-se com a coluna ereta na cadeira e faça gestos lentos e fluidos. Se estiver ao telefone e sentir mais confiança ao falar em pé, experimente se levantar durante a chamada.

Depois da reunião

Preciso tomar alguma providência para dar continuidade ao assunto? Qual?

A reunião pode acabar quando todo mundo se desconecta ou sai da sala, mas a oportunidade de exercitar seus Três Cs perdura. Existe algum ponto que você precise esclarecer? Ou você ficou em silêncio durante a reunião e precisa reforçar seu comprometimento com a gerência? Se sim, tente fazer algumas perguntas de follow-up usando a abordagem de *fazer o seu dever de casa – e mostrar que fez* (Capítulo 3).

Alguma tarefa lhe foi atribuída de modo implícito ou explícito? Repita o que você ouviu para a pessoa com a qual precise trabalhar dizendo: "Só para recapitular, faria sentido eu fazer _____ agora?" (Capítulo 8).

O grupo espera que você mande suas anotações ou o resumo da reunião? Se sim, edite suas anotações: verifique ortografia, gramática e formatação, anexe qualquer arquivo relevante e envie. Inclua uma lista com as decisões tomadas, os próximos passos, a quem compete cada tarefa e os prazos combinados.

Havia alguém na sala de reunião que você gostaria de conhecer, com quem gostaria de aprender ou manter contato? Tente enviar uma mensagem dizendo "Foi um prazer ter conhecido você mais cedo na discussão sobre _____. Espero que possamos trabalhar juntos" ou qualquer das opções discutidas no Capítulo 11. Estar na mesma reunião já basta como pretexto para entrar em contato com alguém mais uma vez. Pense se você também precisa construir uma relação mais forte com a gerência e os colegas de equipe. Uma pergunta rápida do tipo "Como vocês acham que correu a reunião?" às vezes pode ser suficiente para iniciar uma conversa.

É claro que follow-ups não são necessários, ou mesmo recomendados, todas as vezes. Pode ser que essa tenha sido uma daquelas reuniões que deveriam ter sido um e-mail. Pode ser que a reunião só tenha acontecido para agradar alguém importante. Pode ser que todos os homens estejam subconscientemente esperando uma mulher se oferecer para fazer o trabalho doméstico do escritório. Se não fazer nada for sua melhor opção, não faça nada.

O que fazer quando você estiver no comando

Assim como você pode esperar sair do modo de aprendizado e progredir para o modo de liderança conforme vai firmando seus Três Cs, também pode esperar deixar de apenas comparecer às reuniões e passar a organizá-las. Às vezes essas reuniões serão atualizações casuais com seus gestores e sua equipe. Outras vezes, especialmente se você trabalhar numa organização pequena como uma startup, talvez se espere que conduza reuniões inteiras com outros departamentos ou até clientes. Se você se vir nesse papel, experimente seguir estes sete passos:

- **Determine o objetivo e o tema.** Visualize o resultado esperado e então faça o caminho reverso. Que decisões você quer ter tomado ao final da reunião? Que temas quer ter discutido? Procure listar os objetivos, as perguntas para discussão ou o tema da reunião e compartilhá-los, para as pessoas não reclamarem que essa foi mais uma reunião que poderia ter sido um e-mail.
- **Escolha os participantes.** Considere sua lista RACI. Quem precisa estar presente para a decisão acontecer? Quem deveria ser convidado por cortesia, mesmo que não compareça? Entre os mais graduados, quem poderia preferir marcar a reunião via assistente? Na dúvida, pergunte à sua chefia.
- **Decida o horário, o local e o método da reunião.** Quando todo mundo estará disponível? (Cuidado com os fusos horários!) Que meio funcio-

na melhor (presencial, videochamada ou chamada)? Tente fazer uma enquete com seus participantes, consultar agendas ou simplesmente decidir por conta própria e em seguida mande o convite de compartilhamento de agenda. Limite a reunião à menor duração possível.
- **Compartilhe leituras e trabalhos prévios.** Há algum documento que as pessoas devam ler ou pesquisas que precisem fazer antes da reunião? Você quer que elas cheguem com ideias? Pense no que as pessoas podem fazer sozinhas para tornar a reunião mais produtiva, depois compartilhe essas diretrizes com o grupo. Se precisar que alguém fale ou tome notas, peça com antecedência, para que a pessoa possa concordar e vá preparada.
- **Prepare o terreno.** O que você vai dizer no início da reunião para ajudar as pessoas a entenderem seu objetivo mais amplo? Que tom gostaria de estabelecer? Se acha que o nervosismo pode atrapalhar, experimente listar os tópicos principais e pedir a opinião da gerência.
- **Mantenha as pessoas no rumo certo.** Como "presidente" da reunião, sua principal tarefa é abordar todos os temas necessários. Assim, prepare-se para ficar de olho no relógio, manter as pessoas concentradas no tema e nos objetivos gerais e redirecioná-las caso se afastem do assunto.
- **Esclareça os próximos passos.** Assim como você deve repetir em voz alta as instruções quando recebe uma tarefa, reserve os últimos minutos da reunião para esclarecer as decisões tomadas e definir de quem é cada responsabilidade agora. Procure enviar "atas" (anotações) da reunião, se necessário.

No fim das contas, tornar-se um ás das reuniões tem tanto a ver com projetar competência, comprometimento e compatibilidade quanto com reconhecer qual é o seu papel. Eis o que um executivo da área de recrutamento me disse: "A compreensão e o conhecimento têm mais valor do que apenas fingir e chegar ao fim da reunião. Fingir pode funcionar a curto prazo, mas as pessoas que fizerem as perguntas certas e aprenderem vão acabar ultrapassando você. Em vez de fingir, diga a verdade quando não souber. Ter curiosidade, vontade de aprender e autoconsciência é mais importante do que ser perfeito." Em outras palavras, o objetivo final não é apenas se fazer notar, mas ter interesse, aprender e contribuir. O fato de você ter chegado até aqui neste guia significa que já tem esse mindset. Só não se esqueça de levá-lo consigo na sua próxima reunião.

Outro alerta: saiba que as estratégias mencionadas neste capítulo (e no livro de modo geral) são apenas um ponto de partida. Pode haver momentos em que o melhor será falar numa reunião, mesmo quando você achar que o seu papel é estar ali em silêncio. Pode haver ocasiões em que será melhor falar várias vezes, ainda que os outros falem uma só. Pode haver situações em que o melhor seria inventar uma desculpa razoável para pular determinada reunião, seja porque você não precisa estar presente, seja porque tem coisas mais importantes a fazer. Siga em frente e jogue conforme as regras do jogo – mas tenha em mente que pode adaptá-las ou mesmo rejeitá-las depois. Não deixe um jeito antiquado e ultrapassado de agir impedir você de fazer o seu melhor trabalho.

EXPERIMENTE

- Antes de entrar numa reunião, entenda qual é o tema e confira quem estará presente.
- Avalie qual deve ser seu papel implícito numa reunião. Você estará ali para que vejam e ouçam você? Que vejam, mas não ouçam? Ou nenhuma das duas coisas?
- Pense nas perguntas que podem lhe fazer e nas potenciais respostas.
- Pense em pelo menos um comentário ou pergunta pertinente com base em qualquer informação externa ou qualquer inconsistência que você identificar no material de leitura prévia.
- Escolha o momento para fazer seu comentário, de modo que ele tenha a maior probabilidade de ganhar adesão.
- Pense bem em como contribuir para o debate.
- Faça um follow-up estratégico depois das reuniões para reforçar seus Três Cs.
- Quando estiver organizando reuniões, reflita cuidadosamente sobre o objetivo e o tema delas; sobre os participantes; sobre o horário, o local e o método; sobre leituras e trabalhos prévios; sobre a sua fala introdutória; sobre como conduzirá a reunião; e sobre os follow-ups.

Administre seu feedback

Os melhores gestores costumam dar retornos claros e frequentes. Muitos, porém, não farão isso nunca. Mas só porque sua chefia não diz nada sobre o seu desempenho, isso não significa que não tenha nada a dizer. Ela sabe o que você precisa fazer para manter seu emprego, ganhar uma promoção ou transformar seu estágio ou emprego temporário numa função em tempo integral.

Como é seu gestor ou sua gestora quem marca o meio do caminho entre onde você está e aonde quer chegar, é importantíssimo saber o que essa pessoa acha do seu trabalho e do seu futuro na organização. Quanto antes você descobrir isso, mais tempo terá para melhorar. Vejamos como decodificar o que a chefia está pensando de modo a estar sempre no controle.

Como decodificar a chefia

Grande parte dos retornos que você vai receber no trabalho virá na forma de comentários casuais e linguagem corporal da chefia, e não de notas como na escola e na faculdade. No começo da carreira, é possível também que você receba feedback de qualquer um com quem esteja trabalhando (a pessoa que estiver supervisionando seu projeto de verão, por exemplo). Os retornos que você vai receber estarão situados em duas escalas: de verbais a não verbais e de diretos a indiretos.

SAIBA

- Notas e boletins não existem no ambiente de trabalho.
- Para entender como está se saindo no emprego, você precisa aprender a pedir e interpretar o retorno dos outros e depois adaptar-se a eles.

Quão direto ou indireto será o feedback do seu gestor vai depender do grau de confronto com o qual ele se sente à vontade, do tipo de cultura da sua equipe e, segundo a professora do Instituto Europeu de Administração de Empresas (INSEAD) Erin Meyer, do país em que você estiver (ou do país com cuja cultura profissional esse gestor tenha maior familiaridade).[1] Se você trabalhar em países "diretos", como Rússia, Israel ou Alemanha, ou tiver uma chefia acostumada com culturas diretas, talvez possa receber críticas diretas, ríspidas, até mesmo na frente de outras pessoas. Se estiver em países "indiretos", como Japão, China ou Indonésia, ou se a chefia estiver acostumada com esse tipo de cultura profissional, talvez você receba um feedback mais sutil, pelo menos superficialmente. Eis o que me disse um gerente de projetos que já trabalhou tanto na Rússia quanto nos Estados Unidos:

Nos Estados Unidos, as pessoas são muito menos diretas em relação ao feedback do que na Rússia. Na Rússia meu chefe berrava: "Onde você estava com a cabeça quando preparou esses slides?! Será que pelo menos entende o que está fazendo? Volte daqui a duas horas com uma apresentação mais clara." Nos Estados Unidos minha chefe dizia: "Acho que você fez um ótimo trabalho nesses slides. Que tal pensarmos em como torná-los mais claros ainda? E se tentássemos mudar a mensagem aqui? O que acha disso?" Cada estilo tem seus prós e contras. O feedback de estilo americano pode ser mais útil e produtivo na hora, mas, se você não tomar cuidado, talvez acabe pensando equivocadamente que fez um bom trabalho quando na verdade está passando vergonha.

A interpretação correta do que as pessoas dizem também pode depender do lugar em que você trabalha. Alguns países, como Estados Unidos, Canadá, Austrália, Países Baixos e Alemanha, são considerados "de baixo contexto", ao passo que outros, como Japão, Coreia do Sul, Indonésia, China e Quênia, são considerados "de alto contexto".[2] Nas culturas de baixo contexto, normalmente se pode interpretar as palavras dos outros em seu sentido literal, porque as pessoas dizem o que querem dizer. Já nas culturas de alto contexto é preciso se apoiar no que não foi dito e considerar a linguagem corporal, as expressões faciais e o relacionamento dos outros com você, bem como a dinâmica da situação. Eis o que um gerente de marketing de Gana me disse sobre sua experiência ao trabalhar com alemães (que são de mais baixo contexto) e ganenses (que são de mais alto contexto):

> *Certa vez meus clientes alemães perguntaram: "Nós podemos entrar sozinhos no mercado local?" E eu respondi: "Claro, vocês poderiam...", e eles viraram as costas e decidiram entrar no mercado. Ao ouvirem "claro", eles imediatamente concluíram que tudo estava bem com a situação, sem ler minhas indicações não verbais. Alguém local, por sua vez, ouviria o "poderiam", veria meus olhos semicerrados e meus lábios contraídos, e imediatamente saberia que o que eu de fato estava dizendo era: "Não, eu não recomendaria isso." Obviamente eu queria dizer "Não!". Deixei um silêncio antes do "claro" e falei com uma inflexão ascendente. Não aquiesci com a cabeça. E a ideia deles era totalmente absurda, para começo de conversa.*

Mas isso não quer dizer que todos os alemães ou todos os ganenses se comuniquem de modo semelhante. À medida que o ambiente profissional se globaliza cada vez mais, é possível encontrar gestores e colegas que alternam estilos de comunicação sem perceber. Se você não tomar cuidado e tirar conclusões precipitadas sobre o modo como alguém se comunica, poderá, como os alemães do exemplo, seguir em frente quando na verdade a sugestão era de que você desistisse da ideia (ou vice-versa).

Como o feedback pode ficar confuso no extremo indireto e de alto contexto do espectro, e constrangedor no extremo direto e de baixo contexto, vejamos como pode soar e que aspecto pode ter cada um desses tipos de retorno, e o que você pode fazer ao se deparar com cada estilo (ou com uma combinação de estilos). A Figura 13-1 faz uma comparação entre eles.

FIGURA 13-1

Escalas de feedback no ambiente de trabalho

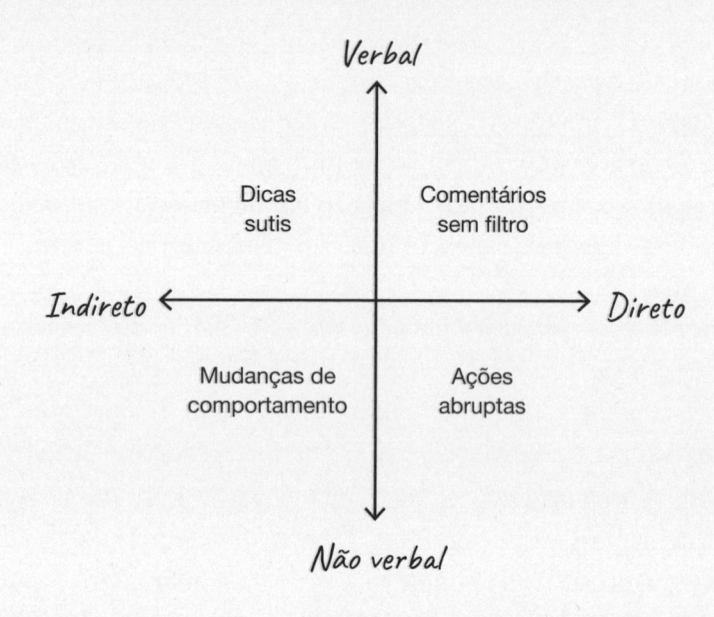

```
                        Verbal
                          ↑
          Dicas         |    Comentários
          sutis         |    sem filtro
                        |
Indireto  ←─────────────┼─────────────→  Direto
                        |
       Mudanças de      |    Ações
       comportamento    |    abruptas
                          ↓
                      Não verbal
```

Dicas sutis (feedback indireto e verbal)

Esse é o tipo de feedback que às vezes nem parece um feedback. Muitas vezes ele soa como uma aprovação sem firmeza ("É, pode ser..."), uma leve sugestão ("Que tal isso?") ou uma pergunta preocupada ("Como anda o seu trabalho?"). Ele representa aquilo que querem lhe dizer, só que diluído para virar algo mais polido e suave. Embora "Como o projeto está andando?" soe educado, pode na verdade significar: *Você está muito devagar, vamos logo com isso!* Sua chefia pode simplesmente estar se esforçando para parecer gentil e compreensiva.

Uma engenheira de software que entrevistei recebeu exatamente esse tipo de feedback. Durante seu estágio de verão, seu gerente não parava de dizer "Seria ótimo se..." ou "E se tentarmos..." e de fazer perguntas como "Está tudo bem?" ou "Alguma atualização?". Quando ela falava com ele sobre o seu trabalho, ele se limitava a dizer "Tá..." e "Humm...". Só no último dia, depois de saber que não iriam lhe oferecer um emprego definitivo, ela percebeu que ele na verdade vinha sinalizando que o trabalho dela era lento demais. Nas palavras dessa engenheira: "Ele nunca deu sua opinião... e eu nunca pedi. Realmente só fui perceber quando já era tarde."

Como às vezes pode ser difícil interpretar a intenção implícita na fala de um gestor, pode ser útil transformar dicas sutis em algo mais direto. Uma alternativa possível é perguntar: "Quando você diz _____, está querendo dizer _____ ou outra coisa?" Outra opção é pedir feedbacks regulares, algo que abordaremos daqui a pouco. Ou então, se você não tiver oportunidade de esclarecer ou pedir feedback, pode tentar se resguardar e tratar até mesmo as pequenas sugestões como ordens, e em seguida avaliar a reação da chefia.

Comentários sem filtro (feedback direto e verbal)

Trata-se da versão não diluída das dicas sutis. É o tipo de feedback no qual os gestores não se limitam a pensar "Você está muito devagar, vamos logo com isso!" É exatamente isso que eles dizem. No melhor dos casos, os comentários sem filtro são exatamente o tipo de retorno que você quer: claro e direto. Mas no pior dos casos esses comentários podem não ser nem um pouco educados.

Uma analista de um banco de investimento que entrevistei recebeu comentários sem filtro de um de seus gerentes, que gritava coisas como: "Olhe isto aqui: está escrito 8,3 nesta página e 6,3 nesta outra. Como é que você não checa os números? É incompetente, por acaso?"

Enquanto dicas sutis podem ser difíceis porque nem sempre sua intenção está clara, comentários sem filtro podem ser difíceis porque às vezes chegam a ofender. Imagine escutar, talvez na frente de todo mundo: "Mas que burrice", "Isso está um lixo" ou "Pare de falar". Se você receber feedbacks diretos, vale descobrir a causa original do comportamento desse gestor. Será que esses comentários podem ser consequência do fato de ele não estar conseguindo transmitir suas dicas sutis? Será que ele pode estar tendo problemas para controlar o próprio estresse? Será que ele pode não ter consciência do impacto negativo da sua intenção positiva? Ou, então, será que ele pode ter sido formado numa cultura profissional direta?

Um estagiário americano que trabalhou em Israel – país conhecido por sua cultura direta de feedback – me disse certa vez ter ficado incomodado ao ouvir dois colegas gritando um com o outro na cozinha da empresa. Ele se escondeu atrás da porta para escutar e acabou percebendo que os dois estavam batendo boca para decidir que tipo de café pôr na cafeteira. Os dois brigaram um bocado, decidiram o café, depois voltaram a trabalhar como se nada tivesse acontecido. Nenhum dos demais colegas israelenses demonstrou sequer um pingo de incômodo. Do ponto de vista desse estagiário americano, seus colegas precisavam moderar o tom; do ponto de vista dos colegas, porém, esse estagiário americano precisava ser menos sensível.

Na dúvida, tente pedir conselho a um colega que já tenha trabalhado com seu gestor ou sua gestora. A analista de banco de investimento que entrevistei sugeriu se concentrar em *o que* a chefia está tentando dizer, não em *como* ela diz: "Eu fui além da raiva desse meu gerente para chegar à essência do feedback, que era prestar mais atenção nos detalhes. Mesmo que o estilo de comunicação seja contraproducente, a essência do feedback pode ser produtiva."

Se o estilo direto da chefia estiver lhe causando constrangimento, vale a pena uma conversa. Daremos mais detalhes sobre como abordar esse assunto no próximo capítulo.

Atenção aos preconceitos (de novo)

Um gerente de contas ficou se perguntando se tinha sido mandado embora realmente por ter enviado o arquivo errado para um cliente diversas vezes ou porque era mais visado por ser a única pessoa negra num ambiente de trabalho predominantemente branco. Uma analista política ficou se perguntando se de fato era "agressiva" ou se esse rótulo significava que ela estava desafiando os estereótipos de gênero por ser a única mulher a tomar a palavra num grupo só de homens. A sócia de uma private equity ficou se perguntando se tinham deixado de lhe confiar projetos mais importantes porque ela precisava melhorar suas competências de análise financeira ou porque tinha um sotaque diferente.

Mudanças de comportamento
(feedback indireto e não verbal)

Esse é o tipo de feedback no qual os gestores pensam *Você está muito devagar, vamos logo com isso!*, mas, em vez de dizer na sua cara, de repente começam a marcar reuniões mais frequentes ou a microgerenciar você (ações que podem indicar insatisfação com a velocidade ou com a qualidade do seu trabalho). Ou então podem começar de repente a evitar você sem explicação (o que pode indicar que desistiram de você, a menos que andem com a agenda muito cheia).

Um ex-colega meu sempre cometia erros de ortografia. Seu gerente já tinha lhe dito várias vezes para tomar mais "cuidado" e "prestar mais atenção nos detalhes". Esse colega nunca esclareceu o que significava "cuidado" ou "atenção nos detalhes", então não mudou em nada o que estava fazendo. Depois de várias semanas sem ver nenhuma melhora, o gerente simplesmente parou de lhe passar trabalho e tentou transferi-lo para outra equipe. Assim como as dicas sutis, as mudanças de comportamento podem ser complicadas de interpretar, porque, como não somos capazes de ler o pensamento dos outros, pode ser difícil descobrir qual é a intenção implícita. *Será que*

Por mais que os gestores aleguem avaliar você com base na sua competência, sabemos que isso também tem a ver com comprometimento e, principalmente, com compatibilidade. O ambiente de trabalho está longe de ser uma instituição perfeita. E, como podemos ver neste capítulo, o feedback profissional está longe de ser um processo perfeito. Procure aliados. Encontre pessoas que já estiveram na sua situação e peça conselhos. Você pode não conhecer aquele colaborador sênior da outra equipe, mas, se ele tiver trabalhado com seus gestores atuais, já terá passado pelo processo de tentativa e erro, então você não precisará passar por isso também.

minha gerente está me excluindo porque pisei na bola ou porque não quer desperdiçar meu tempo? Será que meu chefe está me tirando dessa reunião porque me vesti de modo inadequado ou porque quer manter poucos participantes? Será que minha supervisora não está me passando trabalho porque não tem trabalho nenhum a ser feito ou porque não confia em mim?

Vai levar tempo para você descobrir as peculiaridades da chefia. Uma gerente de programação que entrevistei levou mais de cinco anos trabalhando com determinado diretor para conseguir decifrar quando a falta de resposta dele a um e-mail significava "Não" e quando significava "Me esqueci de responder, então por favor me lembre de novo". Até lá, tenha sensibilidade para as mudanças repentinas no padrão de comportamento dos outros e tente descobrir por que elas estão acontecendo. Que acontecimentos conduziram à mudança repentina? Tente refazer seus passos para ver se houve algo que você tenha feito ou deixado de fazer. Ou então opte pelo confronto direto com um comentário do tipo: "Ultimamente reparei que _____, o que me preocupa porque _____. Podemos conversar?"

Ações abruptas (feedback direto e não verbal)

Esse é o tipo de feedback no qual os gestores pensam *Você está muito devagar, vamos logo com isso!*, mas, em vez de falar, mostram isso ao passar para outra pessoa o trabalho que normalmente seria seu. Ou então, no extremo do espectro, podem jogar fora seu trabalho na sua frente ou se aproximar de você pisando firme e se recusar a ir embora até que determinada tarefa sua seja concluída.

Eu já tive um gerente assim. Certo dia, eu estava resolvendo um problema técnico antes de uma apresentação quando ele chegou bufando, os sapatos sociais estalando no piso de madeira. Seu nariz ficou a um palmo de distância do meu. Respirou fundo e franziu os lábios. "Precisamos disso resolvido. Agora." Ainda bem que isso só aconteceu uma vez.

Como é raro gestores darem dicas não verbais sem também dizer algo direto, boa parte do que abordamos na seção sobre comentários sem filtro se aplica aqui também. Tente ver a intenção implícita. Ao mesmo tempo, reflita sobre o sentimento que essas ações causam em você e avalie se trabalhar com esse padrão de comportamento é sustentável. Nem todo feedback é um feedback produtivo. Nem todo gestor é um bom gestor.

Por que é tão difícil dar feedback?

Os seres humanos dão muita importância ao apreço dos outros e gostam de sentir que estão se saindo bem. No entanto, como as críticas ameaçam essa autoimagem reluzente, fazê-las não é a melhor maneira de criar amizades. Nosso cérebro está programado com um mecanismo de defesa que reage com mais força às experiências negativas (como críticas) do que às positivas (como elogios).[3] Assim, por mais que os gestores digam que querem ser bons mentores, e por mais que os funcionários digam que querem feedbacks negativos, a realidade é que a maioria dos gestores tem tanto medo de dar feedback negativo quanto os funcionários têm de recebê-lo.[4] Consequentemente, seguimos procurando aquilo que desejamos escutar em vez de aquilo que precisamos ouvir. E nossos gestores continuam nos dizendo aquilo que desejamos escutar em vez de aquilo que precisamos ouvir. Com o tempo, fica cada vez mais difícil para eles dar feedback negativo, ao passo que para nós fica cada vez mais difícil recebê-lo. Tenha empatia com seus chefes. Assim com você, eles estão tentando fazer o seu melhor.

Como pedir feedback

Decodificar a chefia é um bom começo, mas mesmo assim boa parte é suposição. Nada se compara a pedir feedback e ouvir diretamente onde você pode melhorar. Vejamos como pedir e, em seguida, como reagir ao feedback.

Se você tem reuniões regulares com seu gestor ou sua gestora, já é meio caminho andado. O passo seguinte é simplesmente introduzir o feedback na conversa. Se, porém, esses encontros não forem regulares, experimente perguntar: "Você teria alguns minutos para um papo um dia desses? Eu adoraria saber como estou me saindo e se posso melhorar meu trabalho de algum jeito." A seguir, algumas táticas para tirar o máximo dessa reunião.

Antes da reunião

Como reuniões de feedback também são reuniões de trabalho, é importante ficar de olho nos seus Três Cs. Isso significa saber o que você quer dizer e perguntar. Pense um passo à frente e ensaie mentalmente respostas para as perguntas seguintes, que possivelmente serão feitas. Incluí algumas respostas-padrão para ajudar você no início (mas fique à vontade para soltar sua criatividade e personalizá-las).

"Como estão indo as coisas?" "As coisas estão _____. Estou feliz por _____ e gostei de trabalhar em _____. Por outro lado, estou tentando melhorar em _____ e seria bom ter a sua ajuda."

"Como estão indo as coisas em relação a [algum projeto específico]?" "As coisas estão _____. Até agora fiz _____, mas ainda não terminei / não tenho certeza em relação a / gostaria da sua ajuda com / estou tendo dificuldade com / estou torcendo para chegar logo a hora de trabalhar em _____."

"Você tem algum feedback para mim?" "Tem sido ótimo trabalhar com você. Se eu precisasse pontuar algo, diria que seria útil _____. Talvez seja só uma preferência pessoal, mas eu geralmente acho útil quando _____."

"Onde você se vê no futuro?" "Eu certamente consigo me ver trabalhando aqui a longo prazo e adoraria um conselho seu sobre como poderia me envolver mais em _____." (Essa é útil se você estiver interessado em ficar e crescer junto com a organização.) Você também poderia tentar: "Ainda estou decidindo, mas até agora adorei trabalhar com _____ em _____ e adoraria um conselho seu sobre _____." (Essa é útil quando você não tem certeza se a função em que está é a certa para você, mas não quer que questionem seu comprometimento.)

Embora alguns gestores se atenham ao tema implícito e passem as reuniões de feedback lhe dando retornos sobre o seu trabalho, nem todos farão isso. Alguns tratarão a reunião como uma conversa de atualização sobre o andamento de algum projeto. Se isso acontecer no seu caso, é bom que retome o caminho certo usando algumas das estratégias a seguir. No entanto, para se resguardar e dar à chefia o que ela quer, experimente reler o Capítulo 12 e se prepare bem para falar sobre aquilo em que está trabalhando, qual é o status do projeto e o que você planeja fazer em seguida.

Durante a reunião

Como acontece com muitas reuniões profissionais, espere começar com perguntas casuais do tipo "Como foi seu dia até agora?" ou "Sua semana está muito cheia?" ou "Como foi seu fim de semana?". Então prepare o terreno agradecendo à chefia pelo seu tempo, dizendo quanto valoriza sua opinião e apresentando a conversa com foco no seu desejo de melhorar. Por exemplo, você poderia dizer: "Obrigado(a) por ter tirado esse tempo para conversar comigo. Valorizo muito a sua opinião e gostaria de conversar sobre qualquer coisa que eu possa fazer para melhorar e evoluir meu trabalho para o próximo nível." A seguir, algumas perguntas para você começar:

- "O que eu deveria passar a fazer? Ou parar de fazer? Ou continuar fazendo?"[5]
- "Estou no caminho certo em relação a [qualquer projeto que lhe tenha sido atribuído]?"
- "Estou no caminho certo para [conseguir um emprego em tempo integral ou uma promoção]?"

Se aquilo que escutar não for o bastante, tente insistir levemente com algumas outras perguntas:

Se receber um feedback negativo que não for suficientemente específico: "Interessante. Pode me dizer algum momento específico em que eu tenha _____?"

Se não tiver certeza de como aplicar determinado feedback: "Tem razão. Eu adoraria _____ . Alguma sugestão sobre como posso aplicar esse feedback de agora em diante?"

Se receber um feedback difícil de aplicar: "É verdade. Como você sugeriria que eu equilibrasse _____ com _____?"

Se receber um feedback do qual discorde e queira se explicar: "Foi bom você dizer isso. Eu com certeza poderia melhorar em relação a _____ . Estou só relembrando esse momento e pensando se o que me passou pela cabeça não foi _____."

Se quiser ajuda para alcançar determinado objetivo: "Eu adoraria _____ e gostaria muito de um conselho seu. Como você sugere que eu tente _____?"

Quando não souber o que dizer em seguida: "Foi bom ouvir isso." / "Tem toda a razão." / "Interessante." / "Isso é muito útil." / "Obrigado(a) por esse retorno."

Lembre-se da regra oculta de enviar os sinais certos: meneie a cabeça, tome notas durante a reunião e prefira tomar notas à mão se estiver numa reunião presencial, para enviar o sinal de que está mantendo o foco e a seriedade.

Se você cometer algum erro ou a chefia achar que cometeu, procure optar pelo caminho mais seguro e admitir o equívoco. Se começar a sentir que sua frustração ou sua ansiedade estão aumentando, tente evitar suspirar, levantar a voz ou revirar os olhos. Respire calmamente. Em vez de discordar, tente pedir mais esclarecimentos. Então, mais para o final da reunião, repita o que pensa ter escutado e esclareça quais são os próximos passos. Você poderia, por exemplo, dizer: "Obrigado(a) por esse retorno. Sobre os próximos passos, faria sentido eu _____ ou você tem alguma outra coisa em mente?" Poderia acrescentar também: "Eu adoraria ter mais conversas como esta, se você tiver tempo. O que acha de eu criar um convite periódico na agenda?"

Reuniões de feedback não precisam ser apenas sobre o seu emprego atual ou qualquer assunto sobre o qual seu gestor ou sua gestora queira conversar. Podem também ser oportunidades escondidas para você ajudar a chefia a ajudar você. A seguir, algumas perguntas que você pode fazer.

Para se envolver com algo novo: "Reparei que _____ anunciou recentemente uma nova iniciativa para _____. Eu adoraria me envolver mais com isso, já que _____. Tem alguma ideia de como eu poderia ajudar?"

Para fazer mais trabalhos dos quais você goste: "Quanto mais eu penso em / trabalho com _____, mais interesse tenho em _____. Como posso conseguir mais trabalhos desse tipo?"

Para obter o apoio da chefia em relação a alguma oportunidade: "Fiquei sabendo de _____, um programa destinado a _____, e isso tem tudo a ver com meu interesse por _____. O formulário pede referências que possam atestar meu _____. Você aceitaria apoiar minha inscrição? Vou precisar de _____, que posso facilitar fazendo _____."

Essas perguntas não funcionam totalmente se você tiver chegado agora na empresa e ainda estiver tentando estabelecer seus Três Cs, mas, caso se veja recebendo vários feedbacks positivos, não tenha medo de fazer os encontros individuais trabalharem a seu favor. Bons gestores vão querer ver o seu sucesso. Mas nem mesmo os melhores chefes são capazes de ler seus pensamentos, então só saberão como ajudar se você lhes disser o que quer.

Depois da reunião

Tente aplicar quanto antes o feedback recebido, especialmente quando a chefia estiver por perto. Quanto mais tempo você esperar, mais forte será enviado o sinal de que não estava escutando. Mesmo que você não concorde com o feedback recebido, cogite aplicá-lo mesmo assim, pelo menos para sinalizar seu comprometimento e sua compatibilidade. Então experimente se reportar à gerência com sua evolução para mostrar que está levando a sério os conselhos recebidos.

Se você tentar aplicar o feedback, mas constatar que isso é pouco razoável ou impraticável, poderia retornar e dizer: "Venho tentando aplicar seus conselhos em relação a _____, mas estou tendo dificuldade com _____. Você teria algum conselho sobre como lidar melhor com essas situações?" Se, por outro lado, o feedback acabar sendo útil, você poderia retornar e dizer: "Muito obrigado(a) pela sua sugestão de _____. Tenho tentado aplicar isso nas ocasiões _____ e _____, e vi melhoras em _____."

No fim das contas, o importante não é quão positivo ou negativo o feedback em si é, e sim a sua prontidão para adotá-lo e aplicá-lo. Kayode, um professor do ensino médio novato, me ensinou essa lição por meio de uma história que ele mesmo viveu. A vice-diretora da escola, Angela, tinha o costume de pedir a todos os professores que criassem um "mural de palavras", um quadro de avisos da turma com todas as palavras do vocabulário usado no curso. Muitos professores da escola consideravam esse exercício uma perda de tempo.

Certa vez, Angela entrou na sala de Carl, outro professor novato. Levou apenas segundos para reparar na ausência do mural de palavras.

– Carl, você já pensou em criar um mural de palavras? – perguntou ela.

– Vou ver isso – respondeu Carl, sem dar muita importância.

Angela então entrou na sala de Kayode e fez o mesmo comentário:

– Kayode, você já pensou em criar um mural de palavras?

Uma semana depois, Kayode tinha criado seu mural. Ele até convidou Angela para visitar sua sala e vê-lo. E, enquanto Angela estava na sua sala, Kayode fez um esforço a mais para usar o mural com os alunos, só para mostrar a ela que o mural estava servindo. Angela ficou visivelmente satisfeita. Depois da aula de Kayode, ela passou pela sala de Carl... e Carl continuava sem ter um mural de palavras.

Na reunião de professores da semana seguinte, Angela propôs outra atividade de sala de aula chamada "carrossel de redação", que muitos dos professores julgavam igualmente uma perda de tempo. Dessa vez, Angela

manteve os olhos fixos com firmeza em Carl, que estava recostado na cadeira, de braços cruzados.
– Carl, quero ver você tentar um carrossel de redação.
Carl estalou a língua num muxoxo.
– Já tentei. Carrossel de redação é um troço idiota.
O rosto de Angela enrubesceu na mesma hora.
Kayode também já tinha tentado um carrossel de redação e no seu íntimo achava que seria uma coisa inútil, mas insistiu mesmo assim. Conforme desconfiava, não deu certo. Mas, a vez seguinte que encontrou Angela, ele disse:
– Tentei fazer a atividade que você sugeriu. Gostei muito da ideia, mas achei que meus alunos ficavam dispersos depois de um tempo. Você teria algum conselho sobre como lidar com isso?
Angela sorriu.
– Ah, tudo bem. Nem sempre funciona. Que bom que você tentou!
Mais tarde, Kayode foi promovido a chefe de departamento. Carl não passou no período de experiência e foi demitido depois do primeiro ano na escola. Em retrospecto, Kayode me disse:

Eu entendo a posição de Carl. Um professor novato já precisa trabalhar oitenta horas por semana. Você vive exausto, aí sua chefe chega e diz para fazer uma coisa que você não acha útil. Mas vale a pena: tudo que precisei fazer foi passar 45 minutos pregando pedacinhos de papel colorido na parede para mostrar que sabia acatar orientações e estava aberto ao feedback. Com o tempo, Carl foi recebendo feedbacks mais contundentes. E eu fui recebendo feedbacks mais leves. Angela e eu passamos a nos gostar cada vez mais; Angela e Carl, cada vez menos. E tudo começou quando eu aceitei o feedback de Angela e Carl a desafiou e sinalizou repetidamente que não a respeitava.

O objetivo explícito de uma reunião de feedback pode ser ajudar você a melhorar, mas o objetivo oculto é ajudar a chefia a se sentir validada. Não tem a ver com quanto você pensa estar acertando, nem mesmo com quanto esteja acertando de fato: tem a ver com *quão certa sua chefia pensa que está*. Em se tratando de feedback, a questão não é o que é "certo" e o que é "errado", mas o que está ou não alinhado com a visão de mundo e com o estilo de trabalho de seu gestor ou sua gestora. Todo feedback é subjetivo. Assuma o seu e siga em frente.

———

Não importa se o feedback que você recebe está indicando algo que precisa mesmo ser melhorado ou apenas refletindo as necessidades e os desejos da chefia – lidar com isso é uma competência, e uma competência que vai lhe render frutos pelo restante da carreira. Independentemente de ser bom ou ruim, todo feedback é útil, pelo menos no que diz respeito a ajudar você a aprender e crescer (e, no pior dos casos, a entender com quem trabalhar e quem evitar). Como ocorre com todos os temas abordados neste livro, avalie como você se sente. Você agora pode estar do lado que recebe o feedback, mas é só uma questão de tempo até estar do lado de quem oferece. Pense na experiência que gostaria de ter e então a crie para a próxima pessoa que trabalhar para você. Todos nós podemos fazer nossa parte para tornar o feedback um processo menos imperfeito.

EXPERIMENTE

- Peça feedback à chefia regularmente, se não estiver recebendo nenhum.
- Preste atenção nas aprovações sem firmeza, nas leves sugestões e nas perguntas preocupadas: elas podem ser feedback.
- Tente ver a intenção implícita de qualquer comentário ou atitude grosseira de um gestor: o que ele está tentando comunicar?
- Identifique os acontecimentos que tenham levado a qualquer mudança de comportamento repentina de um gestor e consulte um colega de confiança para se aconselhar em relação ao que isso significa.
- Lembre que o feedback raramente tem a ver com o que é certo ou errado; muitas vezes, tem a ver com o que está alinhado com a visão de mundo e o estilo de trabalho da chefia.

Solucione conflitos

Apesar de todos os seus esforços para maximizar os Três Cs, às vezes algo simplesmente não cai bem e dá lugar a ansiedade, frustração ou cansaço. Quando e se essas emoções lhe passarem pela cabeça, você terá três alternativas: resolver a situação, conviver com ela ou abandoná-la. A Figura 14-1 mostra essas alternativas.

Escolher o que fazer e como fazê-lo é importante. Às vezes pode até significar a diferença entre abordar ou não determinado problema.

A consultora Kathryn aprendeu isso do jeito mais difícil. Quando sua gestora preferida foi trabalhar em outra empresa, Kathryn começou a se reportar a uma diretora sênior cujo estilo de gestão era totalmente diferente daquele com que estava acostumada. A diretora antiga sempre a deixava conduzir reuniões com clientes e assumir novas responsabilidades que a ajudavam a aprender e crescer. A nova diretora a mantinha em frente ao computador e longe dos clientes. A antiga raramente lhe pedia para viajar (o que Kathryn achava positivo) e, quando o fazia, a deixava voltar para casa às sextas-feiras. A nova a despachava para projetos que duravam a semana inteira, muito embora fosse raro haver clientes presentes. A antiga tinha conversas regulares e sinceras com ela e acabou se tornando mais uma mentora do que uma chefe. A nova não lhe propôs conversar nem sequer uma única vez. Em poucas semanas, Kathryn passou de alguém que amava o trabalho a alguém que não tinha motivação nem para sair da cama. Por intermédio de um amigo, ela conseguiu um emprego novo numa empresa de gestão de recursos.

SAIBA

- Quando as coisas não vão bem no trabalho, você tem três alternativas: conviver com a situação, resolvê-la ou abandoná-la.
- Sua capacidade de resolver o problema depende da sua capacidade de diagnosticá-lo.

Quando começou a trabalhar, porém, ela rapidamente descobriu que o novo emprego não era o que esperava que fosse. No seu antigo emprego havia executivos e executivas que ela admirava e nos quais buscava se espelhar, mas no emprego novo não havia ninguém assim. Na empresa antiga, Kathryn podia estar infeliz com a súbita falta de mentoria, mas na empresa nova estava menos feliz ainda.

Kathryn só ficou nove meses antes de ir embora. Aceitou um emprego numa empresa menor, mas esse também não era perfeito. Menos de um ano mais tarde, Kathryn pediu demissão e voltou para sua empresa de consultoria original. Por sorte, a empresa aceitava "funcionários bumerangues": pessoas que saem, vão trabalhar em outro lugar e depois voltam. Embora Kathryn no fim das contas tenha ficado satisfeita, voltou para o

FIGURA 14-1

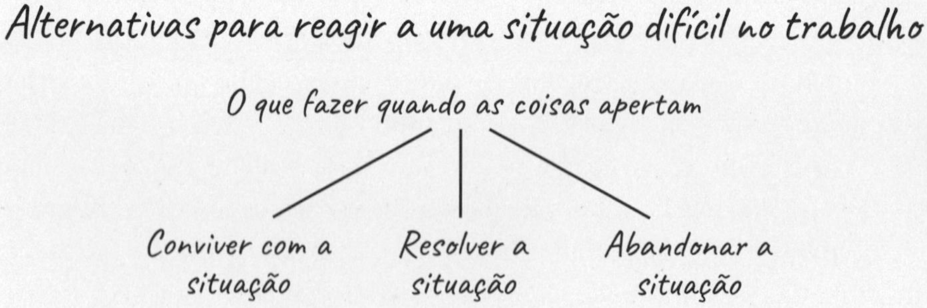

Alternativas para reagir a uma situação difícil no trabalho

O que fazer quando as coisas apertam

Conviver com a situação   *Resolver a situação*   *Abandonar a situação*

mesmo cargo e com o mesmo salário que tinha ao sair. Nesse meio-tempo, muitos dos colegas que haviam entrado na mesma leva inicial que ela já tinham sido promovidos a gerentes.

Como não havia conseguido conviver com a situação, Kathryn acabou tomando a decisão abrupta de ir embora sem nem ao menos tentar resolvê-la. Pensava saber do que estava fugindo, mas não enxergava direito o que estava deixando para trás. E sabia que estava correndo em direção a algo, mas não entendia plenamente a que estava se propondo. Consequentemente, passou dois anos correndo atrás de uma grama mais verde e acabou concluindo que a grama era mais verde lá de onde tinha saído.

O que fazer para não acabar na mesma situação de Kathryn ao enfrentar desafios no trabalho? Não se limite a seguir o caminho do alívio mais rápido ou do menor esforço: siga o caminho do menor arrependimento. Embora cada situação seja distinta, uma regra geral útil é diagnosticar o problema, avaliar suas alternativas e resolver a questão com certo tato – ou então, se a situação permitir, ir embora com elegância. Vejamos o que cada um desses passos acarreta.

Passo 1:
Diagnostique o problema

Quando algo parece errado, o primeiro passo é entender qual é a raiz do problema: a verdadeira causa dos pensamentos acelerados, das noites insones ou da falta de motivação. Quando se trata dos desafios no ambiente de trabalho, as causas mais profundas geralmente vêm em três tipos. A Figura 14-2 mostra quais são eles.

- **Problemas de pessoa.** São questões com determinado gestor, colega ou cliente. Uma engenheira tinha um colega que sempre aparecia nos momentos finais de um projeto para assumir o crédito pelo trabalho que ela havia feito. Ela teve um problema de *pessoa*.
- **Problemas de função.** Surgem quando você não está feliz com seu dia a dia de trabalho, com as perspectivas da sua carreira a longo prazo ou com o salário baixo ou a falta de benefícios. Um pesquisador asso-

FIGURA 14-2

Possíveis raízes do seu problema

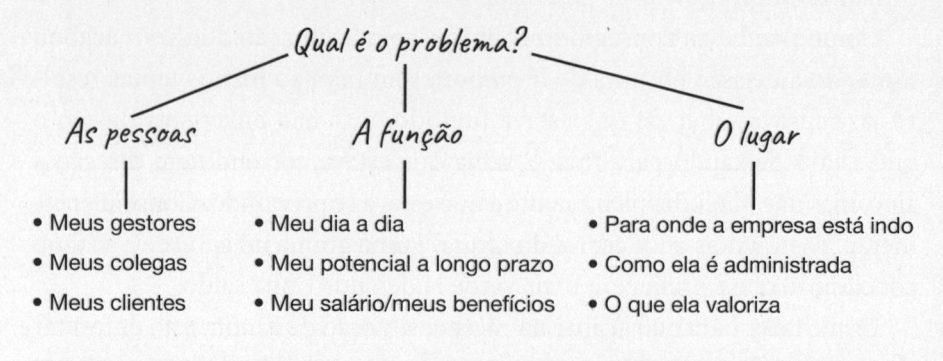

```
                    Qual é o problema?
          ┌─────────────┼─────────────┐
      As pessoas     A função       O lugar
```

- Meus gestores
- Meus colegas
- Meus clientes

- Meu dia a dia
- Meu potencial a longo prazo
- Meu salário/meus benefícios

- Para onde a empresa está indo
- Como ela é administrada
- O que ela valoriza

---

ciado da área de psicologia perdeu o interesse pelo emprego porque não parecia haver um plano de carreira claro para ele no instituto de pesquisas. Ele teve um problema de *função*.

- **Problemas de lugar.** Nesse caso, o que frustra ou preocupa você é para onde sua organização está indo, como ela é administrada ou o que ela considera importante. Uma analista de políticas públicas foi vendo mais e mais trabalho lhe ser atribuído depois que alguns de seus colegas se demitiram, mas não lhe ofereceram nem aumento de salário nem mais apoio, ou mesmo uma capacitação para dar conta das novas tarefas. Ela teve um problema de *lugar*.

Como encontrar a raiz do problema

Para encontrar a causa mais profunda da sua dificuldade, experimente usar a abordagem que discutimos no Capítulo 9 – pergunte repetidamente: "Por que isso está acontecendo?"

No caso de Kathryn, esse exercício poderia ter se desenrolado da seguinte maneira:

Estou me sentindo zero motivada para ir trabalhar.
Por quê?
Porque estar lá não é tão bom quanto antes.

Por quê?
Porque as pessoas não são tão legais de se conviver.
Por quê?
Porque estou trabalhando com uma gestora nova que tem um estilo de trabalho diferente.
Arrá!

Em retrospecto, a raiz do problema de Kathryn não era *tudo*, e sim sua nova gestora. O trabalho maçante, as viagens exaustivas e a mentoria sofrível podiam parecer problemas distintos, mas eram todos sintomas de uma mesma causa primária.

Nem todas as causas primárias ficarão óbvias imediatamente. Às vezes, desvendá-las leva semanas ou meses. Se estiver com dificuldade para identificar a raiz do seu problema, experimente encerrar cada dia anotando num diário a resposta para algumas destas perguntas:

- O que fiz hoje?
- O que aprendi hoje?
- Como me senti nos diferentes momentos do dia? Por quê?
- Do que gostei hoje? Por quê?
- Do que não gostei hoje? Por quê?

Depois de um mês, releia o que escreveu. Pode ser que isso revele a raiz do seu problema – e para onde você deve direcionar sua energia.

Passo 2:
Avalie suas alternativas

Uma vez identificada a causa primária do seu problema, o passo seguinte é encontrar o remédio mais apropriado. Será que você deveria resolver a situação, conviver com ela ou abandoná-la? Para encontrar o caminho certo, reflita sobre as perguntas a seguir.

Alguma experiência passou dos limites?

Nem todos os empregos ou organizações permitirão essas coisas, mas é importante sentir segurança, manter o corpo e a mente saudáveis e poder ser quem se é. Quanto mais você sentir que o trabalho está invadindo sua segurança, sua saúde física e mental e sua individualidade, mais séria e urgente será sua situação e mais confiança você deveria sentir para consertá-la ou abandoná-la. E, claro, se você estiver passando por alguma experiência relacionada a sexismo, racismo ou qualquer outro "ismo", saiba que tem de fato um problema e que ele precisa ser abordado.

Quão pontual é o seu problema?

Pense no problema como uma poça sob seus pés. Você se vê pisando numa poça pequena, onde o problema está limitado a um determinado conjunto de pessoas; numa poça de tamanho médio, na qual seu problema se limita ao seu local de trabalho; ou numa poça enorme, na qual o problema é comum a todo mundo que exerce o mesmo tipo de função que você? Quando entender o tamanho da sua poça, você saberá o tamanho do passo que precisa dar para sair (e quão viável é sair dela com facilidade).

- Se você tiver um problema de *pessoa*, pergunte-se: *Será que trocar de equipe resolveria o meu problema? Quão viável é essa alternativa?*
- Se você tiver um problema de *lugar*, pergunte-se: *Será que mudar de organização resolveria meu problema? Quão viável é essa alternativa?*
- Se você tiver um problema de *função*, pergunte-se: *Será que mudar de profissão resolveria meu problema? Quão viável é essa alternativa?*

Um alerta, porém: prepare-se para dar algo em troca. Quando eu era consultor de gestão, meus colegas sempre brincavam que, em cada projeto, ou as pessoas eram legais, ou o trabalho era interessante, ou o estilo de vida era bom. Alguns projetos podem ter duas dessas três coisas, mas muitos outros oferecerão apenas uma. De nada adianta ficar esperando um projeto que ofereça todas as três. Um projeto assim não existe. A Figura 14-3 ilustra esse conflito.

FIGURA 14-3

Renúncias no trabalho: um exemplo

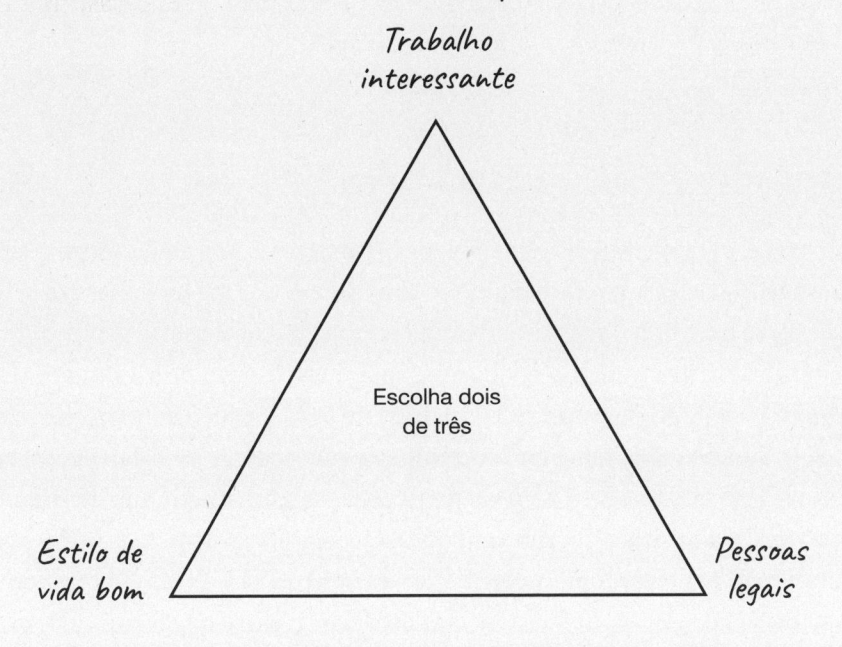

```
            Trabalho
           interessante
               /\
              /  \
             /    \
            /      \
           /        \
          / Escolha  \
         /  dois de   \
        /    três      \
       /                \
      /_____\
  Estilo de            Pessoas
  vida bom              legais
```

Você poderia pôr outros fatores nos vértices desse triângulo, a depender das suas circunstâncias: relevância social, bom salário ou benefícios, pouco estresse, boa estabilidade, boa localização. Independentemente dos rótulos que puser no seu triângulo, a conclusão será a mesma: nenhuma combinação de pessoas, função e lugar será perfeita. Tudo depende do que você valoriza e do que poderia sacrificar com mais facilidade.

Se não souber ao certo quais foram as renúncias que você implicitamente fez ao aceitar seu trabalho atual, procure padrões: pesquise seu empregador e sua profissão no Glassdoor, no Reddit, no YouTube e em blogs para ver se outras pessoas já relataram problemas parecidos com os seus. Se sim, talvez você tenha acabado de descobrir um problema generalizado ou duradouro da sua empresa ou da sua profissão com o qual vai precisar decidir se consegue viver. Você também poderia procurar ex-funcionários da sua organização no LinkedIn para ver se existe um padrão de pessoas mudando de função ou empresa após um ano ou menos. Se for o caso, pode ser que você tenha descoberto um padrão de pessoas que não conseguem conviver com seus problemas ou resolvê-los. Não se esqueça de consultar um colega ou mentor de confiança na empresa para ver se eles têm as mesmas preocupações que você – e, se sim, como lidam com isso.

Quão temporário é o seu problema?

Gestores ou colegas difíceis podem causar frustração, mas isso costuma ser minimizado se eles estiverem ligados a um projeto que vai terminar em seis meses ou se houver a opção de trocar de equipe depois de certo tempo. Um desequilíbrio entre trabalho e vida pessoal ou um salário baixo podem ser insustentáveis, mas isso costuma ser minimizado se você souber que seu estilo de vida vai melhorar com o tempo, à medida que se estabelecer na empresa. Será que Kathryn poderia ter pedido para trocar de equipe? Jamais saberemos: ela nunca explorou essa opção.

Embora a natureza temporária de um problema não o torne menos doloroso ou válido, ela pode influenciar sua decisão entre resolver a questão, conviver com ela ou abandoná-la. Se você acha que, continuando na empresa, os benefícios a longo prazo vão superar a dor imediata, pode ser que considere mais atraente resolver a situação ou conviver com ela. Se, por outro lado, acha que as chances de conseguir um cargo melhor são pequenas, abandonar a situação pode lhe parecer a melhor alternativa. Se nada vai mudar a menos que você incite uma mudança, então a responsabilidade é sua – e de mais ninguém.

O que seria uma situação melhor?

Finja que ir embora não é uma alternativa e que você pode mudar tudo que quiser na sua situação. O que você mudaria? Como seria essa nova situação? Quem você precisaria convencer para fazer essa mudança? Quão razoável seria esse pedido da perspectiva de quem toma as decisões?

Em geral, quanto mais pessoas você precisar convencer, quanto mais graduadas elas forem e quanto menos razoável considerarem a mudança, mais difícil será conseguir implementá-la. Quanto menos pessoas você precisar convencer, quanto menos graduadas forem e quanto mais razoável elas considerarem a sua proposta, mais fácil deverá ser adotar sua mudança.

Se seu problema for algo que você possa resolver com a chefia, e se você ainda não tiver conversado a respeito, então talvez queira considerar a alternativa de *resolvê-lo* antes de pensar em *abandoná-lo* ou *conviver com ele*. Se tiver dificuldade para imaginar uma situação melhor, experimente recorrer a seus colegas de profissão ou pesquisar na internet para ver como outras equipes ou organizações lidaram com uma questão parecida. Ao tentar convencer alguém, é provável que você escute: "O que você quer que eu faça, então?" Ofereça algo para que ela tome uma atitude. Você parecerá bem mais crível e convincente se disser "Este é o problema e esta é a minha proposta", em vez de "Eu não sei o que quero, só sei que não estou contente".

Quais são os prós e os contras de cada alternativa?

Experimente fazer uma tabela de duas colunas, como o Quadro 14-1. Na coluna da esquerda, coloque todos os motivos pelos quais determinada alternativa faz sentido. Na da direita, todos os motivos pelos quais ela não faz.

Conforme for listando prós e contras, você vai começar a ver que alguns são mais razoáveis, aceitáveis e convincentes do que outros. Às vezes basta analisar uns poucos prós e contras para chegar à decisão de que realmente uma das alternativas é superior às outras. Esse exercício tem também outra vantagem: com sorte, ele pode ajudar você a ver o lado positivo de uma situação sob todos os outros aspectos difíceis.

Lembre-se de que a sua lista de prós e contras pode mudar dependendo daquilo que você valoriza, então a reveja regularmente (todo mês ou a cada trimestre ou semestre). As coisas melhoraram? Se sim, siga em frente. Se não, reavalie suas alternativas.

QUADRO 14-1

Exemplos de prós e contras ao tomar sua decisão

Prós	Contras
Conviver com a situação	
✓ Posso ver a situação terminando daqui a _____.	✗ A vida pode ser difícil pelos próximos _____.
✓ Fico parecendo a pessoa certa para o emprego, principalmente porque ninguém mais está reclamando.	✗ Se eu não disser nada, meus superiores podem nem perceber que existe um problema.
✓ Ainda tenho o que aprender. Talvez a situação não pareça tão ruim assim quando eu aprender como as coisas funcionam.	✗ Isso poderia prejudicar minha saúde física ou mental.
Resolver a situação	
✓ Talvez as pessoas possam me ver como uma liderança por propor soluções.	✗ Como cheguei há pouco tempo, podem me achar arrogante ou exigente demais.
✓ Se eu acabar saindo, pelo menos terei tentado quanto pude.	✗ Isso é tudo que eu quero pedir? E se surgir algo mais?
✓ Posso me ver na empresa a longo prazo, então o melhor seria tentar melhorar as coisas.	✗ Meu desempenho não tem sido excelente. Será que eu deveria esperar ter mais influência?
Abandonar a situação	
✓ Não há perspectiva de carreira para mim aqui.	✗ Se eu for embora cedo demais ou fizer isso com muita frequência, pode ficar parecendo que pulo de emprego em emprego.
✓ Provavelmente conseguirei manter minhas relações profissionais se for embora com elegância.	✗ Procurar emprego não vai ser moleza.
✓ Já não sinto que estou crescendo ou aprendendo aqui.	✗ Ainda não alcancei todo o meu potencial neste emprego.

Com que alternativa você se sentirá melhor daqui a dez minutos, dez meses e dez anos?

Depois de identificadas suas alternativas possíveis, o último passo é fazer uma viagem no tempo. Para isso, a colunista Suzy Welch usa o que chama de "estratégia 10-10-10".[1] Pense vários passos à frente: que alternativa parece mais atraente daqui a dez minutos? Qual poderá lhe causar mais satisfação daqui a dez meses, quando você tiver experimentado as consequências positivas e negativas da sua ação (ou inação)? Com qual você deve se sentir melhor daqui a dez anos, quando já estiver muitos passos adiante na sua carreira e tiver tido tempo de analisar todas as suas renúncias? O caminho do alívio mais rápido ou do menor esforço pode não ser igual ao caminho do menor arrependimento. Viajar no tempo tem outra vantagem: pode ajudar a excluir o fator emoção ao fazer uma escolha. Como Kathryn aprendeu do jeito mais difícil, quando a dor é real e imediata, abandonar a situação pode parecer a melhor escolha, ou a única, quando na realidade talvez não passe de um remendo rápido mas insustentável.

Será que os outros percebem o que estão lhe causando?

Pode ser difícil considerar essa possibilidade quando o problema é recente e as emoções estão à flor da pele, mas faça uma tentativa. Se a raiz do seu problema for um gerente ou colega, por exemplo, será que eles estão se dando conta das consequências dos próprios atos? (No caso de Kathryn, será que a nova diretora não percebeu que seu estilo de gestão não estava funcionando?) Quanto mais alta a probabilidade de os outros dizerem "O quê? Eu não imaginava que isso estava acontecendo!", mais você pode querer resolver a situação antes de decidir conviver com ela ou abandoná-la. Se a raiz do problema realmente for a falta de percepção da outra pessoa, nesse caso a solução talvez seja mais fácil do que você pensa. Às vezes uma conversa basta.

Passo 3:
Resolva o problema com tato

Ao tentar resolver o problema, dependendo da abordagem que usar, você pode conseguir o que quer ou piorar a situação. As regras ocultas que já abordamos neste guia podem ajudar a reverter conflitos: pense vários passos à frente; encontre a hora e a pessoa adequadas; corrija alguém em particular; imponha-se com gentileza, mas seja firme; cause impactos positivos; e conduza a conversa como se estivesse tentando aprender e ajudar. Você quer mostrar que está na mesma equipe da outra pessoa e almejando um objetivo comum, e não exigindo algo que beneficiará apenas você. A seguir, algumas outras estratégias para tentar resolver seus problemas.

- **Não tente por conta própria. Peça ajuda.** Antes de abordar alguém, experimente pedir a um colega de confiança que veja se outros já tiveram problemas parecidos antes e, se sim, como foram as conversas. Isso pode evitar que você cometa os mesmos erros.
- **Não critique. Demonstre gratidão.** Tente dizer mais "Obrigado(a)", "Que bom que você _____" e "Fico feliz por você ter _____". A positividade pode ser contagiante e o reconhecimento pode contribuir para uma atmosfera mais cooperativa, então use-os para estabelecer o tom certo. Além disso, gratidão é de graça, então distribua livremente.
- **Não pressuponha o pior. Pressuponha uma intenção positiva.** Tente dizer "Eu sei que você [tinha esta intenção positiva], então desconfio que não tenha feito de propósito, mas [causou este impacto negativo]". Mesmo que você não pense assim, essa afirmação pode impedir que os outros entrem na defensiva.
- **Não fale sobre melhorar sua vida. Concentre-se em contribuir para a equipe.** Em vez de "Eu preciso de _____", tente dizer "Eu adoraria achar um jeito de melhorarmos _____". Se algo que você estiver sugerindo puder ajudar a equipe, assinale-o. Assim você soará menos exigente.
- **Não aponte problemas. Peça conselhos.** Em vez de dizer "_____ é uma bobagem", "_____ não faz sentido" ou "_____

é insustentável", tente dizer "Adoraria ouvir seu conselho sobre _____" ou "Como você lidaria com _____?".

- **Não proponha mudanças. Sugira experimentos.** As pessoas têm mais probabilidade de aceitar coisas que demandem baixo comprometimento. Assim, em vez de dizer "Deveríamos mudar _____", tente dizer "Acho que podemos tentar _____", "Será que poderíamos considerar _____?" ou "Poderíamos experimentar _____".
- **Não se atenha ao trabalho. Olhe para a experiência mais ampla.** Se você tiver um problema de pessoa e essa(s) pessoa(s) for(em) integrante(s) da sua equipe, você talvez queira expandir sua rede. Tente participar de eventos que envolvam a empresa toda, de grupos com afinidades em comum e de iniciativas de trabalho voluntário. É mais fácil ignorar uma situação desvantajosa se ela for o único ponto de negatividade dentro de uma experiência que, como um todo, é positiva.

Eis como Kathryn poderia ter aplicado essas estratégias para tentar resolver sua situação:

Kathryn: "Será que você teria meia hora para podermos conversar mais tarde? Adoraria saber sua opinião sobre algumas questões relacionadas à minha carreira."

Gestora: "Claro! Pode marcar uma hora. Minha agenda está atualizada."

[*Avança para a conversa.*]

Kathryn: "Obrigada por ter disponibilizado seu tempo para me encontrar. Sei como você é ocupada, então fico realmente grata por sua generosidade." [*Demonstrar gratidão*]

Gestora: "É um prazer! Obrigada pelo seu trabalho duro. Sei que não é fácil lidar com esse cliente."

Kathryn: "Tem sido maravilhoso ser uma mosquinha na parede durante essas chamadas. Isso na verdade tem a ver com o que eu queria lhe perguntar, que é como você fez para encontrar seu nicho. Fico sempre impressionada com o tanto de conhecimento que você tira de outras áreas e queria ver como poderia alcançar esse nível como profissional." [*Pedir conselho*]

Gestora: "Foi tudo mentoria. Eu tive a sorte de ter vários mentores que me incentivaram a tentar coisas novas. Foi assim que entrei tanto na área de finanças quanto na de telecomunicações. Não tenho certeza se vou fazer isso para sempre, mas por enquanto estou gostando."

Kathryn: "Que interessante! Eu também comecei a explorar o espaço de telecomunicações recentemente e reparei que a equipe tem almoços de aprendizado às sextas-feiras e happy hours mensais. Eu queria participar, mas, com a demanda de viagens desse cliente, isso tem sido complicado. Andei pensando se você teria algum conselho sobre como lidar com essa situação." [*Pedir conselho*]

Gestora: "Certamente podemos dar um jeito nisso. Deixe eu falar com o cliente e ver se conseguimos alguma flexibilidade para suas sextas."

Como as pessoas não conseguem ler seu pensamento, se você não falar, elas podem nem sequer reconhecer que existe um problema. Se Kathryn tivesse tido uma conversa como essa, talvez não precisasse ter recorrido à demissão.

Passo 4:
Vá embora com elegância

Às vezes nem a sua melhor tentativa será suficiente e ir embora será a única alternativa que resta. Como saber se você chegou a esse ponto? Leve em conta as dez perguntas a seguir:

- ☐ Já tentou conviver com o problema ou contorná-lo?
- ☐ Já pediu ajuda a aliados?
- ☐ Já identificou o que você quer?

- ☐ Já tentou interagir com a pessoa em questão?
- ☐ Já tentou levar o problema a outros níveis hierárquicos?
- ☐ Já tentou mudar de equipe?
- ☐ Já exauriu as alternativas nas quais consegue pensar?
- ☐ Já chegou aos limites da sua paciência?
- ☐ Já conseguiu um emprego alternativo adequado?
- ☐ Acredita que a alternativa resolve o seu problema?

Não é preciso responder "Sim" a todas as dez para se demitir, mas quanto mais responder "Sim", mais a demissão fará sentido. Outro ponto a considerar é há quanto tempo você está na sua função. Em geral, a regra oculta é tentar ficar pelo menos um ano num emprego (de preferência, pelo menos dois). Existe também a regra oculta de não pular de uma empresa para outra depressa demais, para não parecer que você salta de emprego em emprego sem comprometimento nenhum. Mas isso não quer dizer que você não possa ou não deva se demitir. É sempre possível excluir a experiência do seu currículo e encontrar uma narrativa externa para o intervalo entre empregos.

Por sorte, as transições entre empregos não são apenas resultado de pessoas que estão *fugindo* de algo. Você também poderia estar *buscando* algo, seja pessoas mais legais, um cargo melhor ou um lugar mais bacana. Seja qual for o motivo, e independentemente de esse motivo ser desejável ou indesejável, é melhor sair de seu emprego com o mesmo cuidado com que entrou. A seguir, cinco passos para lidar com a demissão sem perder a elegância.

Procure outro emprego discretamente

Se souber que a chefia quer o melhor para você, mesmo que isso signifique arrumar outro emprego, fique à vontade para compartilhar seus planos com frequência e antecedência, de modo a receber um feedback. Mas, se seus gestores não forem exatamente seus leais defensores, será melhor ter um pouco mais de discrição. Isso significa tomar cuidado para que sua roupa não deixe na cara que você acabou de vir de uma entrevista de emprego. Significa usar apenas seu e-mail pessoal e o próprio computador para se inscrever em vagas e se corresponder com recrutadores. Significa manter fora do seu aplicativo de agenda qualquer evento ou link relacionado à busca de emprego. E significa garantir que seu perfil do LinkedIn não mostre que você está procurando outra vaga. Você quer sinalizar um comprometimento indubitável para seus gestores, colegas e para o departamento de TI até o momento em que estiver tudo pronto para compartilhar seus planos (e, como veremos em breve, até seu último dia).

Dê a notícia

Alguém que vai embora é sempre uma perturbação para uma equipe. No mínimo, precisarão contratar outra pessoa para ocupar seu lugar. E, se você estiver tocando algum projeto importante ou um prazo crucial estiver próximo, sua partida poderá ser ainda mais desestabilizadora. Quanto menos transtorno você conseguir deixar para os outros, melhor será a sua impressão final. Embora um aviso-prévio de trinta dias seja a regra ao anunciar sua partida, tente dar a seus gestores o máximo de antecedência possível. Eu já cheguei a dar dois meses de aviso-prévio de modo a deixar tempo suficiente para meu gerente se preparar. Tente escolher uma data de partida que seja o menos desestabilizadora possível para sua equipe, como logo depois de um prazo importante ou quando sua equipe estiver menos atarefada. Uma vez identificada a data ou um leque de opções, marque uma reunião individual com seu gestor ou sua gestora para compartilhar seus planos. Só anuncie seus planos para os colegas depois de falar com a chefia. Você não quer que ela fique sabendo da sua saída por outra pessoa.

Vá se desconectando

Pergunte à chefia o que você pode fazer para facilitar a transição: será que pode avançar no seu projeto atual pelo menos o suficiente para a próxima pessoa seguir facilmente com ele? Será que pode organizar seus arquivos? Será que pode escrever um manual de treinamento ou um guia de transição? Será que pode ajudar a encontrar, entrevistar ou treinar o(a) substituto(a)? Quanto mais você puder se apresentar como alguém que mantém seu comprometimento com a equipe mesmo estando de saída, melhor a impressão que deixará para trás e maior a probabilidade de seus colegas quererem voltar a trabalhar com você.

Despeça-se

Se estiver em trabalho presencial, cogite comprar alguns cartões de despedida de aspecto profissional e escrever à mão mensagens para colegas, mentores e aliados. Personalize seu texto conforme o destinatário. A seguir, alguns pontos de partida possíveis:

"Obrigado(a) por _____."

"Foi ótimo trabalhar com você em _____."

"Gostei de _____."

"Vou sempre me lembrar de _____."

"Sou grato(a) por _____."

Se estiver trabalhando em home office e não tiver os endereços postais, experimente escrever e-mails de agradecimento para mandar para cada pessoa no seu último dia. E, trabalhando ou não em home office, tente marcar reuniões individuais com cada colega, mentor e aliado próximo para um último encontro de atualização. No seu último dia, você pode mandar um último e-mail para todos na equipe, copiando seu e-mail pessoal, como mencionaremos em breve.

Tudo isso pode parecer um trabalhão extra, mas o esforço vale a pena, mesmo que a demissão não tenha partido de você. Um CEO me ensinou essa lição com a história de sua filha Joanna, que fora demitida do seu emprego numa startup junto com uma dúzia de outros colegas, num corte de custos geral da empresa.

Esse CEO me contou o seguinte: "Dei a ela um conselho, um só: finja que isso foi a melhor coisa que poderia ter acontecido com você." Ele ajudou a filha a escrever um e-mail de agradecimento para os colegas. O texto era mais ou menos assim:

Assunto: Boa sorte e sucesso a todos!
Querida família _____ ,

Depois de dois anos incríveis na equipe de operações, infelizmente chegou a hora de me despedir. Embora fique triste por não participar da próxima etapa de crescimento, não consigo pensar numa equipe melhor para pôr em prática _____ .
Obrigada pela amizade, pela mentoria e pelas oportunidades que vocês me deram durante o tempo que passei aqui. Vocês acolheram uma recém-formada de olhar ansioso e cabelos desgrenhados e lhe mostraram como se faz para ser uma profissional de primeira classe. Alguns agradecimentos específicos:

- A Lushen, Catherine e Kamau, por sua orientação e pela oportunidade de ajudar a lançar _____ no mercado indiano.
- A Casey, Sonja, Ravi e à equipe de estratégia de lançamento, por seu grande conhecimento, sua criatividade e sua paciência infinita.
- A Samir, Carolina, Doug e à equipe de liderança, por terem mantido todos nós remando na mesma direção e criado uma cultura da qual me orgulho de ter feito parte.

Embora meus próximos passos ainda estejam indefinidos, meu plano é continuar em São Francisco e na área de e-commerce (me avisem se tiverem alguma sugestão!).
Daqui para a frente, podem entrar em contato comigo no e-mail _____@_____ e no telefone XXX-XXX-XXXX.

Obrigada por tudo,
Joanna
www.linkedin.com/in/_____

Joanna não sabia se deveria mandar o e-mail para a empresa inteira, mas decidiu adaptar as regras e fazer isso mesmo assim. Várias horas mais tarde, recebeu um e-mail da CEO da empresa:

> **Assunto:** Re: Boa sorte e sucesso a todos!
>
> Joanna, que e-mail elegante!
> Que tipo de função você estaria procurando? Vou consultar meus contatos profissionais para ver se consigo fazer alguma apresentação.

Joanna tinha causado um impacto positivo – e uma impressão duradoura. Em retrospecto, eis o que o pai dela me disse: "Fala-se muito que a primeira impressão é a que fica, mas a última impressão pode ser igualmente importante. É um momento em que as expectativas estão lá embaixo. Quando você anuncia que está saindo da empresa, as pessoas partem do princípio de que você vai desaparecer. Qualquer coisa que você faça diferente disso, mostrando que ainda tem comprometimento com a equipe, pode ter um grande efeito."

Mantenha contato

Procure adicionar seus colegas no LinkedIn e, no caso dos mais próximos, usar as táticas descritas no Capítulo 11 para manter viva a relação. Todas as pessoas que você conheceu nesse emprego agora fazem parte da sua rede. Cuide desses relacionamentos. Compartilhe notícias relevantes. Ofereça ajuda. Afinal, sua carreira vai ser longa. Seu primeiro emprego não será o último. Nunca se sabe para onde seus colegas poderão ir nem como seus caminhos podem voltar a se cruzar.

Estar infeliz no trabalho não é divertido. No melhor dos casos, os conflitos podem ser uma distração irritante. No pior, podem transformar um emprego bom num pesadelo. Além disso, como os conflitos são fundamentalmente entre pessoas, mesmo aqueles que parecem menores podem rapidamente se transformar em aversão ao trabalho. Espero que você não passe por isso a ponto de considerar este capítulo especialmente relevante. No fim das contas, conflitos são uma parte natural da vida. Saber identificá-los, priorizá-los e lidar com eles é uma habilidade importante de se ter. Agora você dispõe das ferramentas para lidar com os conflitos – e não apenas para evitá-los.

EXPERIMENTE

- Aceite que emprego nenhum será perfeito e que cada um terá suas limitações.
- Diante de uma situação difícil no trabalho, tente encontrar a raiz do problema.
- Decida qual opção faz mais sentido para você com base nos prós e nos contras: conviver com a situação, resolvê-la ou abandoná-la.
- Encontre aliados e imponha-se gentilmente, porém com firmeza, ao abordar os outros e falar sobre os problemas.
- Se deixar a equipe, faça-o com elegância, deixando a melhor impressão possível.

Mostre seu potencial

A esta altura do guia, você talvez tenha começado a se perguntar: *Certo, já sei como demonstrar meus Três Cs: competência, comprometimento e compatibilidade. E agora?*

É aí que surge a principal diferença entre os estudos e o trabalho. A faculdade é uma esteira rolante: contanto que você continue passando nas disciplinas, seguirá avançando. Já o trabalho é como uma expedição pela natureza selvagem: para onde você está indo e quão depressa vai chegar lá dependem de você... e do ambiente. Essas escolhas estão agora nas suas mãos. Para onde você quer ir? Vamos percorrer algumas das suas alternativas, a depender do tipo de função que lhe interessa.

- **Estágio, aprendizagem, emprego em tempo parcial ou por empreitada.** Você pode decidir querer ir para outro lugar quando a oportunidade atual terminar ou converter sua função atual num emprego fixo.
- **Função em tempo integral.** Você pode querer continuar fazendo o que faz na sua função atual, ganhar uma promoção para assumir maiores responsabilidades ou então subir na cadeia de comando, trocar de equipe ou sair da organização.

Se você quer uma promoção, está na hora de mostrar seu valor. Este capítulo é para você. E, mesmo que queira continuar na sua função atual, procure lê-lo mesmo assim. O simples fato de querer continuar na sua função não significa que o universo permitirá isso. Seu emprego pode mudar, ser terceirizado ou automatizado, quem sabe? Sua empresa pode decidir que não precisa mais da sua função. O mundo pode decidir que não precisa mais da sua empresa. Antes de abordarmos os passos necessários rumo à promoção, vejamos como e quando as pessoas são promovidas, para você poder entrar no mindset correto.

SAIBA

- Você passará por avaliações de desempenho (quão eficaz você é na sua função atual) e também de potencial (quão eficaz poderia ser na sua próxima função).
- Quer subir na cadeia de comando, ter mais responsabilidades ou garantir um aumento? Prepare-se para mostrar ao mesmo tempo alto desempenho e alto potencial.

Como e quando as pessoas são promovidas

A maior parte deste guia foi sobre provar seu valor como colaborador individual (CI), expressão chique para designar uma pessoa que não gerencia ninguém. Ao almejar uma promoção, você está implicitamente se inscrevendo para provar seu valor outra vez... num nível mais alto.

Por quê? Porque quando começa você está na base da cadeia de comando, portanto ninguém se reporta a você. Não existe outra direção para a qual se mover a não ser para cima, e, mesmo que no nível seguinte continue sendo CI, os mais graduados em geral esperarão mais de você. Não vai mais poder simplesmente fazer o seu trabalho. Precisará mostrar seu potencial, não só seu desempenho, conforme detalhado no Quadro 15-1. Isso mostrará às pessoas que você pode passar de alguém que executa para alguém que lidera.

QUADRO 15-1

Diferença entre desempenho e potencial

Desempenho	Potencial
Você consegue fazer bem o trabalho atual?	Você conseguiria fazer bem o trabalho seguinte?
Você demonstra querer estar aqui?	Você demonstra querer crescer aqui?
Você se dá bem conosco?	Você consegue nos liderar?

Agora examinemos a Figura 15-1 (p. 258). A ideia é chegar o mais perto possível do canto superior direito do diagrama, onde alto desempenho (sua eficácia na função atual) e alto potencial (sua possível eficácia na próxima função) se sobrepõem. Quanto mais perto estiver desse canto, mais as pessoas reconhecerão que você tem bom desempenho como CI e pode ter bom desempenho como líder. E quanto mais pessoas virem em você tanto desempenho quanto potencial, maiores serão as suas chances de conseguir uma promoção.

Em algumas organizações (geralmente as que têm departamentos de RH), essa estrutura se chama "matriz de nove células", ou 9 Box, e é a espinha dorsal do processo formal de avaliação de desempenho. Nessas organizações, gestores podem dar notas a seus subordinados ao fim de cada projeto ou de cada ano, depois passar o feedback para o RH, que insere todo mundo em uma das nove células. O processo é repetido em todas as camadas da organização. Nos períodos de promoção ou concessão de bônus, um comitê de gestores usará a matriz para decidir em quem investir. Algumas organizações têm até listas secretas de pessoas com alto potencial, visadas para futuros cargos executivos. Elas podem receber mais oportunidades para desenvolvimento profissional, mentoria ou projetos interessantes, incluindo intercâmbios no exterior.

Em organizações com processos de RH menos estruturados, essa matriz é implícita e só existe na mente dos gestores, mas mesmo assim é usada para avaliar em quais funcionários investir e em quais não. Em geral, quanto me-

FIGURA 15-1

Matriz de nove células

Promovível — Esteja aqui! :)

	Baixo potencial	Médio potencial	Alto potencial
Alto desempenho	O que está acontecendo? Você está no emprego errado?	Uau! Vamos investir na sua capacitação. Você claramente tem o perfil.	Futura liderança! Vamos lhe dar maiores responsabilidades!
Médio desempenho	Vejamos se você melhora com algumas orientações.	Você tem desempenhado seu papel na equipe. Vamos em frente e vejamos como se sai.	Você é incrível! Vamos continuar lhe oferecendo desafios.
Baixo desempenho	Você não consegue dar conta da sua função atual e provavelmente não conseguirá dar conta da próxima. Vamos demitir você.	Vamos continuar lhe dando tarefas do tipo "Faça apenas o que estou pedindo".	Vamos manter você no seu cargo atual e quem sabe usar sua ajuda para treinar outras pessoas.

Não aqui! :(

nos estruturada for uma organização em seu processo de promoção, maior a probabilidade de sua chefia direta decidir se você terá ou não promoção e mais importante se torna o fato de vocês serem compatíveis.

Algumas empresas, em especial as que não pertencem ao mundo do colarinho-branco, adotam uma abordagem diferente e examinam as qualificações (o fato de você ter uma carteira de motorista de determinada categoria, por exemplo) e a senioridade (há quanto tempo você trabalha na organização). Como esses papéis e organizações se parecem com a "esteira rolante" da faculdade, vamos excluí-los da nossa análise.

Agora que vimos *como* as organizações decidem promover as pessoas, vejamos *quando* elas decidem fazê-lo. Deixando de lado as que se orientam pela senioridade, as promoções em geral ocorrem em três circunstâncias: a cada poucos anos (em empresas do tipo "subir ou sair"); quando uma vaga se abre; ou quando surge uma nova necessidade na organização. A Figura 15-2 lista essas três circunstâncias.

"Subir ou sair" é um jeito simples de dizer que você precisa ganhar uma promoção dentro de determinado intervalo de tempo ou então procurar outro emprego. Isso acontece em alguns bancos de investimento, empresas de consultoria ou de contabilidade grandes o bastante e com rotatividade suficiente para promover funcionários com uma periodicidade razoavelmente regular. Para conseguir a promoção em ambientes desse tipo, você em geral terá que se situar no canto superior direito ou próximo a ele – em comparação com seus pares – e com o tempo demonstrar que está melhorando.

Em organizações nas quais as pessoas permanecem um certo tempo, é possível que precise esperar uma vaga se abrir quando alguém acima de você mudar de função, pedir ou sofrer demissão ou se aposentar. Nesse caso, a opção-padrão não é subir, e sim continuar na função atual. Para ser a pessoa escolhida quando uma vaga se abre, você precisa demonstrar alto desempenho e alto potencial muito antes de qualquer oportunidade surgir.

Se você trabalha numa organização pequena ou startup, pode haver menos oportunidades ainda. Se a empresa se limitar a você e à equipe original, por exemplo, pode não haver um próximo passo evidente, muito menos um processo de avaliação de desempenho estruturado. Quando as promoções acontecem, é porque o negócio assim o exige: porque a direção está convencida de que promover você vai ajudar a organização a alcançar seus objetivos.

FIGURA 15-2

Quando se pode esperar a promoção

Suas três alternativas

"Subir ou sair"   Vaga aberta   Nova necessidade

Embora o processo possa ter um aspecto diferente dependendo do lugar em que você trabalhe, a teoria é parecida: uma promoção é um investimento... em você. E, assim como qualquer investimento, as pessoas querem ter certeza de que ele terá uma chance alta de retorno antes de gastarem seu tempo, seu dinheiro e sua energia.

O que isso significa para você? Vamos lá!

Como se posicionar para uma promoção

A chave é encontrar um espaço de atuação livre que seja importante para sua equipe e em seguida ocupá-lo. Como encontrar esse espaço? Faça-se as cinco perguntas a seguir.

O que posso fazer que já não tenha sido feito?

A maioria das organizações valoriza as mesmas quatro coisas: mais clientes, doadores e fãs; melhores produtos, serviços e críticas; maneiras mais rápidas de fazer o trabalho; e formas mais baratas de manter tudo funcionando. Se você conseguir alcançar um ou mais desses objetivos, poderá turbinar a percepção dos outros quanto ao seu potencial e à sua "promovibilidade".

Foi essa a estratégia usada por Ketty para transformar sua função de assistente de escritório temporária num cargo em tempo integral de coordenadora de marketing, função que nunca tinha existido antes. Sua empresa ganhava dinheiro encontrando profissionais de enfermagem em busca de emprego e encaixando essas pessoas nas vagas disponíveis em hospitais. O trabalho de Ketty era processar a papelada dos candidatos. Ao fazer seu trabalho, Ketty reconheceu um padrão: os mais graduados da empresa viviam reclamando que, embora os hospitais estivessem sempre querendo contratar mais profissionais de enfermagem, por algum motivo a empresa nunca conseguia encontrar candidatos suficientes.

Ao ouvir o que os executivos diziam, Ketty pensou: *Dã! Vocês estão dependendo de e-mails e telefonemas para recrutar profissionais, quando todos os meus amigos e amigas enfermeiros estão usando as redes sociais para arrumar emprego. Não é de espantar que não estejam achando gente suficien-*

te! Ela usou seus aplicativos de redes sociais para buscar as palavras-chave "enfermagem" e "empregos". Encontrou dúzias de grupos com dezenas de milhares de profissionais de enfermagem compartilhando conselhos sobre carreira. Fez capturas de tela de todos os grupos encontrados, depois compilou uma lista de links para sua supervisora. Então mandou por e-mail para a supervisora um plano para postar vagas disponíveis nesses grupos.

A supervisora encaminhou o e-mail cadeia de comando acima. O gerente da supervisora adorou a ideia e sugeriu que Ketty ajudasse a executar o plano. Ketty o fez e criou também uma página de rede social para a empresa. Em semanas, a empresa tinha atraído milhares de seguidores e ganhado milhares de likes.

Com quatro meses do contrato de seis de Ketty, sua supervisora a chamou e disse: "Espero que você não esteja indo a lugar nenhum. Queremos você aqui em tempo integral." Ketty transformou sua função temporária numa empolgante proposta para trabalhar com marketing em tempo integral... e mais tarde veio a se tornar uma das mais jovens gerentes da empresa. Como ela fez isso? Ajudando sua empresa a recrutar mais candidatos com um método ao mesmo tempo mais rápido e mais barato do que antes. Ketty foi promovida não porque seus superiores tinham planos de fazê-lo, mas porque eles viram as vantagens de mantê-la na empresa e investir nela.

Se você alguma vez estiver usando os métodos habituais de sua equipe para fazer o trabalho e se pegar pensando *Cara, que antiquado isso* ou *Por que em vez disso não estamos fazendo* _____?, experimente anotar sua ideia e apresentá-la após ter cumprido suas tarefas obrigatórias de modo pleno e correto. Mas atenção a duas coisas.

Em primeiro lugar, tente se concentrar em métodos que sejam *melhores*, não apenas diferentes. Sua ideia precisa melhorar a situação atual; ela não pode ser apenas o seu jeito de fazer as coisas. Você está propondo uma mudança no processo habitual, e uma mudança pode ser não apenas desconfortável, mas também potencialmente ameaçadora para quem apoia o jeito antigo. Quanto mais você puder convencer os outros de que os prós do seu jeito superam os prós do jeito antigo, maior a probabilidade de as pessoas escutarem. Use o apoio da sua rede de influenciadores. Eles podem ajudar você a entender o que já foi tentado, o que não funcionou e que aliados você pode ter ao seu lado.

Em segundo, saiba que alguns tipos de *mais, melhor, mais rápido* e *mais barato* podem ser mais importantes do que outros... e mais promovíveis. Da perspectiva das pessoas importantes da empresa, mudanças podem ser notadas ou não notadas e reportadas ou não reportadas. No caso de Ketty, introduzir uma forma melhor de recrutar clientes provavelmente teria sido algo notado por seus superiores. Mas um aumento, digamos, na periodicidade com a qual a geladeira do trabalho é limpa provavelmente não teria chegado até eles. Isso, mais uma vez, remete à infeliz realidade do trabalho doméstico de escritório.

Se você tiver várias ideias, tente classificá-las em menos ou mais notadas e menos ou mais reportadas, como se vê na Figura 15-3. Considere também aquilo que é urgente e importante para sua equipe e para sua organização. Quanto mais urgente e importante for sua ideia para ajudar a equipe a alcançar seus objetivos, maior a probabilidade de ela ser notada e reportada. Mas lembre-se: o fato de uma tarefa não ser nem notada nem reportada aos superiores não significa que ela não seja importante. Quando se está há pouco tempo na empresa, assumir tarefas que nem sempre são notadas ou reportadas é uma forma de construir confiança, firmar-se como alguém que

FIGURA 15-3

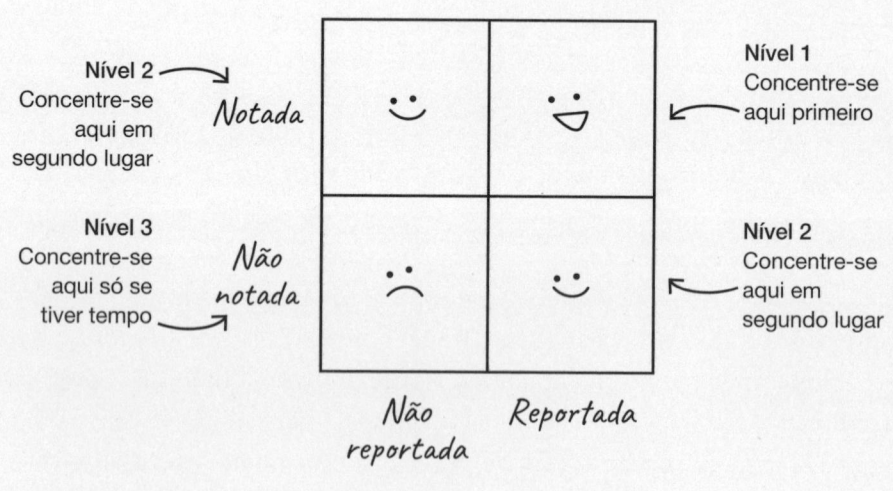

Tipos de mudança que favorecem a promoção

	Não reportada	Reportada
Notada — Nível 2: Concentre-se aqui em segundo lugar	🙂	😃 — Nível 1: Concentre-se aqui primeiro
Não notada — Nível 3: Concentre-se aqui só se tiver tempo	🙁	🙂 — Nível 2: Concentre-se aqui em segundo lugar

sabe trabalhar em equipe e provar que você não é arrogante. (Por isso este capítulo está perto do final do livro.)

O que posso resolver que já não tenha sido resolvido?

Problemas no local de trabalho se situam num espectro. Num dos extremos estão os pequenos incômodos (inconveniências com as quais as pessoas estão dispostas a conviver). No outro extremo estão os problemas críticos para o cumprimento da missão (questões que, se não forem resolvidas, podem fazer descarrilhar um projeto ou até mesmo a organização). Em algum lugar entre os dois, mas ainda perto dos problemas críticos para a missão, estão as grandes chatices (questões que levam a muita perda de tempo, em especial para os mais graduados, ou que causam muito estresse). Quanto mais você se alinhar com a resolução de grandes chatices e problemas críticos para a missão, maior a probabilidade de as pessoas reconhecerem seu potencial e a sua "promovibilidade" (ver Figura 15-4). Para identificar essas grandes chatices e esses problemas críticos para a missão, preste atenção na frequência com que a gerência ou outros superiores reclamam de algo. Quanto mais graduado for o reclamante, quanto mais reclamantes houver e quanto mais eles reclamarem, maior pode ser a oportunidade. Quanto melhor você entender o que é importante e para quem é importante, melhores suas chances de causar impacto e melhores suas chances de conseguir uma promoção.

Eis um exemplo. Imane, uma engenheira de software numa empresa de tecnologia, reparou que sua equipe estava lançando recursos de produtos de modo aleatório, não programado. Consequentemente, havia clientes ficando confusos, gerentes sendo pegos desprevenidos e equipes fazendo trabalhos sobrepostos. Ela foi procurar a pessoa responsável pelo lançamento de recursos e perguntou: "Nós temos algum tipo de cronograma para o lançamento de softwares?" Quando o colega deu de ombros, Imane perguntou: "Seria útil se eu montasse um?" O colega concordou. Imane se encontrou com cada integrante da equipe para ouvir suas ideias. Ela montou um plano, pediu feedback para os colegas da equipe, obteve a aprovação de seus colegas e gestores, e então apresentou sua ideia numa reunião geral. Graças à ideia de Imane, a equipe passou a seguir um processo estruturado para o lançamento de todos os futuros recursos de produtos e ela acabou

FIGURA 15-4

Tipos de problema que favorecem a promoção

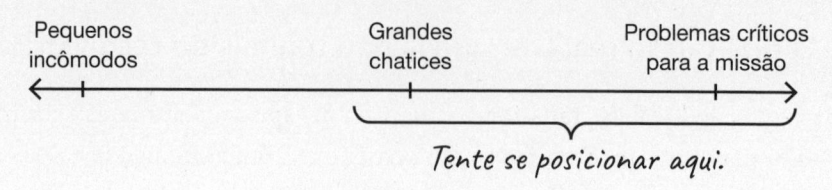

```
Pequenos            Grandes             Problemas críticos
incômodos           chatices            para a missão
<---|------------------|-------------------|--->
                    _____/
                    Tente se posicionar aqui.
```

sendo elogiada por sua liderança na avaliação de fim de ano. Mais tarde, Imane foi promovida a engenheira de software sênior antes de seus pares. E tudo começou quando ela resolveu o que ainda não tinha sido resolvido.

É claro que, como aprendemos ao longo deste livro, o que você faz é só metade da batalha. Também é importante fazer isso sem parecer uma ameaça. Assim, antes de propor soluções, procure consultar um colega que esteja próximo do problema para descobrir por que as coisas são como são. Se alguém não estiver fazendo o próprio trabalho, tome cuidado para não invadir o espaço dessa pessoa. Se sua intenção for mostrar ambição, você corre o risco de transparecer agressividade – a não ser que administre cuidadosamente o modo de apresentar suas ideias.

Isso se aplica a todos os espaços de atuação desocupados. Não se pode nem se deve fazer todo mundo feliz. Faça o seu melhor, mas não se martirize se nem todo mundo ficar do seu lado. Lembre-se: problemas no trabalho não são monstros dos quais é preciso fugir. São oportunidades rumo às quais é preciso correr. É dentro dos problemas que se criam oportunidades, que se constrói confiança e que se forjam carreiras.

O que posso conciliar que já não tenha sido conciliado?

Nem sempre é preciso inventar algo novo ou resolver algum problema grande para se destacar. Às vezes, tudo que você precisa fazer é ser uma "ponte" entre pessoas, entre temas ou entre pessoas e temas.

Tradutores são pessoas capazes de falar a "língua" de duas áreas, culturas ou modos de pensar e transformar o jargão e as ideias de um dos lados em termos que o outro lado possa entender. Existem pessoas que são literalmente tradutoras. Uma estagiária com quem conversei numa empresa farmacêutica era convidada para reuniões importantes com clientes por ser a única pessoa da equipe que falava espanhol. Um vendedor numa empresa de tecnologia, por sua vez, conseguia traduzir os pensamentos desordenados de sua equipe de vendas em tabelas, gráficos e slides que conquistavam a aprovação das pessoas da equipe de marketing, cuja mentalidade era mais ligada a dados.

Facilitadores são pessoas que ajudam os outros a se darem bem. Elas intervêm e funcionam como intermediários neutros, apresentando pessoas entre si ou ajudando os dois lados a solucionar conflitos. Um consultor de carreiras que conheci fez amizade com administradores de diferentes departamentos da sua universidade e por isso era convidado e tinha influência em quase todas as reuniões interdepartamentais.

Combinadores são pessoas capazes de usar duas áreas para criar algo melhor do que qualquer uma das duas poderia produzir sozinha. Um pesquisador acadêmico combinou seu amor pelos podcasts com seu trabalho para ajudar seu instituto de pesquisas a lançar e vender um podcast, por exemplo. O voluntário de um programa educativo usou suas habilidades em design gráfico para transformar os documentos chatos do programa em infográficos divertidos.

O segredo para desempenhar qualquer um desses papéis de ponte, ou mesmo todos eles ao mesmo tempo, é dar-se crédito pelo que você sabe e por quem conhece. Se algum dia se pegar pensando *Eu entendo tanto de* _____ *quanto de* _____. *Por que as pessoas acham isso tão difícil?*, pode ser que tenha encontrado uma oportunidade oculta de "traduzir". Se alguma vez se pegar pensando *Eu me dou bem com* _____ *e com* _____. *Por que eles não estão se comunicando direito?*, pode ser que tenha encontrado uma oportunidade oculta de "facilitar". Se alguma vez se pegar pensando *Acho que* _____ *poderia aprender uma coisinha ou duas com* _____, pode ser que tenha encontrado uma oportunidade oculta de "combinar". Ninguém pensa exatamente igual a você; então, se vir uma forma de ligar os pontos que os outros não estejam vendo, mostre a eles.

O que posso saber que os outros já não saibam?

Uma analista financeira participou de um treinamento na empresa no qual aprendeu a usar um novo software de análise de dados. De volta à sua equipe, onde todo mundo ainda estava usando planilhas, ela magicamente fez seu trabalho numa fração do tempo. Da noite para o dia, essa analista se tornou especialista numa *ferramenta*.

Em outra ocasião, o CEO de uma startup ligou para o diretor de operações de outra startup e disse: "Oi, soube que você já trabalhou com essa empresa de venture capital. Como ela é?" Aos olhos do CEO, esse diretor de operações era um especialista naquelas *pessoas*.

Um consultor de desenvolvimento internacional do Japão queria trabalhar para sua empresa no Sudeste Asiático, mas nunca era escolhido porque não tinha experiência nenhuma na região. Ele tirou uma licença, fez estágio num projeto social em Mianmar e durante a licença mandou um e-mail a seco para integrantes seniores da sua empresa compartilhando aquilo em que estava trabalhando e como seu trabalho era relevante para a empresa. Ao voltar para seu antigo emprego, ele não apenas foi incluído em vários projetos no Sudeste Asiático como também se tornou um especialista interno na região. Em três meses, esse consultor se tornou um especialista num *tema*.

Se você sofre de síndrome do impostor, ou seja, se tem tendência a duvidar das próprias competências e a questionar se seu emprego é o lugar certo para você, pode ser difícil se considerar especialista em alguma coisa. Em equipes com colegas mais experientes, que pensam mais rápido e falam mais alto, pode ser especialmente fácil pensar: *Todo mundo aqui é tão esperto! Acho que nunca terei algo útil a dizer*, ou então: *Eu não sou especialista coisa nenhuma, só escutei essa informação de outra pessoa*. Se você algum dia se pegou pensando essas coisas, pode ser que tenha estabelecido padrões altos demais. Não é preciso ser a maior autoridade do mundo numa ferramenta, pessoa ou num assunto para ter valor como especialista local na sua equipe. Tudo que você precisa é saber ligeiramente mais do que seus colegas.

Só um alerta: embora se tornar especialista numa ferramenta possa ser algo poderoso, porque ferramentas novas lhe dão uma vantagem para fazer as coisas melhor, mais depressa ou a um custo menor, é importante tomar cuidado. Se você for a única pessoa a dominar determinada ferramenta, os outros podem passar facilmente a depender de você. Portanto, se não quiser que determinada tarefa lhe seja atribuída o tempo todo, cuidado para não parecer competente *demais*. Seja especialista, mas só nas coisas nas quais realmente quer ser.

O que posso compartilhar que já não tenha sido compartilhado?

Não descarte o que encontrar, aprender ou criar na sua vida cotidiana e pessoal. Talvez você tenha algo que possa ser valioso e valer a pena compartilhar com seus colegas. Esse "algo" muitas vezes pode vir de duas formas: templates (qualquer coisa que você tenha criado e os outros possam reutilizar ou adaptar) e informações (qualquer notícia, dado ou observação que possa ter relevância para o trabalho ou os interesses dos outros).

Uma gerente de uma empresa de logística certa vez me contou sobre um integrante da sua equipe que criou vários templates de Excel. Depois de cada projeto, ele dizia à gerente: "Fiz estes modelos [planilhas] e detestaria que fossem parar no lixo. Posso disponibilizá-los na intranet da empresa para outros terem acesso?" Depois de obter permissão, ele removia as informações confidenciais dos modelos, acrescentava folhas de rosto para explicar como funcionava cada arquivo, inseria comentários descrevendo cada recurso, depois os salvava na rede da empresa, identificados com seu nome e o nome da sua equipe. Ao compartilhar os arquivos, esse funcionário estava assinalando de modo sutil não só seu desejo de ajudar e trabalhar bem com a equipe, mas também que ele era um especialista naquela ferramenta e naqueles assuntos, reputação que levou outras pessoas a procurá-lo em busca de orientação.

A gerente desse funcionário me disse: "Comecei a receber elogios do nada. As pessoas diziam: 'Caramba, vocês nos salvaram!' Ganhamos muitos favores de outras equipes."

Sempre que você criar ou aprender alguma coisa, tente se perguntar "Será que isso poderia ser útil para os outros?", "Será que posso compartilhar com pessoas indiretamente envolvidas?" e "Será que a chefia concordaria com isso?". Se a resposta a todas essas três perguntas for "Sim", cogite compartilhar.

Embora a generosidade seja importante, como no caso de todas as regras ocultas deste guia, é importante espelhar os outros e seguir o processo habitual. Uma auxiliar de comunicação certa vez me disse que muitos dos seus colegas mandavam e-mails sobre as "conquistas do trimestre", elogiando a equipe inteira ao mesmo tempo que destacavam sutilmente o que eles próprios tinham feito. Nessa equipe, se você só tecesse autoelogios, seria visto como arrogante e incompatível. Se só elogiasse os outros, perderia a oportunidade de sinalizar a própria competência e o próprio comprometimento.

Outra opção, talvez até mais fácil, é simplesmente manter os olhos abertos para qualquer notícia, relatório, anúncio, vídeo ou mesmo episódio de podcast que possa ser relevante para seus colegas. Como vimos no Capítulo 11, compartilhar informações relevantes pode não só manter uma relação evoluindo como também assinalar para os outros que você está sempre a par das últimas novidades.

Se quiser algo, peça

Até aqui abordamos as promoções como se seu desempenho e seu potencial fossem ser reconhecidos naturalmente. Isso pode ser verdade em alguns casos, mas em outros talvez você precise pedir aquilo que quer... e aquilo que merece. Foi o que aconteceu com Galina, diretora de um programa numa grande universidade pública. Após dois anos e meio no emprego, Galina tinha lançado e aprimorado o programa de serviços públicos da sua universidade até transformá-lo no maior de todo o sistema universitário. Ela passara a ocupar uma função inteiramente nova e ampliada dentro da instituição, mas seu cargo e seu salário continuaram os mesmos. Então decidiu renegociar seu salário. Primeiro mandou mensagens de texto para vários amigos que ocupavam funções semelhantes em outras universidades:

> Oi, Aba. Por favor, desculpe a pergunta pessoal, mas será que você se importaria em me dizer qual é o seu salário? Estou pensando em renegociar o meu e queria perguntar a algumas pessoas para fins comparativos. Em troca, posso dividir minhas descobertas com você!

Galina ficou chocada com o que descobriu: apesar de administrar um programa maior e de ter um nível de instrução superior, ela recebia o salário mais baixo entre todos os seus pares. Então criou uma tabela comparativa, de uma página, com as instituições nas quais seus amigos trabalhavam, seus salários, suas titulações, seus anos de experiência, o número de alunos envolvidos e o que cada programa oferecia. Calculou o salário médio, destacou a pessoa com função e histórico que mais se pareciam com os seus e decidiu pedir ao seu gerente uma remuneração parecida. Depois de passar quinze dias treinando o que iria dizer, ela abordou seu chefe de departamento na saída de uma reunião.

– A propósito – começou –, eu gostaria de conversar com você sobre a minha função. Você teria um tempo para falar nos próximos dias?

Durante o encontro, Galina explicou a situação:

– Obrigada por disponibilizar seu tempo para conversar comigo. Fico muito agradecida mesmo. Tem sido muito estimulante trabalhar com você, adoro nossa equipe e estou animada com todas as iniciativas que estamos lançando este ano. Queria conversar porque me ocorreu recentemente que, apesar de meu escopo de responsabilidades ter dobrado ao longo dos últimos dois a três anos, meu salário não subiu.

Galina então sacou sua tabela comparativa.

– Preparei esta tabela de comparação entre mim e meus pares em outras instituições dentro do nosso sistema universitário. Como você pode ver, lancei e agora administro um programa que tem mais ou menos o dobro do tamanho dos programas das instituições de nível comparável ao nosso. Além disso, tenho mestrado, formação que vários dos meus pares não têm. Mesmo assim, quando olho para o meu salário, vejo que estou muito abaixo do nível deles. Eu gostaria de conseguir equiparar meu salário ao dos meus pares, o que significaria 14% a mais do que ganho hoje. Significaria muito para mim se eu pudesse ter seu apoio para pleitear esse aumento. Seria possível?

O chefe de departamento olhou para a tabela de uma página apresentada por Galina... e sorriu.

– Uau. Acho que nunca vi um documento tão organizado. Todas as outras vezes, tudo que as pessoas disseram foi "Eu quero mais dinheiro", sem me dar nada tangível para ajudar a defender seu pedido. Deixe eu falar com meu supervisor.

Dois meses mais tarde, o gerente de Galina voltou com uma resposta. Ela ganharia um aumento de salário no ano fiscal seguinte.

Na realidade, essa não seria a última vez que Galina pediria um aumento. Dois anos depois, ela pediu para participar de um programa de aprimoramento profissional que custaria 5 mil dólares em inscrição, transporte e acomodação. Vários anos depois disso, quando lhe negaram outro aumento, ela atualizou seu currículo e conseguiu um emprego com um salário mais alto numa instituição de mesmo nível. Ao mostrar sua oferta de emprego para seu chefe de departamento, ele imediatamente entrou em contato com o RH, que propôs cobrir a oferta.

Recordando o caso, Galina me disse:

Foi muito difícil convencer a mim mesma de renegociar meu salário. Eu sentia que deveria ficar grata pelo que tinha, pois já estava ganhando mais dinheiro do que qualquer um de meus parentes próximos, por ser uma das primeiras na minha família com ensino universitário e por ser imigrante. [...] Eu me sentia culpada por pedir mais. [...] Tive que dizer a mim mesma que não era pelo dinheiro: era para me dar o devido valor, valor esse que não estava refletido no meu salário. [...] Eu estava trabalhando à noite e nos fins de semana, e meu tempo não estava sendo valorizado. [...] Você precisa pedir. E, se lhe disserem "Não", veja se há outras coisas que pode conseguir, como, por exemplo, aumentar a verba para seu desenvolvimento profissional.

Nem todos saberão que estão subvalorizando você. Nem todo mundo perceberá que você está se esforçando além do esperado. E ninguém mais se importará tanto com a sua carreira quanto você. Obviamente, não se deve pedir uma promoção se ainda estiver galgando o caminho até o canto superior direito da matriz de desempenho e potencial. Por outro lado, se já tiver dominado esse lugar e ainda não tiver obtido reconhecimento por isso, pode ser que esteja na hora de ir atrás desse reconhecimento. Cogite usar as estratégias que abordamos ao longo deste guia; na dúvida, pergunte a um colega de confiança qual é o processo habitual; conheça seu público; faça seu dever de casa. Pense vários passos à frente para visualizar como será a conversa. Na hora em que ela acontecer, poupe tempo e estresse aos outros oferecendo algo para que possam tomar uma atitude. E imponha-se com gentileza, mas seja firme.

Sua valorização começa por você. Se você não se valorizar, os outros tampouco o farão.

Você nem sempre conseguirá o que deseja

Por mais que gostemos de pensar que todo trabalho árduo e todo talento serão reconhecidos e recompensados, o mundo nem sempre é justo. Às vezes você pode aguardar uma promoção que nunca virá, por falta de objetividade ou de oportunidade.

Falta de objetividade

Não se deixe enganar pela divisão esquemática da matriz de nove células a ponto de pensar que conseguir uma promoção é um processo mecânico, como pôr dinheiro numa máquina de autoatendimento. Quem toma as decisões não é uma máquina, são seres humanos. Infelizmente, a esta altura nós já sabemos qual é o resultado desse fator humano: preconceito. Eis apenas um exemplo: gestores costumam usar palavras mais positivas (como "analítico", "confiável" e "seguro") para descrever homens nas avaliações de desempenho, e mais palavras negativas (como "egoísta", "passiva" e "indecisa") para descrever mulheres.[1] O terreno não é igual.

Algumas organizações se saem melhor no manejo dessa parcialidade do que outras. Algumas têm processos de "feedback 360°", nos quais as avaliações são feitas não só pela chefia direta, mas também por todos que trabalham com determinada pessoa. Outras empresas criam comitês de promoção que não conhecem os candidatos pessoalmente e avaliam históricos de funcionários sem quaisquer informações sobre o gênero ou a raça da pessoa. Geralmente, porém, esses processos só existem nas organizações maiores. Quanto menor a empresa, maior a probabilidade de as promoções serem baseadas na percepção das pessoas sobre seus Três Cs. E quanto menor a empresa, maior a probabilidade de seu gestor ou sua gestora ser a pessoa que vai decidir sobre a sua promoção e seu futuro na organização, o que vai depender da compatibilidade entre vocês.

Dependendo das suas circunstâncias, isso pode ser bom ou ruim. Alguns gestores vão priorizar o que é melhor para *você*. Outros priorizarão o que é melhor para *eles*. Às vezes você pode ter um chefe que se sente ameaçado por você ou que não gosta de você e pronto. Alguns gestores pensam: *Bom, se eu não consegui minha promoção, você também não deveria conseguir a sua*. Pode ser que você já saiba o tipo de chefe que tem graças aos padrões de comportamento. E, se não souber, o tema *promoção* tem o dom de fazer as pessoas revelarem seu verdadeiro eu. Se, apesar de todos os seus esforços para maximizar sua competência, seu comprometimento e sua compatibilidade, sua chefia continuar atrapalhando, talvez esteja na hora de avaliar se você poderia avançar mais depressa na carreira trabalhando para outra pessoa.

Falta de oportunidade

O simples fato de fazer um bom trabalho não significa que você terá sucesso na organização. Tampouco significa que a organização terá sucesso. Em startups, pequenas ONGs ou na política, por exemplo, você pode ser a pessoa mais talentosa a já ter trabalhado lá, mas mesmo assim ter dificuldade para conseguir uma promoção, não por mau desempenho ou por falta de potencial, mas por causa das circunstâncias. Digamos que você trabalhe com vendas numa startup que fabrica pasta de dente sabor anchova. Você pode ter um talento incrível para vendas, mas mesmo assim não vender muita pasta de dente porque ninguém anseia por um hálito de peixe. E, se você tiver o infortúnio de trabalhar para superiores delirantes, a incompetência *deles* (por tomar decisões ruins quanto ao produto) poderia ser erroneamente interpretada como incompetência *sua* (por não conseguir vender o produto). E, mesmo que suas habilidades "sobrenaturais" deem um jeito de impulsionar as vendas, a empresa ainda assim pode não ter recursos suficientes para promover você.

Mesmo que não esteja numa organização que fabrique um produto ruim, você pode esbarrar na falta de oportunidade. Se estiver trabalhando em home office, pode ser que perca as oportunidades de observar os mais graduados e os colegas para identificar espaços de atuação desocupados. Nesses casos, talvez precise prestar atenção especial nas reuniões da equipe e se manter ainda mais em contato com seus colegas no aplicativo de mensagens para saber em que cada um está trabalhando. Talvez precise também mostrar proatividade na hora de propor ideias para a gerência em vez de esperar as incumbências lhe serem atribuídas.

E há também os fatores que vão além do seu emprego específico. Pode ser que a economia esteja ruim. Pode ser que o mercado esteja passando por um mau momento. Pode ser que o seu departamento esteja sendo reestruturado ou que o gestor ou a gestora que apoiava você tenha mudado de função. Seja qual for o motivo, existe a possibilidade de você fazer um ótimo trabalho e mesmo assim não conseguir avançar. Embora seja sempre bom construir a reputação de alguém que supera as expectativas, sentir estagnação pode ser frustrante e talvez signifique que está na hora de começar a olhar para o próximo capítulo da sua carreira.

No fim das contas, mostrar seu potencial envolve convencer os outros de que você é um bom investimento para a organização. Envolve provar que não apenas faz bem o seu trabalho, mas que também é indispensável para a equipe. Pode ser que você não consiga controlar o vento e a chuva nessa expedição na natureza selvagem que é sua carreira, mas pelo menos terá feito tudo que pôde para se preparar para o sucesso – e terá criado para si o caminho de menor arrependimento.

EXPERIMENTE

- Tenha como objetivo demonstrar ao mesmo tempo alto desempenho e alto potencial.
- Pense além da sua função ou do seu espaço de atuação específico e mire os objetivos mais gerais da organização.
- Pergunte-se: "O que posso fazer que já não tenha sido feito?"; "O que posso resolver que já não tenha sido resolvido?"; "O que posso conciliar que já não tenha sido conciliado?"; "O que posso saber que os outros já não saibam?"; e "O que posso compartilhar que já não tenha sido compartilhado?".
- Se não estiver tendo reconhecimento, busque-o por conta própria.

Posfácio

No Capítulo 15 comparamos nossa carreira a uma expedição na natureza selvagem. Afirmamos que seu destino e quão depressa chega lá depende de você e da natureza. Essa analogia não está exatamente correta.

Escalar uma montanha é uma negociação entre um ser humano e a natureza. Galgar uma carreira é uma negociação entre um ser humano e outros seres humanos. Um bom mapa pode levar você longe se estiver escalando uma montanha, mas para galgar uma carreira isso não basta. É possível escalar montanhas por conta própria, mas não carreiras. Para subir na profissão é preciso mais do que apenas um mapa. É preciso alguém que o(a) puxe para cima.

Você precisa de uma boa chefia. E de bons chefes para a sua chefia. E de bons chefes para a chefia da sua chefia... até o topo da hierarquia. O sucesso na carreira é uma via (ou, neste caso, uma trilha) de mão dupla. É preciso ter o desejo de alcançar seu pleno potencial, mas a chefia e qualquer um que esteja mais acima na cadeia de comando também precisam criar as condições para que todos, e não apenas alguns, possam alcançar seu pleno potencial. É preciso que a gestão capacite, elogie e valorize você; é preciso que trate você com justiça; e, quando você cometer algum erro, é preciso que lhe ofereça perdão.

Infelizmente, nem todo mundo recebe um tratamento assim. Seja por preconceito, seja por expectativas pouco realistas, nem todo gestor puxa a equipe inteira para cima e nem toda organização levanta todo mundo. É nessas situações que chegamos aos limites do esforço individual para adentrar o território da luta coletiva: a luta para ajudar os outros da mesma forma que ajudaram você. Todos nós temos um papel a desempenhar. *Você* tem um papel a desempenhar.

Use essas regras ocultas à vontade para percorrer seu caminho rumo ao sucesso na carreira. Quando estiver avançando, porém, não esqueça aqueles que ficaram para trás. Responda àquele e-mail que você recebeu sem ter solicitado. Oriente aquela pessoa desconhecida. Ajude alguém de fora. Apoie aquele colega. Compartilhe aquele conhecimento. Então, quando se vir liderando outra pessoa, torne-se a liderança que gostaria de ter tido. Evite aquele prejulgamento. Contrate aquele candidato que ainda não demonstrou seu valor. Desenvolva aquela funcionária. Bata aquele papo só para animar alguém. Compartilhe aquela oportunidade. Recompense aquele trabalho árduo. Combata aquela injustiça.

Use qualquer oportunidade que tiver para construir um ambiente de trabalho mais justo e igualitário – e um mundo também. Ajude os outros, assim como os mais de quinhentos profissionais que contribuíram para este guia ajudaram você.

Transmita as regras que fazem as pessoas trabalharem melhor juntas. Elimine as regras que não dão chance aos outros. Com um pouco de sorte, a próxima geração de profissionais em início de carreira nem sequer precisará deste guia, porque, graças a você e a outros como você, cada um deles terá uma oportunidade igual de alcançar o sucesso.

O livro pode ter acabado, mas a sua carreira está apenas começando. Para mais dicas e instruções, visite gorick.com (conteúdo em inglês). Agora siga em frente – e cause um bom impacto!

Agradecimentos

Este bebê tem muitas mães e muitos pais. Na verdade, quase mil. Este projeto só foi possível graças ao esforço dos indivíduos listados a seguir e de outros que eu certamente devo ter esquecido. São pessoas que foram meus mentores e mentoras, que me abriram portas, ajudaram a identificar meus pontos fracos, aguentaram minhas incontáveis perguntas, ofereceram um ombro amigo e me ajudaram a transformar minhas anotações em guardanapos e as ideias que eu tive durante o banho em dezenas de versões preliminares e, por fim, no livro que você tem nas mãos. Se o tiver achado útil, saiba que ele não veio apenas de mim: veio de toda uma comunidade generosa.

Quando eu era um aluno de MBA que olhava para tudo de olhos arregalados, o professor Len Schlesinger respondeu em seis minutos ao e-mail que lhe enviei sem nenhum aviso prévio e, durante nosso primeiro encontro, me incentivou com a mesma rapidez a transformar minha pesquisa em livro. Len não hesitou em abraçar minha ambiciosa proposta de projeto independente, revisar minhas primeiras versões, me orientar pelas regras ocultas do mercado editorial e me apresentar a Paul B. Brown, que abriu a porta do meu primeiro *pitch* para um editor. Embora o *pitch* tenha resultado em rejeição, assim como os dezenove seguintes, sou grato pela oportunidade e aprendi muito com ela.

Jaime B. Goldstein, minha jurada de *pitch* de startup – que depois virou empresária, depois mentora, depois amiga –, me ensinou que bom é melhor do que perfeito (lição que continuo tentando aprender até hoje) e me incentivou a dar a cara a tapa, muito embora eu não me sentisse pronto. Foi ela quem me apresentou a Scott Belsky, que por sua vez me apresentou ao meu agente literário, Jim Levine.

Jim Levine não só viu potencial no meu conceito como também, junto com Matthew Huff e Courtney Paganelli, foi uma fonte constante de incentivo diante da rejeição. Jim também me ensinou o que desde então se tornou uma das minhas frases preferidas: "Você só precisa de um único sim."

Por ter sido uma fonte de apoio incansável durante todos os altos e baixos, agradeço ao "Coro": Michael Altman, Camille Zumwalt Coppola, Eric Hendey, Lea Hendey, Vishnu Kalugotla, Ken Liu e Chaodan Zheng.

Por ter sido uma fonte constante de orientação, inspiração e amizade como companheiro na missão de tornar o ambiente mais igualitário para aqueles que, como nós dois, tiveram origens humildes e foram pioneiros na família a entrar no ensino superior, agradeço a David Carey – e também a Shawn Bohen, por ter nos apresentado.

Por ter aguentado minhas intermináveis perguntas, lido e relido minhas incontáveis versões, formatado meu pensamento e meu texto e me dito o que eu *precisava* ouvir em vez daquilo que eu *queria* ouvir, agradeço à junta consultiva que inclui Aaron Altabet, Damaris Altomerianos, Kweku Darteh Anane-Appiah, Isaiah Baldissera, Julia Canick, Wadnes Castelly, Jim Chan, Chris Cheng, Joanna Cornell, Evan Covington, Caroline Davis, Matthew De La Fuente, Eugenio Donati, Neel Doshi, Sheila Enamandram, Uriel Epstein, Rebecca Feickert, Triston Francis, Collin Fu, Galina Gheihman, Luke Hodges, Winston Huang, Samir Junnarkar, Victor Kamenker, Joyce Kim, Leo Kim, Kieren Kresevic Salazar, Ling Lam, Alison Lee, Angela Li, Christian Lin, Jarron Lord, Monica MacGillis, Kamau Massey, Sana Mohammed, Miranda Morrison, Hasib Muhammad, Injil Muhammad Jr., Veronica O'Brien, Richard Park, Wes Peacock, Jan Philip Petershagen, Sudheer Poluru, Michele Popadich, Kathleen Power, Rachel Pregun, Josh Roth, Caleb Schwartz, Stephen Slater, Donovan Smith, Rob Snyder, Scott Stirrett, Meghan Titzer, George Vinton, Davis Wilkinson, Charles Wong e Lushen Wu.

Por seu incentivo e sua parceria intelectual nos primeiros estágios do manuscrito, agradeço aos membros fundadores da Harvard Initiative for Learning and Teaching (Iniciativa de Aprendizado e Ensino de Harvard): Mahdi AlBasri, Sophie Turnbull Bosmeny, Azeez Gupta, Angela Jackson e Susan Johnson McCabe.

Por ter feito algo que só pode ser descrito como mágica num manuscrito que ultrapassou o limite em 40 mil palavras, agradeço à minha editora Alicyn Zall. Agradeço também a Sally Ashworth, Julie Devoll, Lindsey Dietrich, Stephani Finks, Brian Galvin, Erika Heilman, Jeff Kehoe, Alexandra Kephart, Melinda Merino, Ella Morris, Josh Olejarz, Jon Shipley, Felicia Sinusas, Anne Starr e a todo mundo dos departamentos editorial, de produção e comercial da Harvard Business Review Press, por terem transformado um arquivo de Word e um monte de rabiscos num livro.

Por terem me ajudado a começar minha carreira do jeito certo, e por formarem o alicerce intelectual e prático deste projeto, agradeço aos integrantes da família da BCG e da BCG Digital Ventures: Hachem Alaoui Soce, Spenta Arnold, Lia Asquini, Ben Aylor, Mohammed Badi, Simon Bartletta, Robert Batten, William Blonna, Adrienne Bross, William Brown, Jamie Brush, Keith Caldwell, Joe Carrubba, Rajiv Chegu, Caitlin Wolff Clifford, Peter Czerepak, Carl Daher, David DeSandre, Alexander Drummond, Meaghan English, Sheila Flynn, James Foley, Leah Fotis, Jared Ganis, Priya Garg, Anika Gupta, Michael Haghkerdar, Gary Hall, Daniel Harvey, Justine Hasson, Bryan Head, Jeri Herman, Max Horsley, Daniel Huss, Harnish Jani, Khatchig Karamanoukian, Scott Keenan, Rhanhee Stella Kim, Vladimir Kirichenko, Akifumi Kita, Allison Koo, Amit Kumar, Olga LaBelle, Hana Lane, Cici Liu, Elizabeth Lyle, Nate MacKenzie, Justin McBride, Eric Michel, Sara Schwartz Mohan, Emily Mulcahy, Scott Myslinski, Cara Nealon, Hikmat Noujeim, Chrissy O'Brien, Sarah Olsen, Richard Pierre, Roger Premo, Chloe Qi, Marisa Rackson, Sruthi Ravi, Roman Regelman, Eduardo Daniel Russian, Tom Schnitzer, Dorian Simpson, Aishwarya Sridhar, Chetan Tadvalkar, Jordan Taylor, Nithya Vaduganathan, Orian Welling, Ryah Whalen, John Wu, Graham Wyatt, Wenjia (Grace) You, Bill Young, Luke H. Young, Josh Zeidman, Jeff Zhang e Kuba Zielinski.

Por terem me ajudado a desmistificar as regras ocultas do mercado editorial, agradeço a Becky Cooper, Franklin Sooho Lee, Efosa Ojomo, Aemilia Phillips, Martin Roll e Julie Zhuo.

Por serem parceiros e parceiras de pensamento e terem me incentivado desde o iniciozinho desta jornada, continuando comigo apesar das minhas muitas oscilações de humor, agradeço a Ethan Barhydt, Sam Barrows, Omnia Chen, Shuo Chen, Rob Cherun, Shao Yuan Chew Chia, Isabella Chiu, Dianne Ciarletta, Joshua Caleb Collins, Stephanie Connaughton, Eric Dallin, Zachary Dearing, Varun Desai, Kelly Graham, Laura Hogikyan, Marcel Horbach, Nathaniel Houghton, Sherjan Husainie, Mohammad Hanif Jhaveri, Jaxson Khan, Sherman Lam, Jenny Le, DI Lee, Dustin Leszcynski, Ketty Lie, Tianyu Liu, Justin Lo, Lauren Long, Colin Lynch, Shyam Mani, Greg McGee, Iva Milo, Nondini Naqui, Mark Newberg, Rachel O'Neil, Sue Pfeffer, Ethan Pierce, Patrick Quinton-Brown, Nevin Raj, Sasha Ramani, Gustavo Resendiz Jr., David Su, Patrick Trisna, Dianne Twombly, Christopher Usih, Rohan Wadhwa, Naicheng Wangyu, Soo Wong, Peter Xu, Noah Yonack, Harry Yu, Ike Zhang, Richard Zhang e Sandy Zhu.

Pelos conselhos, histórias, feedbacks, apresentações e apoio, e por terem lidado com meus *pitches* constantes, agradeço aos "Samura-Is Iguanas" da Seção I da HBS e à comunidade fundadora da HBS: Daniel Abrams, Michael Aft, Wade Anderson, Jonathan Arena, Jeremy Au, Ward Ault, Graham Ballbach, Wills Begor, Robby Berner, Elizabeth Blake, Gonzalo Boada Giménez, Grant Boren, Sophia Brañes, Jessie Cai, Allison Campbell, Laura Carpenter, Henry Cashin, Eric Chavez, Fay Chen, Stephanie Cheng, Sooah Cho, Spencer Christensen, Michael Clancy, Christianna Coltart, Mike Contillo, Gabe Cunningham, Katherine Degnen, Matt Delaney, Felipe Delgado, Sahil Dewan, Bahia El Oddi, Carolyn Fallert, Deeni Fatiha, Vicente Fauro, Javier Fernandez, Michi Ferreol, Quinn Fitzgerald, Brandon Freiberg, Lily Fu, Francesca Furchtgott, Juan David Galindo, Matt Graham, Rashard Green, Shray Gulati, Natalie J. Guo, Michael Haddad, Daniel Handlin, Benjamin Hardy, Christopher Henry, Marc Howland, Kristina Hristova, Linda Huynh, Sander Intelmann, Hari Iyer, Nancy Jin, Ashwini Kadaba, Ryan Karmouta, Salima Kassam, Ananth Kasturiraman, Irene Keskinen, Reilly Kiernan, David Kim, Julia Klimaszewska, Andrew Knez, Rafi Kohlberg, Evan Kornbluh, Aditi Kumar, Ben Lacey, Hans Latta, Catherine Lee, Brian Levin, Jenna Levy, Kenny Lim, Rachel Lipson, Beijun Luo, Alison MacLeod, Amrita Mainthia, Yarden Maoz, Fredrik Marø, Peggy Mativo-Ochola, David Mbau, Elise McDonald, Pat McMann, Amit Megiddo, Anita Mehrotra, Michael Mekeel, Shantanu Misra, Deviyani Misra-Godwin, Roberto Morfino,

Rahkeem Morris, Stanislav Moskovtsev, Josefin Muehlbauer, Patrick Nealon, Clarisse Neu, Benjamin Newmark, Grace Ng, Erika Ohashi, Sonja Page, Sanchali Pal, Sam Palmisano, Iryna Papalamava, Apoorva Pasricha, Saurav Patyal, Ana Pedrajo, Phoebe Peronto, Amira Polack, Olivier Porté, Shveta Raina, Krishna Rajendran, JJ Raynor, Michael Reslinski, Misan Rewane, Hunter Richard, Caitlin Riederer, Ken Rowe, Ben Samuels, Tafadzwa Samushonga, Jose Sanchez, Beau Sangassapaviriya, Levana Sani, Michael Sard, Rebecca Scharfstein, Jon Schechter, Monty Sharma, Quinn Shelton, Mimi Sheng, Doug Shultz, Andrew Sierra, Denzil Sikka, Michael Silvestri, Kamoy Smalling, Taylor Spector, Sam Stone, Rohit Sudheendranath, Colleen Tapen, Stephen Temple, Liz Thomas, Pierre H. Thys, Tarunika Tolani, Stephanie Tong, Chad Trausch, Sujay Tyle, Saksham Uppal, Erika Uyterhoeven, David Vakili, Sharif Vakili, Gustavo Vaz, Fangfang Wang, Dan Weisleder, Michael Alan Williams, Aaron Wirshba, Jon Wofsy, Maria Woodman, Lynn Xie, Catherine Xu, Shelly Xu, Takafumi Yamada, Jeremy Yan, Roland Yang, Nanako Yano, Ravi Yegya-Raman, Brian Yeh, Angelo Zegna, Yujie Zeng, Mary Zhang e Itamar Zur.

Por todas as conversas intelectualmente estimulantes, histórias pessoais e pelo incentivo, agradeço aos integrantes do Boston Shapers, entre eles Ryan Ansin, Johan Bjurman Bergman, Sean J. Cheng, Howard Cohen, Giffin Daughtridge, Anand Ganjam, Juan Giraldo, Kyle Gross, Neekta Hamidi, Rachel Kanter, Tanveer Kathawalla, Millie Liu, Phil Michaels, David Mou, Ryan O'Malley, Josuel Plasencia, Abhishek Raman, Michael Raspuzzi, Jake Reisch, Jen Riedel, Meicen Sun, Yannis K. Valtis e Bozhanka Vitanova.

Por terem me ajudado a apreciar o trabalho desafiador mas recompensador de aconselhar alunos que não sabem o que não sabem, agradeço a meus colegas da UMass Boston, entre eles Jennifer Barone, William Farrick, Deborah Federico, Adesuwa Igbineweka, Mark Kenyon, Michael Mahan, Katherine Newman, Matthew Power-Koch e Amanda Stupakevich, e aos orientadores e equipes de Primeira Geração, Baixa Renda e Aconselhamento de Carreira da Adams House, que incluem Varnel Antoine, Ceylon Auguste-Nelson, Matt Burke, Jerren Chang, Marina Connelly, Medha Gargeya, Sheila Gholkar, Jelani Hayes, Shandra Jones, Shannon Jones, Amber Kuzmick, John Muresianu, Rumbi Mushavi, Emma Ogiemwanye, Dennis Ojogho, Judith Palfrey, Sean Palfrey, Sunny Patel, Osiris Rankin, Kathryn C. Reed, Weilu Shen, Timothy Smith, Aubry Threlkeld, Emiliano Valle e Larissa Zhou.

Por terem abraçado meus *pitches* de um produto minimamente viável, dado o primeiro feedback e oferecido oportunidades para testar minhas ideias na prática, agradeço a Brian Bar, Diana Chien, Justin Kang, Paul Martin, Amanda Sharick, Karen Shih e Andrew Yang.

Pelo sofá extra e pelo passeio à meia-noite pelas ruas de Xangai que inspiraram toda esta jornada, agradeço a Chris Royle e Andrew Yoo.

Pelas longas (e literais) caminhadas na praia que foram o estopim da minha jornada pelo caminho menos percorrido, agradeço a H. Wook Kim.

Por seus insights, mentoria e orientação, agradeço aos docentes e funcionários da HBS, muitos dos quais cederam seu tempo para conhecer alguém que nunca sequer havia lecionado antes, entre eles Ethan Bernstein, Ryan Buell, Jeff Bussgang, Timothy Butler, Clayton Christensen, Michael Chu, Thomas DeLong, Amy Edmondson, Kristin Fabbe, Kristen Fitzpatrick, David Fubini, Joseph Fuller, Jodi Gernon, Shikhar Ghosh, Lena Goldberg, Paul Gompers, Boris Groysberg, Jonas Heese, Laura Huang, Chet Huber, Robert Huckman, Elizabeth Keenan, William Kerr, John J-H Kim, Rembrand Koning, Mark Kramer, Christopher Malloy, Tony Mayo, Ramana Nanda, Mark Roberge, Richard Ruback, Amy Schulman, Willy Shih, Lou Shipley, Erik Stafford, Brian Trelstad, Ashley Whillans e Royce Yudkoff.

Em último lugar, mas não menos importante, agradeço aos incontáveis indivíduos que não se encaixaram bem em nenhuma das categorias acima, mas cujas histórias e insights conduziram a este livro. Muitas dessas pessoas responderam aos e-mails que mandei do nada, suportaram minha investigação incansável e compartilharam reflexões sinceras que se tornaram a base deste guia. Usei o nome de algumas delas como pseudônimo para os verdadeiros protagonistas deste livro num gesto de gratidão (e para preservar o anonimato das pessoas). Fazem parte desse grupo Andrea Abbott, Asset Abdualiyev, CJ Abeleda, Rabia Abrar, Susan Acton, Kristen Adamowski, Ehizogie Marymartha Agbonlahor, Muhammad Khisal Ahmed, Shirley Ai, Bob Allard, Lindsay Alperin, Verenice Andrade, Olivia Angiuli, Carl Arnold, Sare' Arnold, Jeremy Aronson, Casey Arrington, Christina Asadorian, Sasanka Atapattu, Afnan Attia, Andrea Bachyrycz, Shota Bagaturia, Ally Baldwin, Somya Banwari, Jon Barrett, Ryan Batter, Yonas Bayu, Julie Belben, Amy Benoit, Anthony Benoit, Steven J. Berger, Saba Beridze, Thomas Bernhardt-Lanier, Julee Bertsch, Mehnaaz Bholat, Maxwell Bigman, Sarah Bishop, Nicolas

Blanco-Galindo, Robert Blank, Katie Bollbach, Steve Bonner, Leopold Bottinger, Maria Camila Brango, Nick Breedlove, Beth Brettschneider, Don Brezinski, Neil Bronfin, Ben Brooks, David Bryan, Pamela Campbell, Tobias Campos, Evan Cao, Deb Carroll, Jocelyn Carter, Sarah Case, Clarice Chan, Leila Chan Currie, Alexandria Chase, Brad Chattergoon, Min Che, Kevin Chen, Nina Chen, Luke Cheng, Jonah Chevrier, Prasidh Chhabria, Althea Chia, Nathan Chin, Kao Zi Chong, Adam Chu, Eric Chung, Cindy Churchill, Priscilla Claman, Tom Clay, Sam Clemens, Keith Cline, Celine Coggins, Chris Colbert, Emmet Colbert, Miles Collyer, Michael Concepcion, Susan Connor, Sarah Connors, Giovanni Conserva, Ashley Michael Concepcion, Susan Connor, Sarah Connors, Giovanni Conserva, Ashley Cooke, Kerry Whorton Cooper, Kailani Cordell, Ben Cornish, Ryan Craig, Albert Cui, Jake Cui, Matthew Curry, Taylor Dallin, Annie Dang, Francesco Daniele, Samuel Daviau, Graham Davis, Ryan Davis, Daniel Debow, Gwendolyn Delgado, Shaan Desai, Mike Dezube, Alice Diamond, Caitlin DiMartino, Jake Dinerman, Amanda Dobbie, Omer Dobrescu, Brian Doyle, Connor Doyle, Tom Dretler, Thomas Dunleavy, Anne Dwane, Thanushi Eagalle, Brendan Eappen, Oliver Edmond, Dena Elkhatib, Bashir Elmegaryaf, Mary Elms, Olivia Engellau, Andrea Esposito, Kayla Evans, Ronny Fang, Zev Farber, Awais Farooq, Caroline Fay, Josh Feinberg, Leslie Feingerts, Dave Ferguson, Benji Fernandes, Jessica Flores, Shannon Flynn, Alexandra Foote, Abby Forbes, Aoife Fortin, Aisha Francis, Debra Franke, David Frankel, Julia Freeland Fisher, Nathan Fry, Olivia Fu, Cheng Gao, Jack Gao, Andrew Garcia, Valeria Garcia, Andres Garcia Lopez, Gerry Garvin, Joan Gass, Bob Gatewood, Rachel Gibson, Francine Gierak, Ali Gitomer, Katerina Glyptis, Rob Go, Diana Godfrey, Irvin Gómez, Andre Gonthier, Andre Gonzalez, Dan Gonzalez, Josh Gottlieb, Raffi Grinberg, Cindy Guan, Matthew Guidarelli, Lucy Guo, Deanna Gutierrez, Guillermo Samuel Hamlin, Longzhen Han, Crystel Harris, Emma Harrison-Trainor, Najib Hayat, Seamus Heaney, Tyler Hester, Mark Hoeplinger, Stephen Hong, Junaid Hoosen, Daniel Horgan, Eddie Horgan, Will Houghteling, Alice Hsiung, Eric Huang, Yingzi Sakura Huang, Alisha Hudani, Matt Hui, Michael Huntley, Urooj Hussain, Ian Ingles, Kathleen Jarman, Chetan Jhaveri, Alysha Johnson Williams, Saumya Joshi, Sarah June, Rick Kamal, Yinan Kang, Howard Kaplan, Imane Karroumi, Lance Katigbak, Nilu Kazemi, Marie Keil, Julia Kemp, Iqra Khan, Qasim Khan, Jaymin Kim, Cheryl Kiser, Lisa Kleitz, Carin-

-Isabel Knoop, Nathaniel Koloc, Jocelyn Krauss, Carl Kreitzberg, Claudia Krimsky, Andy Ku, Kara Kubarych, Justin Kulla, Ruth Kwakwa, Adrian Kwok, Scott LaChapelle, Margot Lafrance, Debbie Lai, Kriti Lall, Clement Lam, Michelle LaRoche, Heidi Larson, Atoor Lawandow, Fran Lawler, Leslie Laws, Tuongvan Le, Ryan Leaf, Antina Lee, Claire Lee, Trevor Lee, Zhihan Lee, James Leeper, Jolene Lehr, John Leung, Aner Levkovich, Linda Lewi, Junyi Li, Mary Li, Yuanjian Carla Li, Kevin Liang, Sandy Liang, Rachel Liddell, Bill Lin, Jessica Lin, Elizabeth Ling, John Liu, Tina Liu, Jake Livengood, Daniel Lobo, Vrinda Loiwal, Brian Longmire, Laura Thompson Love, Nicholas Lowell, Helen Lu, Yin Lu, Gina Lucente-Cole, Kory Lundberg, Kelly Luo, Ande Lyons, Shannon Lytle, David Ma, Marco Ma, Ruby Maa, Ary Maharaj, Fazlur Malik, Bill Manley, Lyn Martin, Brian Matt, Linley McConnell, Karen McCrank, Metta McGarvey, Tessie McGough, Noelle McIsaac, Eleanor Meegoda, Rishab Mehan, Bill Mei, Emily Meland, Rui Meleiro, Michelle Mendes-Swidzinski, Christina Mendez, Jesse Mermell, Matt Meyersohn, Kyle Miller, Fatima Mohammad, Catherine Money, David Moon, Brian Morgan, Eric Morris, Madeleine Mortimore, Robin Mount, Thomas Murphy, Kennan Murphy--Sierra, Brian Mwarania, Annie Nam, Anthony Nardini, Katie Ng-Mak, Dina Nguyen, Kristine Nguyen, Patrick Nihill, Tasnoba Nusrat, Claire O'Connell, Tom O'Reilly, Lia O'Donnell, Ben Ohno, Chiderah Okoye, Ana Olano, Justin Ossola, Eric Ouyang, Scott Overdyke, Natalie Owen, Kayode Owens, Laiza Padilla, James Palano, Aaron Palmer, Ben Palmer, Belinda Pang, Rohan Parakh, Santiago Pardo Sánchez, Nisha Parikh, Christie Park, Hannah Park, Linda Passarelli, Priya Patel, Zeel Patel, India Peek Jensen, Kristine Pender, Angie Peng, Sally Pennell, Maren Peterson, Sharon Peyer, Steve Pfrenzinger, Alex Pham, Tyler Piazza, Jules Pieri, Ruben Pinchanski, Dan Pinnolis, Deeneaus Polk, Andi Pollinger, Iva Poppa, Emma Potvin, Ian Pu, Siya Raj Purohit, Katherine Qian, Andrew Quinn, Angela Quitadamo, Katie Rae, Aaliyah Rainey, Saketh Rama, Manjari Raman, Andrés Ramírez Cardona, Sherwet Rashed, Anuv Ratan, Cate Reavis, Rachel Redmond, Tristian Reid, Sheila Reindl, Nini Ren, Alexander Rendon, Brian Reynolds, Lori Richardson, Lynne Richardson, Andrea Rickey, Paul Riley, Adriana Rivas, Stever Robbins, Jabril Robinson, Maria Rodmell, Joan Ronayne, Tanya Rosbash, Brad Rosen, Arielle Rothman, Izzy Rubin, Maria Ruiz, Ali Saddiq, Ahmad Jawed Sakhi, Roland Salatino, Juaquin Sanchez, Shelby Sandhu, Marilyn Santiesteban, Steve

Schewe, Peter Schirripa, Rosalie Schraut, Amna Shaikh, Ali Sharif, Kush Sharma, Emily Shen, Courtney Sherman, Ayane Shiga, Erin Shortell, Amanda Shuey, Jane Shui, Stuti Shukla, Jesse Shulman, María Sigüenza, Zoe Silverman, Christian Simoy, Samuel Singer, Navjeet Singh, Hirsh Sisodia, Alvin Siu, Erik Skantze, Michael Skok, Fran Slutsky, Arman Smigielski, Alexis Smith, Debbie Smith, Fraser Smith, Marta Sobur, Daniela Spagnuolo, Jonathan Sparling, Sunil Sreekanth, Rahul Srinivasan, Vish Srivastava, Caitlin Stanton, Julia Starr, Stephanie Steele, Terry Sterling, Beverley Stevens, Heather Stevenson, Grace Strong, Avinaash Subramaniam, Kent Summers, Edward Sun, Jake Sussman, Theodore Sutherland, Matthew Sutton, Paul Syta, Thomas Taft, Karis Tai, Selena Tan, Audrey Tao, Amy Taul, Chris Taylor, Ryan Tencer, Tyler Terriault, Tracy Terry, Sarah Tesar, Matthew Thomas, Susan Thomas, Kevin Thompson, Jerry Ting, Emma Toh, Michael Trang, Seth Trudeau, David Tsui, Marianna Tu, Matt Tucker, Matt Turzo, Jocelyn Tuttle, Katie Urban, Michael Uy, Amira Valliani, Amy Van Kirk, Cynthia King Vance, James Vander Hooven, Olga Vasileva, David Vencis, Daniela Vera, Claudia Villanueva, Tomas Vita, Triet Vo, Claire Wadlington, Wajieha Waheed, Alyson Wall, Katie Walsh, Annie Wang, Lisa Wang, Marilyn Wang, Michele Wang, Ray Ruichen Wang, RunLin Wang, Susan Wang, Yutong Wang, Tom Ward, Nessim Watson, Anaëlle Pema Weber, Carolina Weber, Howard Wei, Joanne Weiss, Kara Weiss, Scott Westfahl, Daniel Wexler, Megan White, Gabriel Sylvester Wildberger, Tara Wilson, Jason Winmill, Basuki Winoto, Alexis Wolfer, Felix Wong, Matthew Wozny, Allison Wu, Bryan Wu, Dan Wu, Irene Wu, Yifan Wu, Wentao Xiong, Anita Xu, George Xu, Nicolas Xu, Vicky Xu, BerBer Xue, Jonathan Yam, Cha Cha Yang, Cherry Yang, Isabel Yishu Yang, Julie Yen, Jennifer Yoon, Grace Young, Serene Yu, Kevin Yuen, Charlie Zhang, Danny Zhang, Linda Zhang, Peiyi Zhang, Lili Zhao, Selena Zhao, Lucy Zhong, Chris Zhou, Muhammed Ziauddin, Lara Zimmerman, Lillian Zuo e David Zylberberg. (A qualquer um que eu tenha esquecido, *obrigado*. Minha omissão reflete mais um esquecimento do que falta de gratidão. Por favor, entrem em contato. Estou lhes devendo um drinque.)

    E a todos e todas que ajudaram as pessoas citadas e que por sua vez tornaram possível este trabalho – saibam que vocês fazem parte dessa corrida de revezamento. Obrigado pelo seu trabalho. Por favor, continuem fazendo o que fazem.

Notas

1. Os Três Cs:
Competência, comprometimento e compatibilidade

1. RIVERA, Lauren A. Hiring as Cultural Matching: The Case of Elite Professional Service Firms. *American Sociological Review*, v. 77, n. 6, pp. 999-1.022, 2012. McPHERSON, Miller; SMITH-LOVIN, Lynn; COOK, James M. Birds of a Feather: Homophily in Social Networks. *Annual Review of Sociology*, v. 27, pp. 415-444, 2001. CASTILLA, Emilio J.; BENARD, Stephen. The Paradox of Meritocracy in Organizations. *Administrative Science Quarterly*, v. 55, pp. 543-576, 2010.
2. OH, Dongwon; SHAFIR, Eldar; TODOROV, Alexander. Economic Status Cues from Clothes Affect Perceived Competence from Faces. *Nature Human Behaviour*, v. 4, pp. 287-293, 2020. LEVON, Erez *et al*. *Accent Bias*: Implications for Professional Recruiting. Accent Bias in Britain, 2020. Disponível em: https://accentbiasbritain.org/wp-content/uploads/2020/03/Accent-Bias-Britain-Report-2020.pdf. RIVERA, Lauren A. *Pedigree*: How Elite Students Get Elite Jobs. Princeton: Princeton University Press, 2016. AGERSTRÖM, Jens; ROOTH, Dan-Olof. The Role of Automatic Obesity Stereotypes in Real Hiring Discrimination. *Journal of Applied Psychology*, v. 96, n. 4, pp. 790-805, 2011.
3. WILLIAMS, Joan C.; DEMPSEY, Rachel. *What Works for Women at Work*: Four Patterns Working Women Need to Know. Nova York: NYU Press, 2018. CAVOUNIDIS, Costas; LANG, Kevin. Discrimination and Worker Evaluation. *National Bureau of Economic Research*, Cambridge, n. 21.612, out. 2015. LAHAM, Simon M.; KOVAL, Peter; ALTER, Adam L. The Name-Pronunciation Effect: Why People Like Mr. Smith More Than Mr. Colquhoun. *Journal of Experimental Social Psychology*, v. 48, n. 3, pp. 752-756, 2012.

5. Saiba contar sua história

1. FRIEDMAN, Sam; LAURISON, Daniel. *The Class Ceiling*: Why It Pays to Be Privileged. Bristol: Policy Press, 2019.

7. Envie os sinais certos

1. HALL, Edward T. *The Silent Language*. Nova York: Doubleday & Company, 1959.

9. Administre sua carga de trabalho

1. EISENHOWER, Dwight D. *Address at the Second Assembly of the World Council of Churches, Evanston, Illinois*. Discurso, 19 ago. 1954. Disponível em: www.presidency.ucsb.edu/documents/address-the-second-assembly-the-world-council-churches-evanston-illinois.

2   BABCOCK, Linda *et al*. Gender Differences in Accepting and Receiving Requests for Tasks with Low Promotability. *American Economic Review*, v. 107, n. 3, pp. 714-747, 2017.
3   FUHRMANS, Vanessa. Where Are All the Women CEOs? *The Wall Street Journal*, 6 fev. 2020. Disponível em: www.wsj.com/articles/why-so-few-ceos-are-women-you-can-have-a--seat-at-the-table-and-not-be-a-player-11581003276.
4   KANTER, Rosabeth Moss. *Men and Women of the Corporation*. 2. ed. Nova York: Basic Books, 1993.
5   WILLIAM, Joan C. *et al*. *Climate Control*: Gender and Racial Bias in Engineering? Center for WorkLife Law, UC Hastings College of the Law, 2016. Disponível em: https://worklifelaw.org/publications/Climate-Control-Gender-And-Racial-Bias-In-Engineering.pdf.
6   HEILMAN, Madeline E.; CHEN, Julie J. Same Behavior, Different Consequences: Reactions to Men's and Women's Altruistic Citizenship Behavior. *Journal of Applied Psychology*, v. 90, n. 3, pp. 431-441, 2005.
7   BABCOCK *et al*. Gender Differences in Accepting and Receiving Requests for Tasks with Low Promotability.

11. Construa relações

1   GOTTMAN, John M.; DeCLAIRE, Joan. *The Relationship Cure*: A Five-Step Guide to Strengthening Your Marriage, Family, and Friendships. Nova York: Three Rivers Press, 2002.

13. Administre seu feedback

1   MEYER, Erin. *The Culture Map*: Breaking Through the Invisible Boundaries of Global Business. Nova York: PublicAffairs, 2014.
2   HALL, Edward T. *The Silent Language*. Nova York: Doubleday & Company, 1959.
3   BAUMEISTER, Roy F. *et al*. Bad Is Stronger Than Good. *Review of General Psychology*, v. 5, n. 4, pp. 323-370, 2001.
4   ZENGER, Jack; FOLKMAN, Joseph. Why Do So Many Managers Avoid Giving Praise? *hbr.org*, 2 maio 2017. Disponível em: https://hbr.org/2017/05/why-do-so-many-managers--avoid-giving-praise. GREEN JR., Paul *et al*. Shopping for Confirmation: How Disconfirming Feedback Shapes Social Networks. *Harvard Business School*, Boston, artigo de trabalho 18-028, 2017.
5   DeLONG, Thomas J. Three Questions for Effective Feedback. *hbr.org*, 4 ago. 2011. Disponível em: https://hbr.org/2011/08/three-questions-for-effective-feedback.

14. Solucione conflitos

1   WELCH, Suzy. *10-10-10*: A Life-Transforming Idea. Nova York: Simon & Schuster, 2009.

15. Mostre seu potencial

1   SMITH, David G. *et al*. The Power of Language: Gender, Status, and Agency in Performance Evaluations. *Sex Roles*, v. 80, pp. 159-171, 2019.

CONHEÇA ALGUNS DESTAQUES DE NOSSO CATÁLOGO

- **Brené Brown:** *A coragem de ser imperfeito – Como aceitar a própria vulnerabilidade, vencer a vergonha e ousar ser quem você é* (600 mil livros vendidos) e *Mais forte do que nunca*

- **T. Harv Eker:** *Os segredos da mente milionária* (2 milhões de livros vendidos)

- **Dale Carnegie:** *Como fazer amigos e influenciar pessoas* (16 milhões de livros vendidos) e *Como evitar preocupações e começar a viver* (6 milhões de livros vendidos)

- **Greg McKeown:** *Essencialismo – A disciplinada busca por menos* (400 mil livros vendidos) e *Sem esforço – Torne mais fácil o que é mais importante*

- **Haemin Sunim:** *As coisas que você só vê quando desacelera* (450 mil livros vendidos) e *Amor pelas coisas imperfeitas*

- **Ana Claudia Quintana Arantes:** *A morte é um dia que vale a pena viver* (400 mil livros vendidos) e *Pra vida toda valer a pena viver*

- **Ichiro Kishimi e Fumitake Koga:** *A coragem de não agradar – Como a filosofia pode ajudar você a se libertar da opinião dos outros, superar suas limitações e se tornar a pessoa que deseja* (200 mil livros vendidos)

- **Simon Sinek:** *Comece pelo porquê* (200 mil livros vendidos) e *O jogo infinito*

- **Robert B. Cialdini:** *As armas da persuasão* (350 mil livros vendidos) e *Pré-suasão – A influência começa antes mesmo da primeira palavra*

- **Eckhart Tolle:** *O poder do agora* (1,2 milhão de livros vendidos) e *Um novo mundo* (240 mil livros vendidos)

- **Edith Eva Eger:** *A bailarina de Auschwitz* (600 mil livros vendidos)

- **Cristina Núñez Pereira e Rafael R. Valcárcel:** *Emocionário – Um guia prático e lúdico para lidar com as emoções* (de 4 a 11 anos) (800 mil livros vendidos)

sextante.com.br